Le Routard

Villages étapes
2023/2024

Cofondateurs : Philippe GLOAGUEN et Michel DUVAL

Directeur de collection et auteur
Philippe GLOAGUEN

Secrétaire général
Gavin's CLEMENTE-RUIZ

Rédacteurs en chef
Amanda KERAVEL (France)
Benoît LUCCHINI (Monde)

Directrice administrative
Bénédicte GLOAGUEN

Conseiller à la rédaction
Pierre JOSSE

Direction éditoriale
Élise ERNEST

Rédaction
Loup-Maëlle BESANÇON
Thierry BESSOU
Mathilde de BOISGROLLIER
Carole BORDES
Véronique de CHARDON
François CHAUVIN
Cédric FISCHER
Guillaume GARNIER
Éric MILET

Responsable partenariats
Florence BRUNEL-JARS

hachette

TABLE DES MATIÈRES

PRÉAMBULE

Uzerche

☎ **112 :** c'est le numéro d'urgence commun à la France et à tous les pays de l'UE, à composer en cas d'accident, agression ou détresse. Il permet de se faire localiser et aider en français, tout en améliorant les délais d'intervention des services de secours.

LA RÉDACTION DU ROUTARD

La saga du *Routard* : en 1971, 2 étudiants, Philippe et Michel, avaient une furieuse envie de découvrir le monde. De retour du Népal germe l'idée d'un guide différent qui regrouperait tuyaux malins et itinéraires sympa, destiné aux jeunes fauchés en quête de liberté. 1973. Après 19 refus d'éditeurs et la faillite de leur 1re maison d'édition, l'aventure commence vraiment avec Hachette. Aujourd'hui, le *Routard*, c'est plus d'une cinquantaine d'enquêteurs impliqués et sincères. Ils parcourent le monde toute l'année dans l'anonymat et s'acharnent à restituer leurs coups de cœur en toute indépendance.

Merci à tous les Routards qui sont solidaires de nos convictions : liberté et indépendance d'esprit ; découverte et partage ; sincérité, tolérance et respect des autres.

NOS SPÉCIALISTES

Loup-Maëlle Besançon : cette Normande se méfie des GPS et des autoroutes, leur préférant cartes et chemins de traverse. Entre 2 traductions de livres norvégiens, elle explore avec gourmandise des contrées plus ou moins exotiques. Son constat : si les voyages ouvrent l'esprit, nul n'est besoin de partir loin pour faire des rencontres et des découvertes extraordinaires.

Carole Bordes : l'Europe, l'Afrique, l'Amérique, l'Asie et l'Océanie… une agence de voyages à elle seule. Carole organise les missions des enquêteurs du *Routard*. Et quand l'envie de bouger devient trop forte, elle part à son tour tâter le terrain. Exigeante et curieuse, elle ne recule devant rien (sauf un pont suspendu !) pour dénicher de belles petites adresses.

Véronique de Chardon : de son passé d'historienne, elle a gardé un goût certain pour les musées, qu'elle collectionne au gré de ses voyages sans oublier de déguster les spécialités locales. Elle aime partager ses coups de cœur avec humeur et humour, et entraîne aussi le *Routard* à découvrir les terroirs français, toujours gourmande de nouveaux paysages.

Éric Milet : né à Saint-Nazaire, il a passé son enfance à regarder s'éloigner les bateaux. Premier voyage à 15 ans. Seul. Depuis, il n'a pas cessé. Voyager, c'est comme une petite vie dans la vie : on naît, on vit, on meurt… et on renaît (ouf !). Juste l'envie de voir, de toucher, de sentir. Envie de raconter, aussi, qu'on arrive du bout du monde ou du fond de son jardin.

UN GRAND MERCI À NOS AMI(E)S SUR PLACE

Pour cette édition, nous remercions particulièrement :

- la **Fédération Française des Villages étapes,** et notamment le président, **Bertrand Ollivier,** la directrice, **Béatrice Coiffard,** les services marketing-communication – **Marine Rousseaux** et **Marine Frin** – et étude-développement – **Charline Chausset** et **Mathilde De Almeida** ; ainsi que les **76 communes** du réseau Villages étapes !
- toutes les équipes des **offices de tourisme** et les **mairies** qui ont collaboré à cette édition ;
- **Julie Coupet** pour son aide précieuse.

Pictogrammes du Routard

Établissements

- Hôtel, auberge, chambre d'hôtes
- Camping
- Restaurant
- Terrasse
- Boulangerie, sandwicherie
- Pâtisserie
- Glacier
- Café, salon de thé
- Café, bar
- Bar musical
- Boutique, magasin, marché

Infos pratiques

- Office de tourisme
- Adapté aux personnes handicapées

Sites

- Présente un intérêt touristique
- Point de vue
- Recommandé pour les enfants
- Inscrit au Patrimoine mondial de l'Unesco

DU CÔTÉ D'HACHETTE-LIVRE

Direction : Sidonie Chollet
Direction éditoriale : Élise Ernest
Édition : Clara Didier, Olga Krokhina et Laure Méry
Cartographie : Frédéric Clémençon et Aurélie Huot
Contrôle de gestion : Jérôme Boulingre, Yannis Villeneuve et Aude Ragot
Marketing : Clotilde Tougeron, Margot Guinotte et Astrid Brun
Assistante : Julia Lorrain
Fabrication : Liza Sacco
Relations presse : Rachida Mazef
Silhouette du Routard : Clément Gloaguen (d'après Solé)
Couverture : le-bureau-des-affaires-graphiques.com
Maquette intérieure : le-bureau-des-affaires-graphiques.com, Thibault Reumaux et npeg.fr
Responsable partenariats : Florence Brunel-Jars

La Canourgue

BIENVENUE DANS UN ***VILLAGE ÉTAPE***

Un label national, pour une autre façon de voyager en France.
Loin des aires d'autoroutes souvent bondées, bruyantes et impersonnelles, les Villages étapes proposent une **alternative à taille humaine,** reposante, souvent intéressante, toujours conviviale avec des **commerces et des services de proximité** pour faciliter votre voyage sur la route des vacances. Quel que soit votre mode de circulation (voiture, moto, camping-car…), les Villages étapes vous proposent une offre adaptée à votre type de transport.

Les critères d'attribution du label

Le label est attribué par le **ministère de la Transition écologique et de la Cohésion des territoires,** en charge du réseau routier national. Pour être labellisé, un village doit répondre à plusieurs critères :
- être situé à moins de 5 km d'une autoroute ou d'une nationale gratuite ;
- avoir une population inférieure à 5 000 habitants ;
- disposer d'équipements pour une halte pratique (places de stationnement, sanitaires entretenus et accessibles aux personnes en situation de handicap), mais aussi agréable (tables de pique-nique et jeux pour enfants) ;
- pouvoir accueillir les camping-cars sur une aire spécifique équipée ;
- proposer des commerces et des services de proximité pour se loger, se restaurer et faire ses courses.

Sans oublier un environnement soigné tant en ce qui concerne l'entrée du village que l'aménagement du centre-bourg (fleurissement et signalisation).
Bref, autant de critères qui doivent contribuer à faire d'une étape choisie ou nécessaire un moment agréable et convivial que ce soit pour une heure, une journée ou une nuit, voire de prochaines vacances.

Le réseau des Villages étapes

Le réseau comprend **76 villages,** reconnaissables grâce aux panneaux routiers, présents dans 10 régions, 34 départements et sur une quarantaine d'axes routiers. Il s'enrichit chaque année de nouvelles communes.
Ce guide vous les présente, avec leurs services, mais aussi les lieux importants (culturels ou naturels) à ne pas manquer lors de votre passage, ainsi que les spécialités à goûter. Sans oublier bien sûr une sélection d'hôtels et de restaurants afin que le village traversé ne soit pas un simple arrêt, mais une véritable étape confortable et gourmande à la fois.

Un label utile

Le label est soutenu par quelque **3 000 commerçants** ambassadeurs qui s'engagent à garantir une qualité d'accueil et de service, et aussi à travailler avec les autres professionnels de la commune afin d'assurer une continuité des services.
Depuis sa création en 1992, le label est devenu un outil pour redynamiser les centres-villes tant du point de vue économique que touristique.
Ainsi, en faisant **un pas de côté des grands axes de circulation,** en sortant du ruban tout tracé des autoroutes et des nationales, vous contribuez à soutenir le commerce de proximité tout en découvrant les différents visages des régions que vous traversez.

Bon voyage !

NOS COUPS DE CŒUR

♥ **À Lapalisse (03), visiter le château, propriété depuis 1430 de la famille de Chabannes dont un ancêtre a (à l'insu de son plein gré) donné naissance aux lapalissades. C'est parfois même un membre de la famille qui assure la visite guidée.** *p. 23*

♥ **À Châtelaudren (22), s'affaler de tout son long dans les transats mis à disposition par l'office de tourisme dans la chapelle Notre-Dame du Tertre pour détailler cette incroyable B.D. que forment les 138 panneaux lambrissés du plafond représentant l'Ancien et le Nouveau Testament, peints au XVe s.** *p. 42*

À Saint-Thégonnec (29), rester bouche bée devant les personnages grimaçants du calvaire de l'enclos paroissial du XVIIe s, l'un des plus emblématiques de Bretagne. *p. 52*

À Josselin (56), s'enivrer de bonnes odeurs en visitant la roseraie du château des Rohan tout en détaillant sa superbe façade Renaissance, avant de visiter les appartements privés d'Herminie de Rohan, la grande poétesse du XIXe s. *p. 68*

Les Villages Étapes de l'Aveyron vous accueillent !
SES SPÉCIALITÉS GOURMANDES,
SES 10 PLUS BEAUX VILLAGES DE ...
... ET SES PAYSAGES UNIQUES !
NAUCELLE
BARAQUEVILLE
LAÏSSAC

© Shutterstock / gemadrun

♥ **À Muzillac (56), se payer une bonne tranche de nature en famille lors de la visite du parc animalier de Branféré en jouant aux singes sur les ponts suspendus.** *p. 72*

♥ **À Vatan (36), plonger dans le monde des clowns et autres acrobates au musée du Cirque, et avant de partir, prendre le temps de faire une pause dans le joli et discret espace Armand Desprès.** *p. 79*

© JM Péricat-FFVE

♥ **À Ducey (50), s'offrir un vrai brainstorming en famille pour résoudre l'énigme policière du château des Montgommery.** *p. 98*

♥ **À Uzerche (19), déambuler le nez en l'air dans le lacis de ruelles du centre historique, puis laisser son regard vagabonder sur la Vézère qui coule en contrebas en pensant à Simone de Beauvoir et à ses *Mémoires d'une Jeune fille rangée.*** *p. 122*

À Mauléon (79), s'enfoncer dans les entrailles de l'ancienne abbaye pour découvrir en famille son magnifique musée archéologique, témoin de la longue histoire de cette petite ville, jadis âprement disputée pendant les guerres de Religion. *p. 128*

À Bellac (87), faire chauffer la boîte à selfie depuis le point de vue dominant le Vincou, avant de musarder dans les ruelles pittoresques jusqu'à la Digitale, un espace étonnant mi-musée, mi-expérience immersive, aménagé dans la maison natale de Jean Giraudoux et dédié à son œuvre. *p. 130*

cantal
auvergne
commune de
Massiac
Tél. : 04 71 23 02 61
facebook.com/communedemassiac
www.massiac.fr

musée l'abbaye
MAULÉON
Laissez-vous conter plus de 3 000 ans d'histoire
des mystérieux rochers gravés des Vaulx à l'éclatante orfèvrerie...
ENTRÉE GRATUITE
Parcours enfant, visites guidées, groupes, audioguides
www.musees.agglo2b.fr
MAULÉON
agglo
BOCAGE BRESSUIRAIS

À La Canourgue (48), « petite Venise lozérienne », se balader bras dessus bras dessous dans les ruelles du centre ancien (maisons Renaissance, église romane…) avant de goûter à la pouteille, vraie spécialité locale. *p. 155*

À Saint-Bonnet-en-Champsaur (05), pousser la porte de la Maison de la photographie Vivian Maier (photographe new-yorkaise dont les racines plongent dans le Champsaur) pour se donner envie d'explorer ce pays de superbes montagnes. *p. 164*

AUVERGNE-RHÔNE-ALPES

ALLIER

DOMPIERRE-SUR-BESBRE (03290) 3 100 hab.

• Carte D3

La Besbre (prononcer « bèbre ») se jette dans la Loire à quelques kilomètres en amont de cette grosse bourgade où subsistent quelques maisons à pans de bois et les restes d'un château transformé en hôtel de ville. Sa situation, au confluent de plusieurs cours d'eau, a permis le développement d'un petit tourisme vert et fluvial. Et ses environs offrent quelques jolies surprises...

Situation et accès

À 35 mn à l'est de Moulins par la N 7 puis la N 79.

Adresses et info utiles

Office de tourisme : *145, Grande-Rue. ☎ 04-70-34-61-31. • tourisme.interco-abl.fr • Juil-août, lun-ven 9h-12h30, 14h-18h ; sept-juin, mar et jeu-ven 9h30-12h30, 14h-17h30 ; w-e et j. fériés 9h-13h.* Vente de billets pour le parc du PAL et de produits du terroir. Location de vélos et trottinettes électriques en été.

■ ***Borne de recharge électrique :*** *206, chemin des Percières.*

■ ***Aire de camping-car :*** *chemin des Percières ; stationnement et services payants ; 16 places.*

■ ***Aire de pique-nique :*** *plan d'eau des Percières, au bord de la rivière la Besbre.* Aire de pique-nique et de loisirs aménagée.

– ***Marché :*** *sam mat, rue de Vichy.*

Où dormir ? Où manger ?

Camping Les Bords de Besbre : *parc des Sports, La Madeleine ; sur les bords de la Besbre. ☎ 04-70-34-55-57. • dompierre-sur-besbre.fr • Ouv de mi-mai à mi-sept. Emplacement 2 pers 11 €. 67 emplacements.* Ce camping municipal, qui entoure le stade, a l'avantage d'être au bord de la rivière, dans un site ombragé et calme. Piscine couverte et tennis à proximité. Étang des Percières à 300 m pour pêcher. Commerces à 700 m.

Hôtel La Roseraie : *167, Grande-Rue. ☎ 04-70-48-00-44. Borne de réception électronique 24h/24 pour les arrivées tardives. Double 80 €. Parking clos.* Juste à droite de l'office de tourisme, ce bel édifice en pierre restauré abrite une petite dizaine de chambres toutes neuves. Confort impeccable avec double-vitrage partout. Salle de petit déj joliment boisée.

Ô Grand Méchant Loup : *2, pl. de Verdun. ☎ 04-70-49-29-33. Tlj sauf mer. Formules et menu 18,50-28,50 €.* Dans une petite salle contemporaine prolongée d'une terrasse en bois, on avale de bonnes formules selon sa faim (de loup ou pas). La carte propose aussi bien des *poke bowls* que des tartares en été et de la viande charolaise pour les grands méchants loups. Bon rapport qualité-prix.

À voir. À faire

Le Parc Source Libre (La Roseraie) : *derrière la caserne des pompiers et La Résidence. Tlj, tte l'année. GRATUIT.* À proximité de la voie verte et de la véloroute vers Moulins, un très beau parc planté de nombreuses essences, classiques ou exotiques, et une roseraie qui explose de couleurs les belles années. De là, on peut rejoindre le plan d'eau des Percières en bordure de Besbre avec son parcours santé, son aire de pique-nique et ses jeux pour enfants.

L'abbaye Notre-Dame de Sept-Fons : *à 1 km du centre par la rue de Vichy. L'église est accessible aux heures des offices : 6h45 (7h le dim), 9h15 (10h20 le dim), 12h15, 14h30, 18h (16h30 et 18h20 le dim) et 20h. Boutique mai-sept lun-sam 10h-12h, 14h50-17h50 et entre les offices le dim (variations hors saison).* Prononcer « Sé Fon ». Cette abbaye cistercienne fondée en 1132 applique la règle de saint Benoît. On peut voir l'église pendant les offices et, en dehors de ceux-ci, les jardins, une salle d'exposition, une maquette de l'abbaye et un film de 35 mn sur la vie des moines et leur activité de production. À la boutique, préparations pour le petit déjeuner, confitures, céréales, huiles essentielles et même des bières d'abbaye.

Le PAL, parc d'attractions et parc animalier : *à* ***Saint-Pourçain-sur-Besbre,*** *03290 Dompierre-sur-Besbre. ☎ 04-70-42-68-10. • lepal.com • À 6 km à l'ouest (très bien fléché !). Pour les j. d'ouverture, consulter le site internet. Entrée : 32 € ; 28 € jusqu'à 9 ans ; gratuit pour les enfants de moins de 1 m (chaussés) ! Possibilité de forfait 2 j. Résa conseillée en ligne ou à l'office de tourisme. Chiens non acceptés.* 3 lettres devenues le symbole d'aventure à grand spectacle, soit un parc animalier où quelque 1 000 animaux vivent en semi-liberté sur plus de 50 ha. On y croise girafes, rhinocéros, lions, chimpanzés, hippopotames, tigres et éléphants d'Asie, loups du Canada... On assiste à des spectacles animaliers captivants et le PAL offre également une trentaine d'attractions qui font la joie des familles (bien qu'une journée ne suffise plus !). Restauration sur place. Et possibilité de dormir au sein du parc dans des lodges sur pilotis ou dans la Savana Reserve : effet *Out of Africa* garanti !

Balade sur la voie verte : l'itinéraire Dompierre-sur-Besbre-Diou-Digoin démarre derrière le parc des Percières. Il chemine entre la Loire et le canal latéral à la Loire sur près de 30 km et permet de découvrir tout un patrimoine fluvial, dont 6 écluses et 4 ponts canaux. On peut y faire du vélo (tracé de l'Eurovélo 6), de la randonnée et du roller. Une très belle balade !

Locaboat Plaisance : *au port de Dompierre. ☎ 04-70-48-27-27. • locaboat.com • Ouv avr-fin oct, sur résa.* Location de pénichettes sans permis pour le week-end, la mini-semaine ou la semaine pour naviguer sur le canal latéral de la Loire, le canal du Nivernais et le canal de Briard. 3 types de bateaux de 2 à 12 personnes. Initiation à la navigation.

LAPALISSE

(03120) 3 220 hab.

• Carte D3

Une petite ville à l'ombre de son imposant château, qui a retrouvé une vraie tranquillité depuis que la mythique Nationale 7 chantée par Charles Trenet passe un peu plus au large. On y trouve également la Besbre, douce rivière parfaite pour un pique-nique. Côté Histoire, une gloire locale, Jacques de Chabannes II, seigneur de La Palice, qui a involontairement laissé son nom à la postérité.

LA VÉRITE SUR LA PALICE

En 1524, le seigneur de la Palice, qui combat aux côtés de François Ier, meurt à Pavie, en Italie. Pendant le rapatriement du corps, les soldats se donnent du courage en inventant une chanson : « Hélas, La Palice est mort ! Il est mort devant Pavie. Hélas, s'il n'était pas mort, il ferait encore envie... ». Problème de retranscription : avec le temps, le dernier vers devient « Il serait encore en vie ». D'où l'invention (à l'insu de son plein gré)... des fameuses lapalissades !

Situation et accès

À 50 mn au sud de Moulins par la N 7.

Adresses et info utiles

Office de tourisme : *9, pl. Charles-Bécaud. ☎ 04-70-99-08-39. • lapalisse-tourisme.com • Juil-août, tlj sauf dim ap-m 9h30-12h30, 14h-18h30.* Audioguide (payant) sur la ville et alentours. 3 parcours d'orientation, dont celui du parc floral.

■ ***Borne de recharge électrique :*** *av. Pasteur.*

■ ***Aires de camping-car :*** *pl. Jean-Moulin ; stationnement gratuit et services payants ; 20 places. Stationnement gratuit au Champ de Foire également.*

■ ***Aires de pique-nique :*** *dans le parc Floral de la ville bordé par la Besbre et au Champ de Foire.*

– ***Marché :*** *jeu mat, pl. du Général-Leclerc.*

Où dormir ? Où manger ? Où acheter de bons produits ?

Camping de la Route Bleue : *rue des Vignes (après le parc floral). ☎ 04-70-99-26-31. • lapalisse-tourisme.com • ♿ À 5 mn à pied du centre-ville. Ouv de mi-avr à mi-oct. Emplacement 2 pers 11 €. Mobile homes et chalets. 57 emplacements.* On traverse le joli parc floral pour atteindre ces emplacements sous les arbres et sur les bords de la Besbre, à 2 pas du centre. Tennis (payant).

Chambres d'hôtes Au Puy des Vérités : *7, av. Pasteur. ☎ 04-70-55-21-89. • aupuydesverites.com • Après la mairie sur la gauche. Doubles 100-105 € ; familiales. Table d'hôtes sur résa 30 €.* Réjouissante demeure du XIXe s de style anglo-normand. Chambres doubles charmantes, à l'ancienne, et familiales plus contemporaines, toutes avec la clim et des salles de bains refaites. Grand jardin avec une jolie piscine, salon, billard et baby-foot. Une belle adresse.

Hôtel Le Moulin Marin : *route du Moulin-Marin. ☎ 04-70-99-08-53. • moulin-marin.com • À 2 km du centre (fléché). Resto le soir lun-sam, le midi mer-ven. Doubles 97-105 €. Menus 16,50-33 €.* Cet imposant moulin du XIXe s au bord de la Besbre propose dans une annexe moderne une quinzaine de chambres de bon confort (suites avec balnéo), à préférer côté jardin et Besbre. Il abrite également un bon resto qui sert une agréable cuisine de pays à déguster sous de belles poutres en sapin et quelques faïences. En terrasse, on déjeune bercé par le clapotis de la rivière.

Ma France Nature : *9, rue du Président-Roosevelt. 07-49-69-81-97. Mar-sam, 8h30-13h, ven-sam 15h30-19h, dim 9h-12h.* Cette « boutique de ferme » vend des bocaux confectionnés à partir des produits de la ferme. À faire chauffer au micro-ondes et à déguster sur les bords de la Besbre voisine.

À voir. À faire

Dans la rue principale, face à la boutique *Ma France Nature,* ne manquez pas la plaque bleue en émail indiquant « Paris Côte d'Azur, Route Bleue »...

Le château : *☎ 04-70-99-37-58. Avr-oct, accès libre au parc ; visite guidée tlj sauf mar 9h-12h, 14h-18h. Compter 1h de visite. Entrée : 8 € ; réduc.* Ce château, fondé au XIIe s et modifié au XVe s, est toujours la propriété de la famille de Chabannes, depuis que Charles de Bourbon l'a vendu à Jacques Ier en 1430. Il est entièrement meublé d'origine, et c'est Jacques de Chabannes, 24e du nom (et maire de Lapalisse), ou son guide, qui dirige une visite absolument passionnante. Outre la chapelle gothique, dans laquelle on trouve des gisants de la famille, le château renferme un nombre considérable de meubles marquetés ou sculptés, bibelots, tableaux... Mais la pièce maîtresse, c'est le salon doré avec son plafond à caissons losangés, unique en son genre, autrefois doré à la feuille d'or. On peut y voir des tapisseries flamandes du XVe s, une collection de décorations militaires du XIXe s et de 1914-1918... Jeu d'énigmes à destination des enfants. Promenade dans le parc de 6 ha, jusqu'aux étangs.

UNE MANIFESTATION VINTAGE !

Un embouteillage de véhicules surannés est recréé en fanfare avec pique-nique géant, marché vintage, concerts de swing, rock et guinguette. L'occasion de rendre hommage à la N 7, route mythique des départs en vacances dans les années 1950-1960. Le 2e week-end d'octobre, les années paires. Infos sur • embouteillage-n7-lapalisse.com •

Le parc floral : *GRATUIT.* Joli parc très fleuri en saison avec un kiosque, un jet d'eau et de belles essences exotiques tel le séquoia géant.

MONTMARAULT

(03390) 1 550 hab.

• Carte C3

Au cœur de la campagne bourbonnaise, cette commune rurale tranquille, longtemps connue pour ses foires et sa brasserie, possède une belle église et un sympathique musée des chemins de fer secondaires.

Et pour se dégourdir les jambes, direction les étangs de Miquet et de Mazelier.

Situation et accès

À 45 mn au sud-ouest de Moulins par la N 79.

Adresses et info utiles

Maison du tourisme : *Z.A. du Grand-Champ. ☎ 04-70-07-39-21. • tourisme-montmarault.com • Lun-ven 9h-19h, sam 9h-18h. Abrite la* ***Boutique des produits de l'Allier,*** *bien approvisionnée.*

■ ***Bornes de recharge électrique :*** *sur le parking de l'office de tourisme et au 8, bd Desaix.*

■ ***Aires de camping-car :*** *rue de Turenne, à proximité du champ de foire et de la maison de santé ; stationnement gratuit et services payants. 5 places. Également rue du Batardeau ; stationnement gratuit et services payants. 4 places.*

■ ***Aires de pique-nique :*** *la plus agréable se trouve à l'étang de Miquet. Sinon, à côté des aires de camping-car.*

– ***Marché :*** *mer mat, pl. du Champ-de-Foire.*

Où dormir ? Où manger ? Où acheter de bons produits ?

Hôtel Le Bocage : *17-19, pl. Robert-Ferrandon. ☎ 04-70-07-60-71. • lebocage03.fr • Doubles à partir de 50 €. Pas de parking.* Sur la place principale, 7 chambres colorées, que l'on atteint par un bel escalier en bois. Simples mais confortables, avec clim et douche. Fait également resto et bar avec terrasse. Bon accueil.

Centrotel & Spa : *26, route de Moulins. ☎ 04-70-02-62-50. • centrotel.fr • Double 73 €. Parking et garage voitures et motos.* Cet hôtel offre toute une gamme de services. D'abord, des chambres contemporaines, un restaurant moderne, un bar et une cave à vins. Mais aussi un spa avec salle de fitness, jacuzzi, sauna et hammam, ainsi qu'une structure gonflable pour les enfants en été. Une adresse qui plaira à ceux qui ne restent pas en place !

Hôtel de France et chambre d'hôtes L'Annexe : *1, rue Marx-Dormoy. ☎ 04-70-07-60-26. • hoteldefrance-montmarault.com • Doubles 80-85 €. Parking clos. Menus 37-90 €.* Un charmant petit hôtel avec des chambres très confortables décorées au goût du jour. L'annexe, juste à côté, propose une formule chambres d'hôtes dans la plus ancienne maison de la ville (XIVe-XVe s), avec des chambres dotées de belles pierres et de poutres, le tout bien rénové. Au restaurant, très classe, une belle cuisine créative signée Matthieu Omont.

Boucherie-charcuterie-traiteur Dumont : *22, pl. Robert-Ferrandon. ☎ 04-70-07-69-15. Mar-sam 8h30-13h.* Bonnes spécialités comme le pâté de pommes de terre du Bourbonnais, le pâté à la viande marinée au saint-pourçain et la viande charolaise. Fait aussi épicerie fine.

À voir

L'église Saint-Étienne : édifiée au XIIe et XIIIe s, elle est surmontée d'un clocher du XVIIIe s. Joli portail avec colonnettes et chapiteaux sculptés. Dans le narthex, voir la copie du *Saint Michel terrassant le dragon* de Raphaël, ainsi qu'un bénitier avec les armes des ducs de Bourbon. À proximité, jeter un œil à la maison des Trois-Roys.

Le musée du Chemin de fer de l'Allier : *1, rue Maurice-Robin, sur l'ancien site des Chemins de fer économiques. 06-40-09-95-98. Visite guidée : 5 €. Ouv tlj en été 14h30-18h30 et sur résa le reste de l'année.* Les amateurs apprécieront l'histoire de ces chemins de fer secondaires appelés autrefois « les Tacots » à cause de la largeur de l'écartement de la voie (1 m) et de leur faible vitesse (30-35 km/h). Exposition de la plus vieille locomotive de France à écartement de 1 m, wagons, tramways, bus parisien de 1932, etc. On peut faire un petit tour en Tacot ou en bus les jours de démonstration. Foire au Tacot tous les 2 ans, les années impaires.

VARENNES-SUR-ALLIER

(03150) 3 670 hab.

• Carte D3

L'Allier passe à 2 km du village mais on fait volontiers étape dans cette bourgade au carrefour des routes médiévales pour son imposante mairie blanche, sa chapelle, sa tour, son ruisseau Le Valençon... D'agréables promenades à faire au bord de l'eau et dans les jolis environs.

Situation et accès

À 30 mn au sud de Moulins par la N 7.

Adresses et info utiles

Office de tourisme : *pl. de l'Hôtel-de-Ville. ☎ 04-70-47-45-86. • tourisme.interco-abl.info • Lun-ven 9h30-12h30, 14h-18h ; les w-e et j. fériés 10h-13h.* Vente de tickets pour le PAL et de produits du terroir.

■ ***Aires de camping-car :*** *pl. du Marché, dans le centre, sur le parking Charles-de-Gaulle à proximité de la mairie ; stationnement gratuit et services payants ; jusqu'à 100 places. 2, rue de Beaupuy ; 30 places.*

■ ***Bornes de recharge électrique :*** *pl. de l'Hôtel-de-Ville et sur le parking de la Communauté de Communes (rue du 4-Septembre).*

■ ***Aires de pique-nique :*** *le parc de Mauregard, à proximité du stade de Mauregard, ainsi que le parc des Rouettes, 12 bis, rue des Beaupuy.*

– ***Marchés :*** *grand marché le mar face à la mairie, plus petit les ven (marché couvert) et dim mat.*

Où dormir ? Où manger ? Où trouver de bons produits régionaux ?

Auberge de l'Orisse : *sur la N 7 à l'entrée de la ville. ☎ 04-70-45-05-60. • aubergedelorisse.com • Doubles 69-81 € ; familiales.* Sur un rond-point, mais protégé du trafic par un grand jardin. Cet hôtel bien tenu et rénové dispose de chambres confortables, affichant une déco dans l'air du temps. Également quelques chalets avec terrasse et une piscine chauffée qui réjouira les petits comme les grands. Bon accueil.

L'Atelier : *9, pl. de l'Hôtel-de-Ville. ☎ 04-70-34-44-63. En face de la mairie. Lun-ven et sam soir. Fermé 1 sem entre Noël et Jour de* *l'an. Menu 15,90 € (le midi en sem) ; carte 25-30 €.* Un excellent petit restaurant de cuisine locale. Plats de viande essentiellement : charolaise, tartare, andouillette 5A, brochettes et burgers. L'assiette bourbonnaise et la fondue de saint-nectaire permettent de goûter aux spécialités régionales. Quelques poissons pour les autres. Bon accueil.

L'Asian bar : *7, av. Victor-Hugo. 06-34-62-64-13. Ouv tlj. Carte 15-20 €.* Direction l'Asie, avec des assiettes parfumées qui font voyager ! Cuisine basée sur des produits frais et locaux, servie dans une ambiance sympathique.

Maison Giza : *42, rue Claude-Labonde. ☎ 04-70-45-06-17. En face de la mairie. Mar-sam 8h30-12h15, 15h-19h et dim 8h-12h30.* Derrière sa jolie façade blanche où trône un petit garçon très gourmand, quelques spécialités : le Carré de Varennes (caramel et noix) et le Petit Valençon (sablé confit aux oranges et chocolat blanc). Fait également glacier et chocolatier.

À voir. À faire

L'office de tourisme peut vous indiquer de courtes balades à faire dans le coin sur les 100 km de randonnées que compte le secteur...

Chemin d'interprétation : *visite libre avec dépliant à retirer à l'office de tourisme.* Découverte ludique et interactive de la cité ponctuée de quelques panneaux d'informations. Au fil du parcours, on découvre l'histoire et les secrets de Varennes-sur-Allier, notamment son passé gallo-romain et La Poterne, une tour donnant sur le charmant ruisseau Le Valençon. Agréable balade en passant par quelques ruelles empierrées et le long de jardins privés. Voir aussi la chapelle Notre-Dame-de-la-Ronde de style roman du XIe s (visite avec l'office de tourisme).

Piscine d'été : *au complexe de Mauregard. Ts les ans juil-août. Entrée payante.* Belle piscine découverte avec toboggan.

Le Donjon Gayette : *à la maison de retraite de Montoldre (2 km), par la D 21.* Un vieux donjon du XVe s, très joli, évoqué par René Fallet dans son livre *Le Vieux de la Vieille.*

Montaigu-le-Blin : *à env 10 km de Varennes. 06-07-04-51-10.* Un adorable bourg médiéval, fleuri et verdoyant, avec des arbres centenaires, une quinzaine de petits châteaux, de belles maisons bourgeoises et une forteresse qui se visite *(visites guidées sur résa juil-oct ; 3,50 €, réduc ; infos à l'office de tourisme).*

CANTAL

MASSIAC

(15500) 1 840 hab.

• Carte D4

Porte d'entrée du Cantal, encadrée par les hauts rochers basaltiques de Sainte-Madeleine et Saint-Victor, Massiac est une commune active. Abondamment fournie en commerces, elle assure une pause revigorante. On a le plaisir d'y découvrir les fameux macarons de Massiac (marque déposée), un exemple réussi d'adaptation aux ressources locales !

UNE DÉLICIEUSE ALLIANCE !

Au XIXe s, le Massiacois Monsieur Varenne vint à Paris pour approfondir l'art de la pâtisserie auprès de la maison Le Nôtre. Il s'initia, entre autres, à la confection du macaron. Mais à son retour, il trouva l'Auvergne fort dépourvue d'amandes... Qu'à cela ne tienne, il remplaça l'amande par la noisette, abondante dans le Cantal ! Le résultat, croquant et typique, assura la notoriété de sa création.

Situation et accès

À 1h au sud de Clermont-Ferrand par la A 75 (sortie 23).

Adresses et info utiles

Hautes Terres tourisme, bureau de Massiac : *6, rue du Docteur-Mallet, Hautes Terres Services et Découvertes. ☎ 04-71-23-07-76. • hautesterrestourisme.fr • Tlj juil-août ; le reste de l'année, consulter le site.* Circuit découverte du village, informations randonnées, patrimoine, activités de pleine nature.

Aire de camping-car : *route d'Aurillac, au* ***Camping de mon village*** *(13, av. de Courcelles) ; stationnement et services payants (accès possible aux services slt : 5,50 €) ; 89 places (au-delà de 3 j., résa obligatoire).* Emplacements à l'ombre, sur l'herbe, au bord de la rivière.

Borne de recharge électrique : *pl. de la Gare.*

Aire de pique-nique : *rue de la Gare.* Dans le jardin public, doté d'une aire de jeux.

– **Marchés :** *mar mat, pl. Marcelin-Moret (ou pl. du Foirail).*

Où dormir ? Où manger ? Où acheter de bons produits ?

Camping de mon village : *route d'Aurillac. ☎ 01-83-64-69-21. À côté du stade. Ouv mai-sept pour les tentes et caravanes, tte l'année pour les camping-cars. Compter 6,20-13,50 € pour 2 selon saison. 89 emplacements. Accueil 8h-10h30 et 17h-20h30. Carte pass étape nécessaire.* À 2 pas du village, un camping bucolique, avec des emplacements arborés et séparés par des haies, au bord de l'Alagnon. Sanitaires vieillissants mais propres. Bien équipé et piscine municipale à côté *(ouv juil-août, tlj sauf lun ; campeurs : 2,20 € et enfant 1,30 €).* Pains et viennoiseries. Resto-grill ***Le Courcelles,*** en face. Un ensemble paisible et pratique.

Hôtel La Colombière : *4, route de Clermont-Ferrand (D 909). ☎ 04-71-23-18-50. • hotel-lacolombiere.com • Double 66 €. Parking. Réception ouverte le matin à partir de 7h, puis à partir de 16h30 (appeler).* À l'entrée de Massiac, des chambres bien entretenues et au même prix côté jardin. Le petit déjeuner est servi dans une salle ouvrant sur une vaste pelouse avec vue sur les reliefs cantaliens et les ruines perchées de Saint-Victor. Accueil détendu mais attentif.

Restaurant La Calèche : *77, av. du Général-de-Gaulle. ☎ 04-71-23-02-63. Ouv mer-dim 12h-14h, 19h30-21h. Midi en sem : formule 12 €, menu 15 € ; autrement formule 22 €, menu 25 € ; pizzas et galettes env 10 €.* Ce bâtiment en pierre, au bord de la nationale, abrite une salle lumineuse et agréable. La cuisine traditionnelle se base sur les produits du terroir, bien travaillée, savoureuse et servie dans des proportions justes. Service attentif et pro. Une bonne adresse.

Restaurant le Bouche à Oreille : *18, pl. du Docteur-Marcelin-Moret (ou pl. du Foirail). 06-33-51-71-81. Ouv mar-sam 12h-14h, 19h-21h30, et dim 12h-14h (basse saison : fermé jeu soir). Plats 13-17 €.* Au calme, cet établissement étend sa terrasse face à une muraille médiévale. Un « fast good » hexagonal : généreux burger aux produits auvergnats, viandes grillées, quelques salades et paninis. L'adresse consensuelle, de 7 à 77 ans. Accueil et service parfois débordés mais adorables.

Au macaron de Massiac – Boulet Julien et Charlotte : *14, rue du Docteur-Mallet. ☎ 04-71-23-10-08. Tlj sauf lun 7h-19h (13h le dim).* La recette de l'authentique macaron de Massiac a été transmise ici par Bernard Delos (l'ancien proprio), qui a déposé la marque en 1999. Noisettes françaises, miel local. Notre fournisseur préféré.

Talents d'ici : *97 bis, av. du Général-de-Gaulle. ☎ 04-71-60-15-60. • talents-dici.com • Mar-ven 9h-12h15 et 15h-19h, sam 9h-18h (plus lun 9h-12h15 en juil-août).* Une belle épicerie militante, exclusivement en circuit court.

À voir. À faire

L'église Saint-André : d'origine romane, mais au portail néogothique flamboyant. Superbe et rare Vierge ouvrante du XVe s – le concile de Trente les condamna, et la plupart furent détruites. Également une autre belle Vierge en majesté du XVe s.

Le musée Élise-Rieuf : *4, rue Chalvet. ☎ 04-71-23-03-95. • musee-elise-rieuf.org • ♿ Juil-sept, tlj sauf lun 14h30-18h ; mai-juin, slt dim et j. fériés 14h30-18h. GRATUIT.* Cette artiste peintre postimpressionniste, originaire de Massiac, a traversé le XXe s (1897-1990) et beaucoup voyagé. Croquis volés, paysages, portraits au pastel, toutes les techniques lui sont bonnes pour évoquer... la Chine, les villes de la Hanse, l'Italie ou l'Auvergne. Également des œuvres de Jeanne Carpentier (disciple de Rodin) et de Charlotte Musson, portraitiste de célébrités (Marcel Aymé, Marguerite Yourcenar...).

Le rocher de Sainte-Madeleine : *balade de 15 à 20 mn depuis le pied du rocher.* En hauteur, quasiment dans le vide, une mignonne chapelle au toit de lauzes du XIIe s, classée Monument historique. Vue sur les ruines de Saint-Victor, en face, sur l'autre rive de l'Alagnonnette. La légende veut que Sainte-Madeleine et Saint-Victor aient entretenu quelque relation (mystique bien sûr) entre 2 prières. Un pont miraculeux les réunissait... Au vu du paysage, il fallait effectivement au moins ce genre d'ouvrage !

ISÈRE

LA MURE (38350) 5 140 hab.

• Carte E4

Depuis l'époque gallo-romaine, la petite capitale de la Matheysine est un important carrefour régional. Sise sur un plateau parsemé de beaux lacs naturels ou artificiels, elle est aussi la porte d'entrée du Valbonnais, une vallée secrète, à l'écart des itinéraires touristiques classiques, qui vous mène droit au parc national des Écrins.
Au XIXe s, les mines de charbon situées au nord de La Mure contribuèrent beaucoup à l'industrialisation et à l'essor de la cité. Fermées en 1997, il ne reste aujourd'hui de cette industrie que 2 vestiges, mais ils méritent le détour : le *Petit Train de La Mure* et un très beau musée, *La Mine Image* à La Motte-d'Aveillans.

Situation et accès

À 50 mn au sud de Grenoble par la N 85.

Adresses et info utiles

■ ***Bureau d'information touristique :*** *gare du Petit train de La Mure, av. du 22-août-1944. ☎ 04-76-81-05-71. • matheysine-tourisme.com • Ouv tlj en saison, lun-dim avr-juin et sept-oct, lun-ven mars et nov (par téléphone mer et ven).*
■ ***Aire de camping-car :*** *bd Fréjus-Michon, en face de l'*Hôtel Murtel*. Ouv hors période de gel ; stationnement et services payants ; 11 places.*

■ ***Borne de recharge électrique :*** *Super U La Mure, 26, av Docteur-Tagnard.*

■ ***Aires de pique-nique :*** *280, bd Fréjus-Michon.* Située en contrebas de la rocade, dans un espace joliment aménagé, avec ruisseau et petit pont. Également au site des Trois-Croix : *chemin du Calvaire.*

– ***Marché :*** *lun mat, près de la mairie.*

Où dormir ? Où manger ?

– La spécialité de La Mure, c'est le ***murçon,*** un saucisson à cuire parfumé au carvi (plante aromatique). Vous le trouverez dans toutes les boucheries-charcuteries de la ville ou dans certains restos.

■ ● ***Hôtel Murtel :*** *450, bd Fréjus-Michon. ☎ 04-76-30-96-10. • hotel-murtel.com • Doubles 72-92 €. Menu déj en sem 16 €, puis 23-34 €. Parking.* Facile d'accès car situé sur la rocade, mais au calme et proche du centre-ville. Un hôtel standard, au confort honorable et avec piscine. Au resto, un menu du terroir qui vous donnera l'occasion de goûter aux spécialités locales et régionales.
● ***Le Melezein :*** *4, pl. Auguste-Perret. ☎ 04-76-30-88-14. Fermé dim soir, lun-mar. Formules et menus déj en sem 17,50-25,50 €, puis 27-32 € ; carte 35-40 €.* Le classique de La Mure : les années

passent et il demeure, le sourire du service aussi. Bonne cuisine, plutôt traditionnelle, avec notamment, au menu, 2 indéboulonnables : la tourte muroise et le murçon. Terrasse au bord de la place (et du parking). Une affaire qui roule.

L'atelier des saveurs : *7, pl. de la Liberté. ☎ 04-56-56-26-12. Fermé dim-lun et mar. Menu déj 18 € ; carte env 40 €.* Que du frais et du saisonnier pour une cuisine inspirée avec, comme son nom l'indique, une vraie recherche sur les saveurs et leurs associations.

À voir. À faire

La vieille ville : un œil attentif remarquera que le bourg a gardé sa structure fortifiée avec, au centre, un maillage de rues étroites. Dans l'axe principal de la vieille ville, la Grand-Rue, son beffroi et sa halle sur 30 colonnes, constituées chacune d'un seul bloc de pierre, ne manquent pas d'allure.

Le Musée matheysin : *maison Caral, rue Colonel-Escallon. ☎ 04-76-30-98-15. Avr-sept, tlj sauf mar, 14h-18h. Entrée : env 2,30 € ; réduc ; gratuit moins de 10 ans.* Musée ethnographique installé dans la maison Caral, dont la construction débuta au XIIe s. Une 1re partie est consacrée aux guerres de Religion, à l'épisode du siège de La Mure. Souvenirs de Napoléon revenant de l'île d'Elbe. Le musée évoque ensuite l'activité minière et les principaux métiers régionaux : la ganterie, les colporteurs fleuristes, la clouterie qui employa jusqu'à 400 personnes dans le coin. Une 2de partie expose, dans un bel espace lumineux, une collection de tableaux abstraits de Claude Garanjoud, peintre né à La Tronche en 1926 et disparu en 2005.

Le Petit Train de La Mure : *36, bd Fréjus-Michon. ☎ 04-11-62-62-62. • lepetittraindelamure.com • Juil-août : tlj ; avr-juin et sept-oct : mer, ven-dim, vac scol zone A, j. fériés et ponts ; 6 départs/j. en hte saison (sauf lun 1 départ à 19h uniquement) ; compter env 3h A/R. Possibilité de combiner avec un arrêt au musée de La Mine Image ; dans ce cas, prévoir la journée. Prix : env 25 € ; réduc, gratuit moins de 4 ans ; billet avec musée de La Mine Image : 29,50 €.* Ligne longue d'une quinzaine de kilomètres (elle en faisait 30 à l'origine), inaugurée en 1888 pour transporter le charbon de La Mure. Sa construction fut un véritable exploit technique et nécessita l'édification de 12 viaducs (dont certains vertigineux et se superposant par moment) et 18 tunnels. Elle fut, en 1903, la 1re ligne électrifiée en courant continu à haute tension au monde. En 1989, quelques années avant la fermeture de la mine, le petit train entama une 2de vie et devint un transport touristique. Certains passages se révèlent particulièrement spectaculaires.

Le musée souterrain La Mine Image : *route des Quatre-Galeries, 38770 **La Motte-d'Aveillans**. ☎ 04-76-30-68-74. • mine-image.com • À env 9 km au nord de La Mure. Fermé en janv. De juin à mi-sept, départs des visites guidées (1h30) tlj à 11h, 14h, 15h et 16h, visites supplémentaires à 13h en juil-août ; le reste de l'année, voir le site. Entrée : 8,50 € ; réduc.* Créée à l'époque de Napoléon Ier, la mine d'anthracite de La Motte-d'Aveillans ferma définitivement en 1956. Évocation du travail des enfants et des chevaux, techniques des boiseurs, passage du bois à la charpente métallique, reconstitution d'un éboulement, mise en marche des machines, casse-croûte du mineur, etc., le tout reconstitué dans d'authentiques galeries. Puis visite de la salle aux « trésors », de la lampisterie et de la « salle des pendus ». L'ancien bâtiment des bains-douches présente la vie sociale des mineurs ainsi que des expositions temporaires.

SAVOIE

MOÛTIERS (73600) 3 970 hab.

• Carte E4

Porte d'entrée des célèbres stations des 3 Vallées, cette petite bourgade lovée au confluent du Doron de Bozel et de l'Isère était autrefois une étape importante sur la voie romaine qui reliait Milan à Vienne. Son charmant petit centre mérite bien une halte avant de grimper vers les sommets. D'autant que Moûtiers recèle en son sein un atout maître : nombre de ses murs sont recouverts de superbes fresques réalisées par des graffeurs locaux. Amateurs de Street Art, arrêt obligatoire !

Situation et accès

À 25 mn au sud-est d'Albertville, par la N 90.

Adresses et info utiles

Office de tourisme : *80, sq. de la Liberté. ☎ 04-79-04-29-05. • coeurdetarentaise-tourisme.com • Lun-sam 9h-12h30, 14h-18h, plus dim mat du 3e w-e de juil au 3e w-e de sept, à partir de 9h30.* Livret-jeux pour les familles *(4,50 €)* et livret *Street Art* (gratuit).

Borne de recharge électrique : *23, pl. Saint-Pierre.*

Aire de camping-car : *av. des XVIe-Jeux-Olympiques ; stationnement et services payants ; 5 places.*

Aire de pique-nique : *dans le jardin de l'Évêché.* Un joli parc proche de la cathédrale et des musées.

– **Marchés :** *mar et ven mat, pl. du Marché et pl. Saint-Pierre.*

Où dormir ? Où manger ?

Hôtel Terminus des 3 Vallées : *138, av. de la Gare. ☎ 04-79-22-92-94. • hotelterminus-moutiers.com • Double 50 € ; familiales.* À proximité de la gare, cet hôtel construit au XIXe s affiche un confort très satisfaisant pour ses 2 étoiles. Chambres simples et fonctionnelles, avec lambris et parquet aggloméré. Salles de bains avec baignoire. L'ensemble est propre et pratique.

Hôtel Welcome : *33, av. Greyffié de Bellecombe. ☎ 04-79-24-20-06. • hotel-welcomes-73.com • Doubles 49-79 € ; familiales.* À 2 pas de la gare routière, un établissement d'un très bon rapport qualité-prix. Lambris et moquette dans les chambres les moins chères, parquet et papier-peint à motif dans les supérieures. Bon petit-déj buffet en prime et accueil souriant.

La Petite Fabrique : *83, Grande-Rue. ☎ 04-79-41-52-98. Tlj sauf dim et lun. Plats env 15-20 €.* Des burgers, des tartines, des salades... À première vue, l'ardoise de ce resto niché dans l'une des ruelles piétonnes du centre n'a rien de bien révolutionnaire. C'est l'excellence des produits, d'une grande fraîcheur, et la générosité des assiettes qui font ici la différence. Tout est fait maison, des frites (délicieuses) aux desserts (succulents) et ça se voit ! 2 salles réparties de chaque côté de la rue, joliment décorées d'objets chinés, et terrasse aux beaux jours. Une belle surprise.

La Valtellina : *165, Grande-Rue. ☎ 04-79-55-19-50. Tlj sauf dim-lun 9h-20h30. Menu 21,90 €. Sam midi : brunch.* Cette épicerie-restaurant propose une cuisine typiquement italienne élaborée avec des produits frais et de qualité. La particularité : un plat et un menu du jour qui varient chaque midi, mais aussi de délicieuses salades ou des assiettes de charcuterie. Tous les soirs c'est apéritif dinatoire ! Terrasse très agréable.

Le Rive Gauche : *12, rue Sainte-Marie. ☎ 04-79-24-02-36. Tlj sauf sam soir, dim et j. fériés. Congés : début janv. Menus 15,50-21 €.* La petite adresse populaire comme on les aime, fidèle au poste depuis des décennies. On ne vient pas pour le cadre, tout simple, mais pour la cuisine familiale aussi fraîche que généreuse, à prix d'amis. Terrasse sur une place tranquille.

Le Coq Rouge : *115, pl. Aristide-Briand. ☎ 04-79-24-11-33. Tlj sauf dim et lun soir. Formules du jour midi tlj 15,90-21,90 € ; menu 36 € ; carte env 45 €.* LA bonne table de Moûtiers, proche du musée et de la cathédrale (il suffit de traverser le petit pont en pierre). On apprécie autant le cadre chaleureux, avec ses salles sur différents niveaux et sa collection de coqs, que la cuisine classique dans la grande tradition française. Le midi, la formule est une aubaine, même si le choix est restreint. Terrasse protégée. Accueil souriant et service pro.

À voir. À faire

La cathédrale Saint-Pierre : *tlj 9h-18h.* La façade gothique du XVe s a été en partie reconstruite au XIXe s, mais l'abside et le chœur sont caractéristiques du 1er âge roman lombard. À l'intérieur, intéressante statuaire ; à gauche du chœur, très originale « Mise au tombeau » grandeur nature en bois polychrome du XVIe s ; à côté, une Vierge en majesté du XIIIe s de belle facture. À droite du chœur, une toile monumentale de Jacques Guille illustrant la distribution du Pain de Mai (2 000 pains étaient distribués quotidiennement aux pauvres, une tradition locale qui dura 600 ans).

Le musée des Traditions populaires : *pl. Saint-Pierre, à côté de la cathédrale (dans l'ancien évêché). ☎ 04-79-24-04-23. • musee-moutiers.fr • Tte l'année, lun-sam 9h-12h, 14h-18h. GRATUIT.* Un musée pertinent et attachant qui évoque la culture traditionnelle savoyarde à travers plus de 1 000 objets exposés. Également une galerie qui retrace l'histoire des jouets au XXe s, l'école d'autrefois, les vieux métiers, et une salle dédiée à la 2de Guerre mondiale, en particulier les faits d'armes de la Résistance locale. Expos temporaires.

Le musée d'Histoire et d'Archéologie : *dans le même bâtiment que le précédent, 1er étage. Ouv lun-sam sur demande auprès du centre culturel. Entrée : 2 € ; gratuit moins de 26 ans.* Petit musée à l'ancienne, dont les collections retracent l'histoire de Moûtiers et de la Tarentaise depuis la préhistoire jusqu'au rattachement de la Savoie à la France en 1860. Il met l'accent sur l'archéologie gallo-romaine et sur le rôle de Moûtiers comme siège d'un évêché dès le Ve s (livres liturgiques) et comme centre industriel moderne, avec ses salines et son école des mines au XIXe s.

Parcours Street Art : une quarantaine de fresques monumentales décorent et colorent les murs de la ville, notamment « Le monde à l'envers » place Louis Lungo, « Beauty and the Beast » et « Le Héron » faubourg de la Madeleine, ou encore « La petite fille aux radis » place Grenette... Pour n'en manquer aucune, téléchargez l'***appli gratuite « St'art »***. Livret disponible à l'office de tourisme également.

Beaufort des Montagnes – Coopérative laitière de Moûtiers : *20, av. des XVIe-Jeux-Olympiques. ☎ 04-79-24-03-65. Tt près de la gare. Boutique ouv lun-sam 8h30-12h30, 14h-18h30 et dim mat en saison. Visite lun-ven 9h et 10h30 (sur résa). GRATUIT.* Une des grosses coopératives de l'appellation (avec quelque 19 000 meules de beaufort fabriquées chaque année). Petite expo et film sur la vie à l'alpage, et découverte de la fabrication avec descente dans les caves d'affinage. Outre le beaufort, plein d'autres produits du terroir à la boutique.

➢ Pour les marcheurs, ***nombreux chemins de randonnée*** pour découvrir la montagne alentour. Fiches topo à l'office de tourisme.

BOURGOGNE-FRANCHE-COMTÉ

NIÈVRE

POUGUES-LES-EAUX

(58320) 2 430 hab.

• Carte D3

Avec des « eaux miraculeuses » connues depuis le XVIe s, Pougues a attiré nombre de têtes couronnées. Un superbe parc thermal conserve le souvenir de ce royal passé. Et si le thermalisme n'est plus qu'histoire ancienne, le casino, désormais fièrement posé à l'entrée de la petite cité, accueille toujours les joueurs. Finalement, Pougues s'avère une sympathique petite ville pour faire étape sur le tracé historique de la célèbre Nationale 7.

EAUX DES ROIS, REINE DES EAUX !

C'est le grand-père de Jean de la Fontaine, Jean Pidoux, qui a popularisé les « sources miraculeuses » de Pougues. Médecin personnel d'Henri III, il publie en 1584 un bouquin sur les vertus des sources locales et convainc le roi de faire le voyage. Bingo ! Henri III guérit de ses coliques néphrétiques et revient avec sa mère, Marie de Médicis. Après lui, Henri IV, Louis XIII et le roi Soleil en font le spot préféré de la royauté et de l'aristocratie. Un succès qui traversa le XIXe s, grande époque du thermalisme, jusqu'au coup d'arrêt des années 1970.

Situation et accès

À 25 mn au nord-ouest de Nevers par la A 77 (sortie 32) et la D 907.

Adresses et info utiles

Office de tourisme : *2350, av. de Paris. ☎ 03-86-59-86-60. Ouv mai-fin sept, tlj sauf lun et dim, 15h-18h.* Propose des visites guidées de Pougues-les-Eaux (2h à 2h30) et une brochure spécifique pour une visite ludique et en famille de la ville sous forme de geocaching.

■ ***Aire de camping-car :*** *aire municipale Les Chanternes, 22, allée des Loisirs. Services : 2,60 € ; stationnement gratuit. 8 places.*

■ ***Borne de recharge électrique :*** *parc Simone-Veil.*

■ ***Aires de pique-nique :*** *squares du Crot-Galop ou du Bourdillon.* Sinon, *à Pougues,* ville-jardin, vous n'aurez que l'embarras du choix.

– ***Marché :*** *jeu mat, parc Simone-Veil.*

Où dormir ? Où manger ? Où acheter des produits locaux ?

Camping municipal Les Chanternes : 119, allée des Sports. ☎ 03-86-90-96-00. • campingdepouguesleseaux.jimdosite.com • Ouv mai-sept. Forfait pour 2, env 15 €. 55 emplacements. Situé non loin de la mythique Nationale 7 et à 300 m du centre, mais tranquille, ce camping bénéficie de grands emplacements bien séparés par des haies. À la location, 2 *coco sweets* et 3 mobiles homes. Jeux pour enfants et, à 2 pas, terrain de basket, court de tennis et grande piscine municipale, gratuite (en juil-août) pour les clients du camping.

Chambres d'hôtes Le Mont Givre : 34 bis, rue du Docteur-Jean-Pidoux. 07-87-32-97-92. • lemontgivre.fr • Double 60 € ; familiale 100-150 €. Parking. Accueil en famille dans cette imposante maison, ancien hôtel de la grande époque thermale. Une double un brin romantique, la *chambre de Rose,* et une suite familiale, *Là Haut, Là Haut,* sous les combles et immense (pouvant accueillir jusqu'à 6 personnes). Vaste jardin à l'arrière, qu'on peut appeler parc, joliment aménagé, fleuri et verdoyant. Excellent petit déj, dans la même veine que l'ambiance générale. Judicieux conseils sur la région de surcroît.

Hôtel des Sources : 123, rue de la Mignarderie. ☎ 03-86-36-74-05. • hoteldessources.fr • Doubles à partir de 75 € ; suites. Parking. Propriété du groupe qui gère le casino (à 2 pas, avec 2 restaurants dont *l'Ycaste,* où l'on déguste une cuisine française en terrasse), un hôtel rénové de fond en comble, avec des chambres impeccables, à la déco contemporaine originale, et très confort (lits XL, bons matelas, clim...). Tranquille, dans une impasse et entouré de verdure (terrasse où peut se prendre le petit déj, face à un petit parc). Accueil à la fois pro et chaleureux. Bar et petite restauration (planches, bocaux, snacking) possible.

Pour constituer votre pique-nique, la ***boulangerie pâtisserie Cassiot*** vous accueille au 59, av de Paris. ☎ 03-86-68-86-42. Fermé le lun et dim ap-m. Vous trouverez également des produits frais et locaux à la ***boucherie, charcuterie et épicerie fine Chez Tommy et Sandrine*** 63, av. de Paris. ☎ 03-86-21-05-65. Fermé le lun et dim ap-m. Ne manquez pas de goûter les *pougatines,* ces bonbons qui sont la spécialité de la commune à la recette inchangée depuis 1894.

À voir. À faire

L'ancien parc thermal : 311, av. Conti. Plein de charme, il justifie une balade le long des chemins qui sillonnent ses 8 ha, plantés de multiples essences d'arbres largement centenaires. Une petite pièce d'eau avec son « Île », une sculpture contemporaine de Xavier Veilhan, un romantique petit pont. Et, évidemment, quelques superbes bâtiments qui témoignent du riche passé thermal de la ville dont le ***Pavillon des Sources,*** classé Monument historique avec sa superbe verrière et à l'intérieur, 2 vasques d'où jaillissaient les sources : la célèbre Saint-Léger (avec son eau naturellement gazeuse et salée) et Saint-Léon ; et l'ancien casino, le promenoir, le bâtiment « des bains et des douches » avec sa drôle de tourelle...

Le parc de Bellevue : accès par la D 907 à la sortie sud de la ville. À 298 m d'altitude, et comme son nom le laisse supposer, la vue sur la ville et la campagne mérite qu'on pousse jusque-là. Par beau temps, on aperçoit même à l'horizon la flèche de la cathédrale de Bourges. Ce parc où les curistes grimpaient pour prendre un bon bol d'air après avoir pris les eaux a été, récemment, réaménagé avec notamment un sentier d'interprétation autour de la flore locale.

Le casino : *1315, av. de Paris. ☎ 03-86-90-17-00. Tlj, 10h-4h (3h dim).* Qui dit ville d'eau dit casino et celui-ci existait déjà sous Louis XIV. Le bâtiment, désormais résolument contemporain, abrite tous les jeux souhaités (machines à sous, roulette, black jack, poker...) et un... planétarium.

➢ ***Le circuit de la goutte d'eau*** : *système de QR codes à flasher ou livret à récupérer auprès de l'office de tourisme.* Suivez les plaques bleues au fil des 6 étapes de ce parcours qui vous permettra de découvrir les secrets de l'histoire du village.

SAÔNE-ET-LOIRE

CHAROLLES

(71120) 3 250 hab.

• Carte D3

Bœufs charolais et moutons charollais (avec 2 « l » pour le mouton !) ont fait la réputation de cette grande terre d'élevage. Mais Charolles, au confluent des rivières Arconce et Semence, est également un agréable Village étape. L'ancien château des comtes du Charolais offre un beau panorama et les vieilles demeures se mirant au ras de l'eau lui donnent un petit air de Venise sur bocage. En souvenir, vous pourrez rapporter de la faïence de Charolles.

Situation et accès

À 15 mn à l'est de Paray-le-Monial par la N 79.

Adresses et infos utiles

Bureau d'Information touristique : *24, rue Baudinot. ☎ 03-85-24-05-95. • ville-charolles.fr, tourisme.legrandcharolais.fr • Mai-sept, lun-sam 9h30-12h30, 14h-18h (17h mai-juin et sept) et dim et j. fériés 9h30-12h30.* Installé dans l'ancien couvent des Clarisses, une maison bourgeoise des XVe-XVIe s.

■ ***Aires de camping-car :*** *route de Viry ; ouv avr-début oct ; stationnement et services payants ; 49 emplacements confort dans le camping et 10 sur les 2 aires extérieures.*

■ ***Borne de recharge électrique :*** *quai de la Poterne.*

■ ***Aires de pique-nique :*** *sur le parking de la piscine (route de Viry) et route du Pont-de-Pierre, ttes 2 en bord de rivière ; également 12, quai de l'Arconce.*

– ***Marché :*** *mer mat, pré Saint-Nicolas.* Labellisé Marché saveurs et savoir-faire de Bourgogne.

– ***Marché estival :*** *dim mat, fin juin-fin août, pl. du Téméraire.*

Où dormir ? Où manger ? Où acheter des produits locaux ?

Hôtel le Téméraire : *3, av. Joanny-Furtin. ☎ 09-70-35-60-85. • letemerairecharolles71.com • Doubles 68-95 €.* Petit hôtel familial à la façade quelconque mais proposant des chambres plaisantes. Accueil chaleureux d'une proprio pas avare de bons conseils sur le Charolais. Petit déj en terrasse.

Chambres d'hôtes Le Clos de l'Argolay : *21, quai de la Poterne. ☎ 03-85-24-10-23. • closdelargolay.com • Derrière l'église. Congés : déc-fév. Doubles 145 € ; 130 € à partir de 2 nuits. CB refusées.* Dans une belle maison du XVIIIe s, au bord d'un canal aux berges fleuries, 2 suites et un duplex de charme aux boiseries patinées, mêlant meubles anciens et contemporains. Beau petit déj servi en terrasse. Les accueillants maîtres de maison sont éleveurs et fabricants de fromages de chèvre (visite possible de l'exploitation).

Le Charolles : *1 pl. Charles-Le-Téméraire. ☎ 03-85-24-03-20. Fermé mar soir et mer (plus dim soir en hiver). Menus 21 € déj sem puis 37-39 €.* Au pied des remparts, ce bistrot contemporain joue à fond la carte bourguignonne : escargots, jambon persillé et, bien évidemment, bœuf charolais (inscrit jusque dans la faïence de Digoin !). Belle terrasse.

Le Bistrot du Quai : *1 av. de la Libération. ☎ 03-85-25-51-75. Tlj. Formule déj (sauf dim midi) 21 € ; menus 31-51 €.* Juste en face de la très chic *Maison Doucet,* son annexe à prix plus aimables. Jolie déco, mi-bistrot, mi-atelier, pour une cuisine de tradition (bœuf bourguignon) et de région (inévitable bœuf charolais). Desserts au parfum d'enfance. Terrasse en surplomb de la rivière.

Faïences de Charolles : ***Fayences du Pays,*** *15, pl. de l'Église. Fermé dim ap-m et lun.* Belles pièces. Et au magasin d'usine de la ***Faïencerie de Charolles,*** *5, route de Lugny (☎ 03-85-24-13-46 ; lun-ven 9h-12h, 14h-18h).*

Viande charolaise : ***boucherie-charcuterie Jardin,*** *10, rue du Général-Leclerc. ☎ 03-85-24-00-09. Fermé dim ap-m et lun.* De belles pièces là aussi, dans un autre genre.

BOURGOGNE-FRANCHE-COMTÉ

À voir

L'ancien château : la Ville de Charolles y a installé la mairie en 1868. Détruit puis remanié en grande partie entre les XVIIe et XIXe s, il en reste une porte fortifiée et 2 tours du XVe s, ainsi que la base de 2 autres sur le mur d'enceinte, aujourd'hui jardin public. Belle perspective sur les toits de la ville et le bocage.

La Maison du charolais : *43, route de Mâcon (RN 79). ☎ 03-85-88-04-00. • maison-charolais.com • Tlj 10h-18h (11h-17h nov-mars). Fermé 1er nov et de Noël au Jour de l'an. Entrée : 7,60 € avec audioguide et dégustation ; réduc.* Un complexe muséographique convivial sur 3 niveaux, pour tout savoir sur une viande célébrissime qu'il vous faudra apprendre à décortiquer, au travers d'un itinéraire intelligemment composé. Devenez tour à tour éleveur, boucher, agent d'abattoir et géologue (végétariens, s'abstenir !) et terminez votre visite par une dégustation de charolais sous diverses formes. Animations enfants et adultes toute l'année et expo temporaire chaque année. Resto dans le même bâtiment.
Circuit « ***Chemin du bocage et des fours à chaux*** » de 6 km, à partir du parking du site.

Le musée du Prieuré : *4, rue du Prieuré. ☎ 03-85-24-24-74. • ville-charolles.fr/musee-du-prieure-jean-laronze • Mai-sept, tlj sauf mar 14h-18h ; sur résa le reste de l'année. Entrée : 4 € ; réduc. Ateliers pour les enfants en été. Expos temporaires.* Prieuré clunisien fondé en 929, le site conserve des vestiges de l'église du XIIe s ainsi qu'un bâtiment rénové aux XVe-XVIe s. La salle des chapiteaux, la zone archéologique et la salle d'apparat, classée Monument historique, témoignent de cette période prospère. Ne manquez pas la magnifique poutre sculptée d'animaux et personnages à bésicles. Le site abrite aujourd'hui un ***musée complet d'Histoire de l'art local*** où la faïence de Charolles, cœur de la collection, vous est présentée depuis ses débuts en 1844 par Hippolyte Prost jusqu'aux créations contemporaines actuelles.

La Maison Dufoux : *pôle d'activité du Charolais. ☎ 03-85-28-08-10. • chocolatsdufoux.com • En face de la Maison du charolais. Juil-août, tlj sauf dim-lun 9h30-12h30, 13h30-18h30. Pour les groupes uniquement hors saison. Participation : 6 € ; réduc.* Pierre-Yves conserve précieusement les recettes de son père, Bernard Dufoux, ancien meilleur chocolatier de France et collectionneur de médailles, tout en innovant pour l'avenir. L'atelier-laboratoire se visite en été. Idéal pour comprendre la fabrication et aussi des cours payants *(le sam mat sauf déc-janv).*

BRETAGNE

CÔTES D'ARMOR

BELLE-ISLE-EN-TERRE (22810) 1 050 hab.

• Carte A2

En plein pays du Trégor, Belle-Isle-en-Terre tire son nom de sa situation pile poil au confluent du Guic et du Léguer. Nichée au creux d'un pays de forêts, de collines et de ravins mystérieux, cette bourgade tranquille, sortie de l'anonymat grâce à une habitante au parcours de vie pour le moins rocambolesque (la truculente Lady Mond), constitue une escale de choix pour les randonneurs (pédestres, équestres ou à VTT) ainsi que pour les pêcheurs de salmonidés.

Situation et accès

À 20 mn à l'ouest de Guingamp par la RN 12 puis la D 712.

Adresses et info utiles

Office de tourisme : *15, rue Crec'h-Ugen. ☎ 02-96-43-01-71. • guingamp-paimpol.com • Juil-août, lun-sam 10h-12h30, 14h-18h et dim mat 10h-12h30 ; de mi-mars à juin et sept-oct, lun-sam 10h-12h30, 14h-17h30.* Nombreuses docs sur les randos et les parcours de pêche à la mouche. Visites guidées en été *(jeu, ven à 15h).*

■ **Aire de camping-car :** *4, rue Guerveur (vidange devant les services techniques) ; stationnement gratuit et services payants ; 12 places.*

■ **Borne de recharge électrique :** *pl. de l'Église ; à côté de la saboterie.*

■ **Aires de pique-nique :** *derrière le château de Lady Mond (aquarium), sur le site des papeteries Vallée ou à Loc-Envel (à 4 km), très agréable aussi.*

– **Marché de producteurs :** *mar en fin d'ap-m, pl. de la République.*

Où dormir ? Où manger ? Où acheter de bons produits ?

Le Relais de l'Argoat : *9, rue du Guic. ☎ 02-96-43-00-34. • lerelaisdelargoat.fr • Resto fermé dim soir et lun, sauf pour les résidents en ½ pens en juil-août. Congés : 2 sem en janv et 1re quinzaine de nov. Doubles 59-67 € ; familiales. Formule déj en sem 17 €, menu env 25 €. Parking.* C'est la bonne petite auberge de campagne au bord de la route avec des chambres basiques mais bien tenues. En demander une donnant sur les arbres à l'arrière de la maison. Cuisine traditionnelle de l'Argoat à la fois savoureuse et généreuse.

Domaine des papeteries : *2, allée des Frères-Vallée. 06-06-56-66-90. • domainedespapeteries.com • Doubles 78-148 €. Table d'hôtes sur résa env 20 €. Parking.* Du charme à revendre pour cette adresse posée au bord de la rivière. Ses chambres et suites mêlent avec harmonie l'ancien aux objets contemporains, lesquels proviennent en grande partie de la nuit des soudeurs de Granville (le sculpteur JOH' y possède même son atelier). Toutes sont d'un goût exquis. Et pour ne rien gâcher, une table soignée et un petit déj concocté à base de produits locaux ou maison. Panier pique-nique sur demande.

Ty ar C'hampouz : *13, pl. de l'Église. ☎ 02-96-43-14-79. Tlj sauf lun soir-mar (tlj en juil-août). Congés : vac scol d'hiver zone B. Formule midi 11,50 € ; carte 12 €. Résa conseillée.* Une crêperie de village appréciée des locaux comme des touristes pour ses galettes bien tournées à prix raisonnables. La farine est bio, la bière pression aussi. Tenue par une jeune équipe dynamique.

Biscuiterie des îles – Les Galettes de Belle-Île-en-Terre : *Z.A. de Kerbol. ☎ 02-96-43-30-03. À la sortie de la ville, direction Louargat. Tlj sauf dim et j. fériés 9h15-18h30 (18h15 sam).* Une entreprise familiale depuis plusieurs générations dont le produit phare est une galette aux bords dentelés à mi-chemin entre le palet et la galette fine (28 % de beurre quand même !). Plein d'autres bons produits aussi : thé aux algues, pastis breton et des tartinables. *Visites guidées mar-jeu à 11h en été.*

BRETAGNE

À voir. À faire

L'Aquarium « des curieux de nature » : *au bord du Léguer. ☎ 02-96-43-08-39. • eau-et-rivieres.org • Ouv Pâques-Toussaint. Juil-août, et vac scol, tlj sauf sam, 14h-18h. Hors vac scol slt mer et dim. Entrée : 4 € ; réduc.* L'association *Eau et Rivières* œuvre pour la protection des milieux aquatiques de Bretagne. Elle siège dans l'ancien château que Lady Mond, figure locale, fit construire en 1936. On y trouve une dizaine de bassins d'eau douce contenant une vingtaine d'espèces frayant dans les rivières de la région. Très pédagogique.

La Vallée des Papeteries : *à 1 km au nord du bourg, à* **Plounévez-Moëdec.** *Sites en plein air, accessibles en permanence. Visites guidées l'été. Rens auprès de l'office de tourisme.* L'ancienne usine Vallée est un autre lieu fascinant pour tous les férus de tourisme industriel, réhabilité par des artistes et d'anciens ouvriers. C'est désormais un lieu de mémoire, mais aussi le but d'une balade rafraîchissante. D'ici, un 1er chemin de randonnée relie le ***barrage de Kernansquillec*** (pêche) à travers la vallée du Léguer, un 2d grimpe jusqu'à la ravissante ***chapelle de Locmaria*** (jubé du XVIe s et céramique della Robbia de la Renaissance italienne).

L'église Saint-Envel : *à 4 km au sud du bourg, à* **Loc-Envel.** Perchée sur sa colline, un très bel exemple de gothique flamboyant du XVIe s, avec son clocher-mur flanqué d'une tourelle. Si l'extérieur en jette déjà pas mal, l'intérieur est plus beau encore, avec un jubé mélangeant les styles gothiques et Renaissance, ainsi que des éléments de charpentes et lambris assemblés par de surprenants blochets polychromes. En saison, arrêtez-vous écluser un gorgeon au ***Ty Coat Café*** *(8, rue des Sabotiers – devant le parking ; 06-70-45-35-41 ; tlj sauf mar 10h-1h),* un troquet très sympa !

– **Sorties Nature, rando pédestre, trail et VTT :** *au bord du Léguer, dans le château de Lady Mond. 06-43-92-95-07. • sportsetnature.org • Juil-août, et vac scol, tlj sauf sam, 9h (14h dim)-18h.* Belle-Isle est une station Sport & Nature. Le *Centre d'initiation à la rivière* propose différentes sorties à VTT ainsi que des sorties nature à thème à destination des familles.

BROONS (22020) 2 970 hab.

• Carte B2

Broons serait passée à côté de l'histoire si elle n'avait pas été la ville natale d'un certain Bertrand Du Guesclin. En effet, c'est au château de la Motte-Broons, aujourd'hui disparu, que naquit l'illustre connétable que les Anglais surnommaient « le dogue noir de Brocéliande ». Pour la petite histoire, il était considéré comme un traître par les nationalistes bretons, et sa statue a été plastiquée par les membres du Front de Libération de la Bretagne (FLB) en 1977. Le sculpteur Patrick Berthaud en a installé une autre depuis, et pour calmer tout le monde, il lui a fait mettre le genou à terre !

Situation et accès

À 45 mn au nord-ouest de Rennes par la RN 12 puis la D 793.

Adresses et info utiles

Mairie : *pl. Du-Guesclin. ☎ 02-96-84-60-03. • broons.fr •*

■ **Aire de camping-car :** *rue de la Noé-Derval ; stationnement et service payants ; 10 places.*

■ **Borne de recharge électrique :** *pl. Jean-Louis Labbé (devant la maison des associations).*

■ **Aire de pique-nique :** *route de Plumaugat (D19) ; près du plan d'eau de la Planchette.*

– **Marchés :** *mer mat pl. Du-Guesclin ; foire le 1er mer du mois.*

Où dormir ? Où manger ?

Camping municipal de La Planchette : *rue de la Noé-Derval. ☎ 02-96-84-60-03. Ouv tte l'année. Forfait tente pour 2 et stop camping-car 8 €.* Un tout petit camping d'une vingtaine d'emplacements qui sent le neuf. On regrettera toutefois l'absence de plantations. Piscine, aire de loisirs et étang à proximité.

Chambres d'hôtes La Cormorandière : *15, rue de la Barrière. ☎ 02-56-38-60-96. Double 85 € ; familiales.* Une maison de maître datant de 1803 et un jardin de curé constituent l'univers chaleureux de Claudine. Au programme, de vastes chambres pour 2 à 3 personnes, toutes décorées avec un sens poussé du détail. Le soir, tout le monde se retrouve au salon pour écouter celui qui sait jouer du piano. Petit chalet garni d'appareils de gym, d'un jacuzzi et de quoi réchauffer sa tambouille.

Set' à Table : *15, pl. Du-Guesclin. ☎ 02-96-80-46-15. • setatable.bzh • Congés : 15 j. en août et vac scol de Noël. Double 50 € ; triples. Resto ouv ts les midis lun-ven ; formule 13 €.* Une poignée de chambres moquettées bénéficiant d'une bonne literie. Formules du jour de bon aloi.

Crêperie La Calèche : *10, pl. Du-Guesclin. ☎ 02-96-80-01-07. Fermé jeu, plus le soir dim et mer. Carte env 12-20 €.* Rien d'extraordinaire mais des galettes et des crêpes bien dans la tradition avec juste ce qu'il faut de saveurs pour jouer les reviens-y.

À voir. À faire

L'église Saint-Pierre de Trémeur : *à 4 km au nord de Broons par la D 19.* Bien qu'ayant subi quelques refontes, cette église présente un beau portail du XVe s flanqué de pilastres cannelés d'esprit Renaissance. Dans l'enclos, ossuaire du XVIIe s. En cours de route, arrêtez-vous à la ***colonne Du Guesclin.***

➢ ***La Ronde de Cambel*** : *6-10 km, compter env 2h.* Au départ de l'aire de loisirs de La Planchette, ce circuit de randonnée offre de belles vues sur le bourg et son église : une jolie balade pour toute la famille *(enfants à partir de 7 ans).*

CHÂTELAUDREN (CHÂTELAUDREN-PLOUAGAT)

(22170) 3 900 hab.

NOUVEAUTÉ

• Carte A2

À mi-distance de Guingamp et de Saint-Brieuc, cette « Petite Cité de Caractère », traversée par le Leff, fut l'ancienne capitale du Goëlo et le fief des Républicains pendant la Révolution. Une halte s'impose, ne serait-ce que pour visiter sa fabuleuse *chapelle Notre-Dame-du-Tertre,* dite la « chapelle rouge » dont les lambris peints du plafond du chœur représentent l'ancien et le nouveau Testament. Ils datent du XVe s et constituent une vraie B.D. !

Situation et accès

À 20 mn à l'est de Guingamp par la RN 12 puis la D 712.

Adresses et info utiles

Bureau d'information touristique : *dans les bureaux du Petit Écho de la Mode, 2, rue Maillet. ☎ 02-96-70-12-47. • falaisesdarmor.com • De mi-juin à mi-sept, mar-sam 10h-12h30, 14h-18h, plus lun 8h-13h sur le marché en été ; vac de Pâques, mer 14h-17h30 ; le reste de l'année, slt mar et ven 14h-17h30. Fermé pdt les vac de Noël.* Nombreuses randonnées proposées dans le secteur.

■ ***Aire de camping-car*** : *rue de la Gare, près de l'étang de Châtelaudren (l'entrée se fait entre les nos 15 et 21 de la rue de la Gare). Stationnement et services payants (env 20 places).* En bordure du lac, dans un camping.

■ ***Borne de recharge électrique*** : *pl. Saint-Vincent (entre la poste et l'étang).*

■ ***Aire de pique-nique*** : *étang de Châtelaudren.* Quelques tables sous les arbres et des jeux pour les enfants.

– ***Marché*** : *pl. de la République, ts les lun mat.*

Où dormir ? Où manger ?

Maison d'hôtes et appartements La Récréation : *2, impasse Aribart. ☎ 09-86-55-13-17. • larecreationbretagne.fr • Doubles env*

85-110 € ; 3 nuits min juil-août. Table d'hôtes 22 € (lun-jeu, sauf juil-août ; réserver 48h avt). L'ancienne école maternelle de la ville a été transformée en maison d'hôtes. On est accueilli avec le sourire par un jeune couple libano-malgache ayant travaillé dans l'hôtellerie. Aménagement intérieur chaleureux et jolie décoration, intégrant ici et là du mobilier scolaire. Reconversion très réussie ! Chambres confortables, spacieuses et claires, qui donnent sur une grande cour tranquille. Petit déj et repas préparés avec des produits locaux bien choisis.

Le Triskel : *Z.A. du Radenier (en bordure de la RN 12). ☎ 02-96-74-28-13. Double env 54 € ; resto ouv midi et soir en sem. Fermé du ven soir au dim soir compris. Formule 3 plats env 14 €.* Ce routier dirigé par Davy et Sandrine propose une douzaine de chambres façon motel, certaines avec mezzanine, d'autres avec kitchenette. Au resto, bonne cuisine de pays à prix canon.

Le Relais du Leff : *2, pl. des Sapeurs-Pompiers. ☎ 02-96-74-10-33. Lun-ven 9h-17h. Congés : 1 sem aux vac de printemps, 3 sem en août et 1 sem à Noël. Menu déj en sem env 14 €.* Petit resto populaire, dont le menu unique attire les foules chaque midi. Il faut dire qu'il est, dans sa catégorie, vraiment épatant. C'est tout simple, tout bon. Service aimable.

Auberge du Goëlo : *1, rue Saint-Magloire. ☎ 02-96-74-33-14. Mar-sam midi, plus le soir ven-sam. Résa conseillée. Formules déj en sem 15-18 € ; menus 28-36 € le soir.* Dans une ambiance familiale (monsieur au fourneau, madame au service) et un cadre chaleureux typique du coin, cette auberge accueille les épicuriens de passage... Que ce soit pour la formule du midi en semaine ou pour les créations plus élaborées le week-end, les plats sont travaillés de A à Z, Lionel privilégiant les produits locaux. Quelques tables dans la rue piétonne dès que la météo est de la partie.

BRETAGNE

À voir. À faire

La chapelle Notre-Dame-du-Tertre : *visites guidées juil-août : lun et sam 14h30-18h ; mar-ven 10h30-12h30, 14h30-18h. GRATUIT. En dehors de cette période, les clés sont à récupérer à l'office de tourisme à la mairie déléguée de Châtelaudren et à la Crêperie du Leff (2, rue Aribart).* Fondée par les comtes de Goëlo vers 1300, ce fut d'abord un prieuré avant de devenir une chapelle richement décorée. Elle abrite un exceptionnel ensemble de ***panneaux peints*** datant de la 2de partie du XVe s. 138 panneaux en tout (et 200 personnages !). Une habile restauration a restitué leurs couleurs, plus particulièrement les fonds rouge et or, laissant à penser qu'il s'agit de l'œuvre de Compagnons venus d'Italie. Dessins aux détails d'une grande richesse (attitudes, vêtements), à mi-chemin entre l'enluminure et l'art naïf. Des transats vous permettent de vous relaxer tout en les contemplant.

Le Petit Écho de la Mode : cette ancienne imprimerie de magazines féminins nationaux a valu à Châtelaudren d'être qualifiée de « Capitale française de la Mode » (on y imprimait aussi des patrons sur papier de soie). Elle s'est muée aujourd'hui en un pôle culturel à dimension régionale, où se déroulent spectacles, expositions et animations numériques tout au long de l'année avec, entre autres, des expos temporaires autour de la mode et du design.

Le terrarium de Kerdanet : *22170* ***Châtelaudren-Plouagat.*** *☎ 02-96-32-64-49. • terrariumdekerdanet.over-blog.com • À 4 km à l'ouest de Châtelaudren. Juil-août mar-mer et w-e 10h-12h30, 14h-18h30, plus lun, jeu et ven 14h-18h30. Mai-juin et sept, mer et w-e 14h-18h ; les horaires varient légèrement en dehors de cette période ; dernière admission 1h avt. Entrée : 8,50 € ; réduc.* C'est l'œuvre d'une famille de passionnés : sur 4 500 m², ils ont reconstitué le milieu de dizaines d'espèces de reptiles et d'amphibiens de France. Serpents, tortues, lézards, « guernouilles », crapauds vous souhaitent la bienvenue dans différents bassins paysagers parcourus de sentiers et de ponts, jalonnés de panneaux explicatifs.

JUGON-LES-LACS

(22270) 1 840 hab.

• Carte B2

Cette petite Venise de l'Armor a toujours joué un rôle stratégique dans l'histoire bretonne. De son glorieux passé, cette « Petite Cité de Caractère » a conservé une maison à pans de bois du XVIe s et quelques hôtels particuliers des XVIIe s et XVIIIe s. Mais soulignons qu'à Jugon, la vie se conjugue d'abord avec l'eau, que ce soit pour une partie de pêche, une sortie en kayak ou la pratique du *wakeboard.*

Situation et accès

À 20 mn à l'ouest de Dinan par la RN 176 puis la D 792.

Adresses et info utiles

Office de tourisme : *pl. du Martray.* *☎ 02-57-25-22-22. • capderquy-valandre.com • Juil-août, lun-sam 10h-12h30, 14h-17h30 ; fermé jeu ap-m et dim ap-m ; horaires réduits le reste de l'année.* Demander le dépliant « Découverte du patrimoine ». Topos sur les parcours de rando. Visites guidées.

■ ***Aires de camping-car :*** *rue Saint-Étienne ; stationnement et services payants (par CB) ; 20 places. 2 aires de délestage gratuites mais sans services : venelle du prieuré, derrière l'église (env 15 places) et Étang du Loup, près du wakepark (env 20 places).*

■ ***Bornes de recharge électrique :*** *pl. de la Poste, derrière le foyer rural ; une autre au wakepark.*

■ ***Aire de pique-nique :*** *rue Saint-Étienne, au bord de la rivière, au chevet de l'église.*

– ***Marchés :*** *ven mat pl. du Martray, plus sam mat dans le bourg de **Dolo** (à 3 km).*

Où dormir ? Où manger ?

Camping Au bocage du Lac : *rue du Bocage. ☎ 02-96-31-60-16. • campinglacbretagne.com • Ouv de Pâques à la Toussaint. Forfait tente 21,80-41,20 € pour 2. 190 emplacements.* Un camping 4-étoiles spacieux qui propose toutes sortes de locatifs. Bar-snack. Miniferme. Animations pendant les vacances scolaires... Et surtout, la proximité de l'Espace aquatique. Une base intéressante pour explorer la région.

Restaurant-Hôtel La Grande Fontaine : *7, rue de Penthièvre. ☎ 02-96-31-61-29. Doubles 75-85 € ; ½ pens 3 nuits min. Formule déj mar-ven 16,50 €, à l'ardoise le soir. Parking.* Un hôtel de campagne aux chambres sans surprise (lits de 140 et double-vitrage) parfaitement tenues. Petit salon pour bouquiner et jacuzzi (payant). Une véritable aubaine pour celles et ceux qui restent dîner, surtout en hiver, quand le patron envoie du lourd, genre couscous, tripes ou tête de veau. À la belle saison, on apprécie le saumon fumé maison et les plats à l'ardoise. Accueil gentil.

L'Elysarose : *18, pl. du Martray. ☎ 02-96-31-30-73. Juil-sept tlj sauf jeu (dim en continu) ; oct-juin le midi slt sauf jeu et dim, plus le soir ven-dim. Formules 11,80-14 € ; carte 15 €.* Dans sa petite crêperie ouverte sur la place du village (belle terrasse), Nathalie ne propose que du local et du fait maison que ce soit pour les tartines, les salades, les omelettes, les galettes ou les crêpes. Également des suggestions sans gluten, voire véganes, et des associations parfois audacieuses comme cette Saint-Jacques acoquinée à une andouille de Guémené sur fondue de poireaux. Cidre fermier local.

À voir. À faire

Jolie balade à faire dans le bourg. La place centrale est bordée de vieilles demeures, comme la belle maison Sevoy (XVIIe s) avec sa tour d'angle, la maison à pans de bois de la Tête Noire et l'auberge de l'Écu du XVe s.

L'église Notre-Dame-et-Saint-Étienne : *tlj 10h-18h.* Survivance d'un monastère bénédictin fondé au XIIe s dont il ne reste plus grand-chose si ce n'est le portail ouest, cette église bâtie au XVe s et maintes fois remaniée, conserve aujourd'hui l'aspect de sa dernière refonte datant de la moitié du XIXe s. À l'intérieur, des vitraux historiés relatent la fondation de Jugon ainsi que la Grande Guerre.

La Maison pêche et nature des Côtes d'Armor : *2, rue des Grands-Moulins. ☎ 02-96-50-60-04. • maisonpechenature.com • Ouv tte l'année. Juil-août tlj 9h30-12h30, 14h-17h 30 (fermé le mat le w-e). Pour les horaires hors saison, voir leur site.* Centre d'accueil et de renseignements sur la pêche dans le département, la maison est également un espace d'exposition sur la pêche et les milieux aquatiques avec une passe à poissons permettant chaque année le transit de centaines d'anguilles. Nombreuses animations pour tous les publics. Location de barques et de matériel de pêche.

Le château de la Hunaudaye : *la Hunaudaye, 22270* ***Plédéliac.*** *☎ 02-96-34-82-10. • la-hunaudaye.com • À 10 km au nord de Jugon. Juil-sept tlj 10h30-18h30 ; avr-juin, plus vac scol de la Toussaint tlj 14h30-18h. Fermé oct-mars sauf vac scol de la Toussaint. Entrée 5,50 € ; réduc ; gratuit moins de 6 ans. En été, visite guidée avec tablette tactile à 11h et 17h, visite guidée simple 15h et 16h.* Cette forteresse construite en 1220 par le seigneur de Tournemine a vraiment fière allure, avec ses chemins de ronde et ses courtines. Il s'agit d'***un des plus beaux exemples d'architecture militaire en Bretagne.*** Visite ludique et interactive particulièrement adaptée au jeune public (réalité augmentée). Cinéma en plein-air et concerts certains soirs (voir leur site).

– ***Nombreuses activités à faire autour ou sur le Grand étang :*** pêche, planche à voile, paddle, VTT, randonnées. Pour les marcheurs, boucle de 17 km autour de l'étang que l'on peut raccourcir à 3 km en prenant la grande passerelle qui enjambe les eaux au niveau de l'étang du Vau Dehy.

– ***Wakepark (téléski nautique de Bretagne) :*** *étang du Lou, 22270* ***Dolo.*** *☎ 09-72-86-25-59. • bzhwakepark.com • À 3 km au sud-ouest du centre de Jugon. Ouv du 1er w-e d'avr au dernier w-e d'oct. Juil-août tlj 10h-20h (horaires hors été voir leur site).* Pour les adeptes de la glisse en eau douce, un *wakepark* doté de belles installations.

MERDRIGNAC

(22230) 3 160 hab.

• Carte B2

En plein cœur de l'Argoat, Merdrignac est bordée par le massif forestier de la Hardouinais, l'un des derniers lambeaux de la très vieille forêt de Brocéliande qui couvrait autrefois une grande partie du centre de la Bretagne. Loin du vacarme urbain et du surtourisme, cette petite ville bénéficie d'un environnement idéal pour se refaire une santé... par les plantes évidemment !

Situation et accès

À 25 mn à l'est de Loudéac par la RN 164.

Adresses et info utiles

Points d'info touristique : *au Camping Val de Landrouët, 14, rue du Gouède. ☎ 02-96-28-47-98. Ouv tte l'année sauf vac scol de Noël. Juil-août tlj 9h-20h.* Sinon, **office de tourisme de Loudéac** : *15, rue Moncontour, 22600* ***Loudéac.*** *☎ 02-96-28-25-17.*

■ ***Aire de camping-car :*** *30, rue du Gué Plat, devant le* ***Camping du Val de Landrouet*** *; stationnement gratuit et services payants ; 35 places.*

■ ***Bornes de recharge électrique :*** *rue de l'Hermitage (à côté de la gendarmerie). Une rapide et une normale à proximité de la gare routière (rue du Bourganeuf) et une normale sur le parking du pôle médico-social, rue de Brocéliande.*

■ ***Aire de pique-nique :*** *rue du Capitaine-Legrand, face à la station-service.*

– ***Marché :*** *mer mat, pl. du Centre.*

Où dormir ? Où manger ?

Camping du Val de Landrouët : *14, rue du Gouède. ☎ 02-96-28-47-98. • valdelandrouet.com •. Forfait tente 15 € pour 2 ; stop-accueil camping-car 11 €.* Situé dans un site naturel très agréable comprenant 2 étangs, ce camping propose des emplacements, des chalets, des mobile homes et aussi des gîtes. Une foule d'activités en été (pour les vacanciers en locatif) : canoé, catamaran, tir à l'arc, paddle, marche nordique...

Le Madeleine : *29, rue du Docteur-Moisan. ☎ 02-96-28-40-78. À 100 m de l'église. Resto ouv tlj sauf ven soir et sam-dim. Double 55 € ; familiales ; ½ pens ; formule déj lun-ven 13,50 €.* Depuis 1945 ce bar-PMU-resto-hôtel en a vu défiler des clients ! À l'étage, une dizaine de chambres très simples mais parfaitement tenues. À table, Didier porte une attention particulière à satisfaire ses hôtes, pas question d'entacher la réputation de la famille ! Ici on mange « bon » et sans chichis et ça se sait à 100 lieues à la ronde.

À faire

Le Val de Landrouët : 15 ha de nature où se promener, faire du vélo et pique-niquer. Jeux pour les enfants mais aussi parcours sportif (en forêt), tennis, ping-pong, minigolf sans oublier la possibilité de pêcher dans les 2 étangs. L'été, nombreuses animations. D'ici partent ***plusieurs sentiers de randonnée*** praticables à vélo (la voie verte V6 passe par-là) ou à pied comme le ***chemin du Duc*** (10,3 km, niveau moyen) avec des variantes plus courtes.

Base nautique de la Hardouinais : *étang de la Hardouinais, 22230* ***Saint-Launeuc.*** *07-57-46-74-06. • bretagnecentre.bzh • À env 6 km au nord-est de Merdrignac. Ouv avr-sept tlj sauf sam 9h30-18h.* Catamaran, optimist, kayak ou paddle. Activités encadrées ou location.

Piscine intercommunale Aquaval : *10, rue de la Gare. ☎ 02-96-28-49-08. Ouv de mi-juil à fin-août, tous les ap-m sauf j. fériés.* Piscine chauffée, 4 bassins ludiques, toboggans...

ROSTRENEN

(22110) 3 100 hab.

NOUVEAUTÉ

• Carte A2

Degemer mat ! (Bienvenu !) à Rostrenen, l'épicentre du Kreiz Breizh : le cœur de la Bretagne. Labellisée « Station verte », son centre-ville dominé par une église de style hybride (XVe s-XIXe s) consacrée à Notre-Dame-du-Roncier, privilégie les piétons. La petite rue voisine mène à une belle fontaine du XVIe s qui donne son nom au square, doté d'un théâtre de verdure (lieu de spectacles). Dans les proches environs, plusieurs possibilités de randonnées : bois de Kerbescont, landes de Locarn, canal de Nantes à Brest, etc.

UN DOCTEUR RAOULT POUR LE MOINS CAVALIER !

Rostrenen a la particularité d'avoir une place en l'honneur du Docteur Raoult. Mais ne vous y trompez pas, il ne s'agit pas de Didier, l'infectiologue du CHU de la Timone à Marseille, projeté sur le devant de la scène médiatique pendant la pandémie de Covid en 2020 mais de Joachim Charlemagne Raoult (1848-1931), un homonyme non moins original puisqu'il effectuait les visites chez ses patients à cheval ! Sacré Charlemagne !

Situation et accès

À 25 mn à l'est de Carhaix-Plouguer par la RN 164.

Adresses et info utiles

Office de tourisme du Kreiz Breizh : *6, rue Abbé-Gibert. ☎ 02-96-29-02-72. • tourismekreizbreizh.com • Avr-sept, tlj sauf dim 9h30-12h30, 14h-17h30 ; le reste de l'année, lun-ven, 10h-12h30, 14h-17h30.* Info sur les balades (GR 37-PR) pédestres ou à vélo, les animations et les sites incontournables.

Aire de camping-car : *rue Rosa-le-Henaff (derrière le stade, possibilité de rejoindre le centre-ville en passant par le stade). Stationnement gratuit (6 places) ; services payants (jetons à la mairie, à l'office de tourisme ou à la Maison de la Presse).* Pas l'endroit le plus ombragé mais tranquille et surtout très central.

■ ***Bornes de recharge électrique :*** *17, rue de la Marne (sur le parking de la pl. du Bourg-Coz) ou encore sur le parking du* Centre commercial du Cap Vert (Bricomarché).

■ ***Aires de pique-nique :*** *rue Rosa-le-Henaf.* Sous les bouleaux ou le palmier, devant l'aire des camping-cars, sinon *square de la Fontaine,* à côté de l'église, en plein centre.

– ***Marché du Kreiz Breizh :*** *pl. du Docteur-Raoult, ts les mar mat, tte l'année, 9h-13h.* Grand marché hebdomadaire de produits du terroir, légumes du maraîcher, fromage de la ferme Buis Sonnant, yaourts de Kermoël, bières Grobul... Sinon petit marché le samedi matin.

Où dormir ? Où manger ?

Chambres d'hôtes Maison du Canal : *Pont-Auffret. ☎ 02-96-24-78-60. • maisoncanal.com • À moins de 4 km au sud de Rostrenen sur la route D 790 vers Plouray. Double 80 € ; familiale.* On est accueilli par John et Hillary, des hôtes affables et attentionnés, dans leur maison très bien aménagée, proche du canal de Nantes à Brest, en retrait de la route. 5 chambres coquettes, calmes et lumineuses, réparties sur 2 niveaux. Le plus : une piscine intérieure chauffée. Une bonne étape pour décompresser.

Les Kabanes : *11, rue Kastell-Losket. 07-50-21-94-46. • leskabanes-rostrenen.fr • Double 55 €, 10 € la pers en plus.* Une poignée de petites cabanes en bois toutes équipées pour 2 adultes et 2 enfants avec terrassette dans le jardin d'Amélie et Clément, situé en lisière de forêt, à 1 km du centre-bourg. De quoi jouer les Robinson en famille sur la route des vacances !

La Rozell : *43, rue Abbé-Gibert. ☎ 02-96-29-20-70. Tlj sauf dim-lun. Compter env 15 €. Résa conseillée.* Déco plutôt quelconque mais crêpes et galettes au top, pour résumer cette adresse qui fait chaque fois mouche quand il s'agit de satisfaire les amateurs du genre. Galettes savoureuses et copieuses concoctées avec un blé noir IGP 100 % breton, et en dessert, de bonnes crêpes sucrées dont une au caramel au beurre salé à se damner ! Accueil gentil.

Le Bistrot qui Coz : *3, pl. du Bourg-Coz. ☎ 02-96-29-10-71. Ouv ts les midis mar-sam, plus le soir ven-sam. Menus 16-26 €.* Le chef, Guillaume Ollivaux, propose une cuisine d'inspiration bistronomique à déguster dans un cadre contemporain très agréable. Plats soignés et savoureux inspirés du terroir pour certains : andouille de Guémené, *fish & chips* à la bière, sablé breton à la crème de citron...

À voir. À faire

Jeu-enquête Sacré Charlemagne ! : *rdv à l'office de tourisme.* D'une durée totale de 2h, un jeu-enquête payant à vivre en famille qui vous emporte vers une dizaine de points à découvrir dans la ville.

Chapelle Saint-Jacques : *rue des Trois-Frères,* ***Quélen.*** Chapelle du XVIe s, remarquable pour son autel du XVIIe s et ses sablières. Dans le petit cimetière attenant repose la poétesse et chanteuse bretonne Koulmig Arvor, de son vrai nom Philomène Cadoret.

Chapelle de Lokmaria : *Lokmaria, lieu-dit* ***Bonen.*** Charmante chapelle du XVe s avec fenestrages du siècle précédent. Modifiée par la suite, elle fut amputée de sa flèche à la fin du XIXe s ce qui lui confère ce look si particulier.

Fontaine et square de Notre-Dame du Roncier : *square de la Fontaine.* En plein centre-bourg, non loin de l'église du même nom et à côté de ce qu'il reste d'une fontaine datant de la fin du XVIIe s, une grande aire de détente avec jeux pour enfants. Idéal pour se dégourdir les jambes.

FINISTÈRE

CHÂTEAUNEUF-DU-FAOU (29520) 3 680 hab.

• Carte A2

Cœur de ville de granit juché sur une verdoyante colline dominant un méandre de l'Aulne. Un tableau pittoresque, reflet d'une Bretagne immuable. Rien d'étonnant alors à ce que le postimpressionniste Paul Sérusier, fondateur du groupe des nabis, y passe une partie de sa vie. À cet égard, ne pas manquer le baptistère de l'église Saint-Julien, qu'il a décoré de ses mains. Plus bas, sur les berges du canal, la base de loisirs de Penn ar Pont ravira les férus d'activités nautiques.

Situation et accès

À 20 mn à l'est de Châteaulin par la RN 164 puis la D 36.

Adresses et info utiles

■ ***Office de tourisme :*** *pl. Ar-Segal. ☎ 02-98-81-83-90. • tourisme-chateauneufdufaou.com • Juil-août, tlj sauf dim ap-m 10h-12h30, 14h-18h30. Le reste de l'année, mar et ven 10h-12h30 ; plus vac scol.* Bonne petite doc sur le pays *(livret gratuit 27 randos dont 15 circuits de VTT).*

■ ***Aires de camping-car :*** ***camping municipal de Penn ar Pont*** *(avr-sept) ; stationnement et services payants ; 40 places.* Également 8 places gratuites au-dessus de la base nautique (toute l'année, avec service vidange).

■ ***Bornes de recharge électrique :*** *impasse de la gare, à côté des services techniques municipaux. Bornes à vélo quai Jean-Guivarc'h, autre à la piscine. Borne à charge rapide sur l'aire de covoiturage de la communauté de commune de Haute-Cornouaille.*

■ ***Aire de pique-nique :*** *quai Jean-Guivarc'h, en bordure du canal, face au resto* Le Chaland.

- ***Marchés :*** *mer mat, pl. du marché ; marché artisanal ts les jeu à 15h en été.*

Où dormir ? Où manger ?

⛺ 🏠 ***Gîtes et camping de Penn ar Pont :*** *Penn ar Pont. ☎ 02-98-81-81-25. • pennarpont.com • Ouv avr-sept. Gîtes tte l'année. Forfait tente 12 € pour 2 ; camping-car 12,70 € ; nuit en gîte 52-58 € pour 2 ; paiement uniquement par CB.* Une bonne solution d'hébergement pour tous, que ce soit en camping ou dans la quarantaine de gîtes pour 6 personnes, impeccables et bien conçus, qui possèdent tous une vue sur le canal ou la vallée depuis leur terrasse. Pêcheur ? Vous êtes au bord du canal ! Amateur de pleine nature ? D'ici partent de nombreux sentiers balisés. La base nautique loue vélos, kayaks et pénichettes *(• canal-loisirs.com •).* Grande piscine juste à côté, terrains de tennis, pétanque et aire de jeux.

🏠 ***Chambres d'hôtes Au fil de l'aulne :*** *17, rue d'Orval. ☎ 02-98-99-78-41. • aufildelaulne.com • Tte l'année. Doubles 75-85 € (2 nuits exigées en juil-août). Parking.* Dans l'ancienne maison du notaire, une poignée de chambres qui fleurent bon le temps qui passe, avec ses meubles ripolinés, ses parquets cirés et ses voilages. Alors que dire du grand salon, de sa cheminée et de son piano droit, de la véranda comme un jardin d'hiver (sauna) et des transats posés dans le jardin ? Petit déj, avec pâtisseries traditionnelles et confitures maison. Excellent accueil de Patricia.

L'Astrolabe : *20, rue du Général-de-Gaulle. ☎ 02-98-73-28-29. Ts les midis sauf dim. Congés : 2 sem en mars, 3 sem fin août-début sept. Menu fixe 12 €. Parking à l'arrière.* C'est une maison bleue, accrochée à la colline, on y vient à pied, on y détaille le menu du jour affiché en vitrine et on prend place dans la salle pour une petite cuisine maison servie avec simplicité. S'y pointer de bonne heure car c'est la cantine des artisans du coin !

Le Petit Rozell : *6, rue de la Mairie. ☎ 02-98-73-25-49. Tlj sauf lun. Carte 15 €.* Bernadette, les crêpes, c'est son truc et son coup de rozell est réputé. Ses galettes de blé noir sont bien « craz » comme on dit par ici et ses crêpes de froment ont des garnitures à faire saliver les Saint-Bernard. En été, on préférera la terrasse qui donne sur l'église, à condition, bien sûr, d'avoir réservé.

Kouigns et Compagnie : *4, pl. de la Résistance. 06-41-89-07-38. Mar-dim 11h-19h (18h dim). Repas env 20 €.* Ce salon de thé tout mignon mise sur la qualité. Beaucoup de produits bio et des gâteaux faits maison (dont le kouign-amann bien sûr), glaces artisanales, thés et cafés. On peut aussi s'y attabler à l'heure du déjeuner (salades, tartines, soupes, planches) dans les accueillantes salle et véranda ou encore dans le charmant jardin anglais.

À voir. À faire

Sur les pas de Paul Sérusier : *dans le bourg.* Un parcours libre et permanent composé de 8 chevalets disposés à travers le bourg, pour comprendre ce qui a inspiré le peintre.

La chapelle Saint-Ruelin du Moustoir : *à 3 km à l'est de la ville. Bien indiqué. Juil-août, tlj 10h-19h ; mai-juin et sept-oct, w-e slt.* Une bucolique balade à pied, qui suit le chemin de halage le long de l'Aulne, vous mène à cette petite merveille édifiée au XVIe s et dédiée à saint Ruelin, évêque de Tréguier au VIe s. La charpente en carène inversée ainsi que la statuaire sont superbes. On y remarque un groupe de la Sainte Famille, saint Pierre et saint Louis en pierre polychrome du XVIe s, ainsi que des fonts baptismaux à baldaquin du XVIIe s.
À l'extérieur, beau calvaire du XVe s, ainsi que 2 grands ifs de plus de 600 ans.

Le domaine de Trévarez : *sur la route de Laz, à* ***Saint-Goazec.*** *☎ 02-98-26-82-79. • cdp29.fr • À 5,5 km au sud de Châteauneuf. Juil-août, tlj 10h-18h30 ; de mi-mars à juin et sept-début nov, tlj 13h30-18h30 ; fin nov-début janv, tlj 14h-19h30. Fermé les 3 premières sem de nov et début janv-fin fév. Entrée 8 € ; réduc ; gratuit moins de 7 ans.*
Sur une superficie de 85 ha, le domaine départemental de Trévarez, labellisé « Jardin remarquable » et « Patrimoine du XXe s », offre au fil des saisons une myriade de belles promenades entre le jardin bien ordonné de l'esplanade et le parc à l'anglaise. On recense ici ***750 variétés de camélias, 600 de rhododendrons et des hortensias par milliers.***
L'étonnant ***château néogothique,*** surnommé « le château rose » et ses anciennes écuries sont nés de la volonté de James de Kerjégu entre 1893 et 1907. Réquisitionné par la marine allemande lors de la dernière guerre, l'édifice fut bombardé par la Royal Air Force en 1944. Les appartements privés, restaurés dans le style Art nouveau, peuvent se visiter. Les écuries, réaménagées, se distinguent par un vaste manège surmonté d'une belle verrière.
Tout au long de l'année, diverses manifestations florales et expositions. Boutiques, « Café de Trévarez », aire de jeux.

LE FAOU

(29590) 1 750 hab.

NOUVEAUTÉ

• Carte A2

Niché au fond d'une ria, le village du Faou, commune du parc naturel régional d'Armorique, est la porte d'entrée de la presqu'île de Crozon, et mérite qu'on y fasse une escale. L'ancienne ville portuaire, aujourd'hui paisible « Petite Cité de Caractère », fut une ville dynamique aux XVIIe et XVIIIe s notamment grâce au transport de bois, acheminé vers les chantiers de marine de Brest. Le Faou abrite encore une vingtaine de maisons à encorbellement du XVIe, dont les jolies façades ont été revêtues d'ardoises. Une belle étape et de nombreux commerces pour accueillir les visiteurs.

Situation et accès

À 30 mn au sud-est de Brest par la RN 165 puis la D 770.

Adresses et info utiles

Office de tourisme : *10, rue du-Général-de-Gaulle. ☎ 02-98-81-06-85. • lefaou.bzh • Tlj juil-août 9h30-12h30 et 14h30-18h30 (sauf dim ap-m) ; juin et sept, lun-ven le matin slt.*
■ **Aire de camping-car :** *Park an Aod, 4, rue de la Grève, au* ***Camping Mon Village*** *(tentes autorisées en saison). Ouv tte l'année. Accès à l'eau et l'électricité, possibilité de vidange ; stationnement et services payants ; 24 places.*
■ **Borne de recharge électrique :** *14, route de Rumengol.*
■ **Aire de pique-nique :** *le long de la rivière, ponctuée de bancs (tables de pique-nique au bout du quai).*
– **Marché :** *sam mat, le long du quai Quélen en été ; autour de l'église le reste de l'année.*

Où dormir ? Où manger ?

Le Relais de La Place : *7, pl. aux Foires. ☎ 02-98-81-91-19. • lerelaisdelaplace.com • Doubles 60-66 € ; familiales.* Un hôtel simple mais aux prestations d'un bon rapport qualité-prix, notamment le petit déj. Et, si le cœur vous en dit, cap sur le sauna ou la salle de sport selon l'humeur ! Bar-brasserie *Le Vintage* ou le resto pour une carte plus traditionnelle. Mention spéciale pour l'accueil convivial.

L'Authentique : *5, pl. des Résistants-et-Fusillés. ☎ 02-98-81-18-35. Ouv jeu-dim. Pizzas 10-18 € ; plats 18-21 €.* Une jolie carte de pizzas et une poignée de plats aux associations de saveurs parfois étonnantes, pour ceux qui voudraient voyager un peu. La farine de la pâte à pizzas est locale, tout comme l'ensemble des produits de saison, bio dans la mesure du possible. Une belle escale.

Crêperie l'Estran : *9, pl. aux Foires. ☎ 02-98-73-95-62. L'Estran* affiche un joli choix de galettes classiques ou plus surprenantes, délicieusement croustillantes (et moelleuses au centre !) ; côté sucré, une poignée de crêpes flambées. Ne loupez pas la suggestion de la semaine ! Ivan et Laetitia sont très investis et soignent leur travail, du choix des produits jusqu'à la présentation. Accueil très sympa.

Le Panier de Mamounette : *32, rue du Général-de-Gaulle. ☎ 02-98-81-06-21. Ouv tlj tte l'année 8h30-12h30, 15h-20h.* Produits du terroir, épicerie fine, un petit rayon fromage... De quoi rapporter un peu de Bretagne à la maison, ou se concocter un bon pique-nique à déguster au bord de la ria. Charmant couple de gérants.

À voir. À faire

BRETAGNE

Le village : on peut s'y balader le nez au vent, ou préférer suivre le petit itinéraire proposé *(voir le panneau pl. des Foires).* La plupart des jolies maisons sont inratables, alignées le long de la rue principale. On remarque qu'elles se situent toutes du même côté ; celles d'en face ont été détruites sous Napoléon III pour élargir la rue. Les façades à pans de bois ont été revêtues d'ardoises au moment de la Révolution. Parfois, des motifs ont été créés par l'agencement des ardoises : par exemple, des fers à cheval pour une ancienne forge... La promenade au bord de l'eau, sur 1,5 km, est également très agréable.

La forêt de Cranou : aux portes du Faou, elle couvre 1 320 ha. Le commerce de son bois fit la fortune de la ville. La forêt, aujourd'hui jalonnée de nombreux sentiers de randonnée, au milieu des chênes et des hêtres, abrite aussi un *arboretum* (au nord-ouest, à proximité du carrefour de la chapelle Saint-Conval) qui s'étend sur 14 ha. Feuillus ou résineux, des essences provenant des 5 continents y sont plantées, dont on observe l'adaptation sous les cieux bretons. Un sentier familial de 2 km a été aménagé et permet d'en savoir davantage sur ces hôtes.

Notre-Dame de Rumengol : *à 2,5 km au N-E du Faou. Ouv tlj 10h-18h.* Cette église baroque (XVe-XVIIIe s) est l'une des plus intéressantes du Finistère et vaut le coup d'œil. Ici point d'apparitions, mais des guérisons inexpliquées ont entraîné un afflux de pèlerins au cours des siècles. C'est pourquoi on y trouve un aménagement et une ornementation aussi riches, qui ont bien traversé les siècles : finesse de la sculpture des statues (leurs traits les rendent vivantes) y compris celles de l'extérieur, la chaire, les 2 retables du XVIIe en bois polychrome généreusement revêtus de feuille d'or... Quant à la Vierge à l'enfant, il s'agit de l'une des rares statues « habillées » d'Europe (doublement d'ailleurs : un vêtement d'été et un d'hiver !).

SAINT-THÉGONNEC (SAINT-THÉGONNEC / LOC-EGUINER)

(29410) 3 120 hab.

• Carte A2

Entre les landes océaniques et les 1ers contreforts des monts d'Arrée, Saint-Thégonnec recèle un des enclos paroissiaux les plus emblématiques de Bretagne. Sorte d'apogée de l'art breton du XVIIe s, ce monument à la gloire de la foi bretonne, qui mêle allégrement le style Renaissance aux 1res influences du baroque italien, a nécessité près de 2 siècles de travail. En outre, ce charmant bourg, qui s'est enrichi grâce à l'exploitation du lin entre le XVe et le XVIIIe s cache, en son sein, de remarquables maisons bourgeoises. Enfin, Saint-Thégonnec est également le point de départ de nombreux chemins creux où il fait bon musarder.

Situation et accès

À 15 mn au sud-ouest de Morlaix par la RN 12 puis la D 118.

Adresses utiles

Office de tourisme : *13, pl. de la Mairie. ☎ 02-98-79-67-80. • baiedemorlaix.bzh • Ouv avr-oct, lun-ven 10h-13h, 14h-17h30 (plus sam et j. fériés en juil-août).* Topo-guides des randos pédestres à faire dans le coin.

Aire de camping-car : *Park an Iliz, en face du grand parking de la salle des fêtes ; stationnement (limité à 48h) et services gratuits ; 15 places.*

Borne de recharge électrique : *av. Park-an-Iliz (angle av. de Brest).*

Aires de pique-nique : *tables devant l'office de tourisme, sur l'aire de camping-car et sur l'espace arboré à côté de l'aire de camping-car. Sinon au kanndi du Fers pour plus de verdure (à 7 km).*

Où dormir ? Où manger ? Où acheter du bon pain ?

Auberge de Saint-Thégonnec : *6, pl. de la Mairie. ☎ 02-98-79-61-18. • aubergesaintthegonnec.com • Resto fermé dim soir. Doubles 87-97 € ; familiales. ½ pens possible. Le midi, formules 14-18 € ; menus 25-50 €. Parking.* L'un des beaux établissements du circuit des enclos. Chambres de bon confort, spacieuses, lumineuses et calmes, en particulier celles ouvrant sur le jardin à l'arrière. Côté restauration, une table réputée pour sa cuisine fine, à vocation gastronomique. Tables nappées et joliment dressées. Belle terrasse pour un petit déj ensoleillé l'été.

Restaurant du Commerce : *1, rue de Paris. ☎ 02-98-79-61-07. Lun-ven 12h-14h. Congés : 3 sem en août et vac scol de Noël. Formule déj en sem 11,50 € ; menu 14 €.* Bonne et copieuse nourriture à prix doux. En dehors de l'été, chaque jeudi, un plat à l'honneur : pot-au-feu, choucroute, *kig ha farz,* couscous, et même du cassoulet ! Salle à manger agréable avec mur en pierre sèche. Ambiance animée et accueil généreux.

Crêperie Steredenn : *6, rue de la Gare. ☎ 02-98-79-43-34. Tlj sauf lun-mar hors saison. Congés : déc-janv. Carte env 15 €.* Une crêperie qui prend ses aises dans 3 pièces accueillantes, dont l'une est réchauffée par le feu de la vieille cheminée en pierre. Réputée dans la région, c'est l'une des dernières crêperies de Bretagne à travailler la véritable crêpe de blé noir « kraz ha druz » ou si vous préférez « bien cuite et bien grasse ». Rappelons que pour les Bretons bretonnants la « galette » est une invention de... Parisiens ! Aussi de belles crêpes de froment.

Boulangerie Canevet : *Z.I. de la Gare. ☎ 02-98-78-08-76. À env 4 km du bourg par la D 118. Lun-ven 9h30-18h30.* Ici, un seul credo : fabriquer un pain bio au levain 100 % naturel, tout en maintenant les traditions du métier. On se l'arrache !

À voir. À faire

L'église : *tlj 9h-18h.* Le clocher est la partie la plus ancienne (1565). L'imposante sacristie, elle, date de 1690. Chœur en bois sculpté polychrome, splendide chaire, démontrant bien l'importance de la parole en cette fin du XVIIe s, superbe retable du Rosaire. Sur l'une des colonnes, niche ouvrante de saint Thégonnec. Enfin, notez, dans la nef, à droite près de la porte d'entrée, une autre niche ouvrante, avec une Vierge trônant sur un arbre de Jessé. Cette église a été le théâtre d'agissements étranges : durant une épidémie de typhus de 1740 à 1743, on inhuma 750 cadavres sous ses dalles.

L'ossuaire : *de mi-avr à début oct, tlj 9h-18h (19h juin-août). Fermé sam ap-m.* Probablement ***le plus beau, le plus monumental ossuaire de Bretagne.*** Construit de 1676 à 1682. Façade latérale : riche composition et ornementation harmonieuses. Colonnes corinthiennes, niches à coquille, etc. À l'intérieur, dans la crypte, une Mise au tombeau en bois, du sculpteur de Morlaix, Lespagnol (également auteur du *retable du Rosaire*). Reliquaires et croix de procession.

Le calvaire : l'un des derniers grands calvaires bretons, édifié en 1610. La base présente 9 scènes de la Passion. Si le style des personnages en costumes d'époque se révèle plutôt simple, les visages et attitudes des personnages actifs sont en revanche particulièrement expressifs, émouvants ou cocasses.

Le kanndi du Fers : *lieu-dit Le Fers, à 7 km au sud de Saint-Thégonnec. Accès libre et GRATUIT.* Sur le millier de lavoirs à lin de Landerneau à Morlaix (une centaine rien qu'à Saint-Thégonnec), celui-ci demeure l'un des rares à avoir conservé ses murs et presque tout son mobilier. Il fallait au total un mois pour livrer un fil de lin suffisamment blanc pour être tissé. C'est cette qualité de fil, préalablement blanchi, qui a fait la richesse de Morlaix mais aussi la fortune de tant de villages nord-bretons... Ce qui explique la beauté, la richesse de leur église et de leur enclos.

– ***Randonnées pédestres et VTT :*** Saint-Thégonnec est situé sur le GR 380, de Lampaul-Guimiliau à Morlaix, et offre plusieurs jolis circuits balisés dont un qui va du centre-bourg au kanndi du Fers, jalonné de panneaux explicatifs sur la fabrication des toiles de lin (voir l'office de tourisme). Plan des circuits VTT des Monts d'Arrée à côté du restaurant *Le Commerce.*

ILLE-ET-VILAINE

BÉDÉE

(35137) 4 440 hab.

• Carte B2

Petite cité remarquable du pays pourpré, Bédée est située au croisement de 2 grands axes majeurs. Le Paris-Brest et le Dinan-Guer. Cette position stratégique lui a toujours conféré le statut noble de Village étape. Une vocation qui ne s'est point affaiblie car les voyageurs trouvent toujours ici de quoi satisfaire leur envie de se dégourdir les jambes ou de nouer serviette autour d'une bonne table.

Situation et accès

À 25 mn à l'ouest de Rennes par la RN 12.

Adresses et info utile

Point d'info touristique : *2, rue de Rennes, dans le hall de la Mairie. ☎ 02-99-06-18-20. • ville-bedee.fr • Tte l'année lun-ven 9h-17h30.*

■ ***Aire de camping-car :*** *parking du Blavon ; 7 places. Services : pl. Louessard.*
■ **Borne de recharge électrique :** *pl. Louessard.*

■ ***Aires de pique-nique :*** *rue de Montfort, au pied de la motte Jubin ou le long du mur du cimetière (à côté de la pharmacie).*
– **Marché :** *sam mat pl. Louessard.*

Où dormir ? Où manger ? Où acheter de bons produits ?

Hôtel.com et restaurant l'Ardoise : *14, pl. de l'Église. ☎ 02-99-07-00-37. • hotel-bedee.com • Resto tlj sauf dim soir. Double 70 € ; familiales. Menu routier au self (sauf ven soir et w-e) 13 € ; formules déj 12-15,50 € ; menu 22 €. Parking payant.* En plein centre, cet établissement cosy recèle des chambres sans surprise dotées d'une déco dans l'air du temps (excellente literie). Côté papilles, l'ardoise est séduisante car le chef aime travailler le frais dans le respect de la tradition. Pour une pause plus rapide et plus économique, optez pour le self.

Cidrerie Coat-Albret : *lieu-dit Foulangère, La Haie-Rénier. ☎ 02-99-09-05-78. • coat-albret.com • Mar-ven 8h-12h, 14h-18h ; sam 9h30-12h.* Au cellier du Bois d'Albret, Morgan produit un cidre selon les méthodes traditionnelles. Au travail d'assemblage (plus de 40 variétés de pommes entrent dans la composition des cidres) s'ajoute un travail long et précis de fermentation qui confère à son nectar des qualités gustatives rares.

Boulangerie Mouriec : *6, rue de Rennes. ☎ 02-99-07-00-40. Tlj sauf dim ap-m et mar-mer. Congés : 3 sem en août.* La bonne adresse de bouche de Bédée. Les pâtisseries sont à prix doux et la baguette « rustique » arrive tous les jours à 15h.

À voir. À faire

Jardin médiéval : il est installé au pied de la Motte Jubin, ancienne motte féodale dont les douves sont encore visibles. Conçu comme un jardin d'abbaye, des panneaux vous invitent à comprendre comment étaient structurés les jardins de l'époque. Si vous voyagez avec des enfants, une tyrolienne et des jeux se trouvent juste à côté.

Pas moins de ***6 randonnées pédestres*** à faire autour de Bédée et partant de l'église du village (panneau détaillé sur place), dont le ***circuit du Blavon*** qui mène à l'étang du même nom (1h50). Aussi une liaison douce dédiée à tous moyens de transport non motorisés, qui permet de gagner Montfort (14 km A/R). Parcours de ***geocaching*** pour les amateurs.

CHÂTEAUBOURG (35220) 4 830 hab.

• Carte B2

Traversée par la rivière de part en part, Châteaubourg a longtemps vécu au rythme des caprices de la Vilaine. Aujourd'hui sauvée des eaux, la ville, qui accueille régulièrement des artistes en résidence, offre ses parcs aux

BRETAGNE

sculptures les plus audacieuses. Un parcours didactique a d'ailleurs été aménagé pour familiariser le grand public à cet art et, pourquoi pas, susciter des vocations.

Situation et accès

À 20 mn à l'est de Rennes par la RN 157 puis la D 857.

Adresses et info utiles

Points d'info touristique : *à la mairie, 5, pl. de l'Hôtel-de-Ville. ☎ 02-99-00-31-47. • chateaubourg.fr • Tte l'année, lun-ven. Ou à* ***l'office de tourisme de Vitré,*** *pl. du Général-de-Gaulle à* ***Vitré.*** *☎ 02-99-75-04-46. • bretagne-vitre.com •*

■ ***Aires de camping-car :*** *allée du Vent-d'Autan ; stationnement gratuit ; 20 places. Aire du Super U : 2, bd Laennec ; stationnement gratuit et services (10 mn d'eau + 1h d'électricité) 2 €.*

■ ***Bornes de recharge électrique :*** *square Jean-XXIII et rue de la Goulgatière.*

■ ***Aires de pique-nique :*** *dans le parc Bel Air ou dans le parc Pasteur, tous les 2 au bord de la Vilaine et avec aire de jeux. 2 tables aussi sur le Pont des Arts.*

– ***Marché :*** *ven mat sur le parking de la Vilaine.*

Où dormir ? Où manger ?

Ar Milin : *30, rue de Paris. ☎ 02-99-00-30-91. • armilin.com • Congés : 22 déc-1er janv. Doubles 100-170 €. Au bistrot (le midi slt), carte env 30 € ; au resto (le soir mer-dim, plus dim midi), menus 37-44 €. Parking.* Dans un parc de 5 ha en bord de Vilaine, cet ancien moulin fournissait la ville en électricité au début du XXe s. Chambres au calme, dans un bâtiment moderne situé dans le parc, et d'autres, plus chics et plus chères, dans le moulin même. Au resto comme au bistrot (belle vue), cuisine régionale soignée avec toutefois une carte des vins assez chère.

Au temps des Cerises : *9, rue de Paris. ☎ 02-23-37-10-06. • autempsdescerises.fr • Mar-sam 10h-14h, 15h-19h (en continu sam). Plat du jour 8,90 € ; formules déj 13-16 €.* Menée tambour battant par Émilie, cette boutique invite les trésors de la région dans votre assiette. Petite dînette sucrée-salée, gâteaux, plats *veggies*. Du solide au liquide, tout est local et bio. Alors on s'y donne volontiers rendez-vous, à l'étage, dans le petit salon de thé au-dessus de l'épicerie ou bien en terrasse.

L'Ardoise de Nino : *27, rue de Rennes. ☎ 02-23-07-45-41. Tlj sauf dim 10h-14h30 et le soir jeu-sam 19h-22h. Formule midi en sem 14,50 €. Menus 22-25 €.* Petite brasserie agréable pour un repas en terrasse. Au menu : pièce de viande ou de poisson, pizzas, salades, burgers... Équipe accueillante.

À voir À faire

Le parcours des sculpteurs : sur près de 3 km, une trentaine de panneaux évoquent les différents courants artistiques qui ont marqué la sculpture au fil des siècles (départ devant la mairie). Chaque année en été, le ***parc Ar Milin*** et les rues de la ville se transforment en « Jardin des Arts ».

Pour prendre le frais, ***3 parcs,*** dont le parc Pasteur en centre-ville avec une aire de jeux pour les enfants et une miniferme, le parc Iffeldorf et le parc Bel Air au bord de Vilaine. Pour plus de verdure, allez vous balader en ***forêt de Corbière.***

CREVIN

(35320) 2 900 hab.

• Carte B2

Une bourgade sans histoire... ou plutôt si... Le train a bien tenté une incursion ici, en 1910, mais comme il mettait 2 heures pour rejoindre Rennes (à 30 km seulement !), le conseil municipal a décidé de l'arrêter. Faut dire qu'il peinait chaque fois dans la côte d'Orgères, obligeant tous les passagers à descendre pour l'alléger... Aujourd'hui, Crevin cultive son indolence, à l'image des moutons qui paissent dans quelques pacages. D'ailleurs, la commune ne ménage pas ses efforts pour encourager sa végétalisation et offrir un cadre de vie verdoyant.

Situation et accès

À 25 mn au sud de Rennes par la RN 137 puis la D 48.

Adresses utiles

Mairie : *10, rue de la Mairie. ☎ 02-99-42-41-65. • crevin.fr •*

■ **Aire de camping-car :** *11, rue de Bel-Air ; stationnement et services gratuits ; 8 places.*

■ **Borne de recharge électrique :** *en bordure de la D 101, sur la gauche en arrivant en ville.*

■ **Aire de pique-nique :** *rue des Sports, près du petit étang (bien fléché).*

Où dormir ? Où manger ?

Hôtel Bel Air : *4, route de Rennes. ☎ 02-99-53-19-10. • belair-hotelcrevin.com • ♿ Congés : 1re quinzaine d'août et entre Noël et le Jour de l'an. Doubles 60-75 € ; familiales. Borne de recharge électrique. Parking.* Un hôtel de type motel à la déco sans surprise doté d'un confort certain. Chaque chambre bénéficie d'une literie ad hoc et d'un petit set thé-café-infusion.

Le Chaudron : *2, rue de la Mairie. ☎ 09-54-20-53-30. Ouv lun-sam ts les midis, plus le soir ven-sam. Formules déj en sem 10,90-12,90 €, sinon compter 16 € à la carte.* Le chaudron vous accueille dans une ambiance chaleureuse et conviviale que ce soit dans la salle principale ou dans la véranda. La cuisine flirte avec les burgers (pain maison), les pizzas, les crêpes et les galettes (farine bio), et met à l'honneur des produits provenant de petits producteurs locaux. Quant au coin des rhums arrangés, il en attarde plus d'un (une). Terrasse vite prise d'assaut l'été.

À faire

Kampus 137 : *2, rue du Tirel – Parc d'activités Bel Air. ☎ 02-99-42-02-02. • kampus137.fr • Ouv vac scol et j. fériés tlj 10h-19h ; sinon mer et w-e hors vac. Tarifs : 9-15 €/activité, puis en fonction du temps passé (voir leur site).* Envie d'une petite journée vitaminée ? Dans un ancien entrepôt de 1 600 m^2, voici un parcours *indoor* multiactivité où grands et petits sont amenés à défier la gravité en se lançant de vrais défis dans d'imposantes structures gonflables, à titiller leur sens de l'équilibre, ou à se frotter à la réalité virtuelle lors de sessions endiablées de jeux vidéo. Espace lounge et snack pour se remettre de ses émotions. Un peu chérot quand même.

➢ ***Rando :*** un sentier d'une dizaine de kilomètres partant de la salle des sports a été balisé pour permettre aux visiteurs de parcourir la campagne alentour (balisage vert-jaune).

DOL-DE-BRETAGNE (35120) 6 030 hab.

• Carte B2

Entre terre et mer, Dol est une ville commerçante qui n'a rien perdu de son cachet médiéval. Très fière de sa cathédrale, l'une des plus belles réalisations gothiques de la région, elle vous invite à découvrir ses mystères dans un musée unique en son genre : le Cathédraloscope. Mais Dol n'est pas à une surprise près ! Elle révèle aussi, à la faveur d'une promenade le long de ses remparts ou dans ses rues bordées de maisons à pans de bois, l'atmosphère chargée d'histoire qui fut la sienne au cours des siècles.

Situation et accès

À 30 mn au nord-est de Dinan par la RN 176.

Adresses et info utiles

ℹ ***Bureau d'information touristique :*** *5, pl. de la Cathédrale. ☎ 0825-135-200 (0,15 €/mn). • saint-malo-tourisme.com • Juil-août, tlj 9h30-13h, 14h-18h. Le reste de l'année, lun-sam 9h30-12h30, 14h-17h30.* Organise des visites guidées du centre historique plusieurs fois par semaine en saison. On recommande celle intitulée « Dol La Mystérieuse ».

■ ***Aire de camping-car :*** *3, rue des Tendières ; stationnement et services payants ; 16 places.*

■ ***Borne de recharge électrique :*** *pl. Jean-Hamelin (sous le chêne d'Amérique).*

■ ***Aires de pique-nique :*** *1, rue des Tendières, dans le Parc des Lutins (jeux pour enfants). Sinon au Menhir du Champ-Dolent.*

– ***Marchés :*** *sam mat, dans le centre.* ***Marché bio*** *sous la halle pl. Chateaubriand mar 16h-19h30.*

Où dormir ? Où manger ?

🏠 🍽 ☂ ***Hôtel de Bretagne :*** *17, pl. Chateaubriand. ☎ 02-99-48-02-03. • hotel-de-bretagne35.fr • ♿ Resto ouv tlj sauf dim soir. Doubles 74-98 € ; familiales ; ½ pens. Au resto, formules déj 14-17,50 € ; menus 19-33,50 €.* Un hôtel ancien (la même famille aux manettes depuis 4 générations) entièrement relooké. Il offre aujourd'hui une douzaine de chambres doubles (1 seule familiale) au standard contemporain, avec bouilloire, produits d'accueil et tout le tintouin. Préférer quand même celles qui donnent sur l'arrière (plus fraîches en été). Au resto, cuisine gourmande bien ficelée servie dans un cadre un poil désuet avec grande cheminée et piano ou en terrasse sur l'arrière. Une étape gratifiante pour les papilles comme pour les lombaires.

Edd Hostel : *18, rue Pierre-Semard. ☎ 09-72-64-80-09. • eddhostel.com • Lit en dortoir 20-28 €/nuit ; doubles 50-75 € avec salle de bains privées ; petit déj 4,50 €.* Le train à grande vitesse mettant désormais Dol à 2h30 de Paris, voilà un camp de base bien placé pour les routards du monde entier. Entre auberge de jeunesse et hôtel design, ce lieu à 2 pas de la gare, imaginé par Émilie, baroudeuse au long cours, propose une quarantaine de lits, répartis en dortoirs de 4 à 7 personnes, plus 5 doubles dont 2 avec grands lits. Café au rez-de-chaussée (frigo et micro-onde à disposition).

Bistrot de L'Univers – Chez Boris : *6, rue Lejamptel. ☎ 02-99-80-91-36. Ouv juil-août, tlj 10h30 jusqu'au dernier client. Hors saison fermé dim et mar soir. Congés : fév. Carte 15 €. Chez Boris,* c'est surtout un bistrot d'habitués, un lieu improbable bardé d'objets et de photos du passé où l'on est reçu par le perroquet de la maison, quand il est en forme. Sandwichs gros comme le bras, sardines fraîches ou moules-frites en saison, blanquette de veau en hiver, chacun y trouvera son compte. Un incontournable à Dol.

BRETAGNE

À voir. À faire

La cathédrale Saint-Samson : *pl. de la Cathédrale. Tlj 8h30-19h (18h oct-avr). En juil-août, visites guidées gratuites tlj sauf sam et dim mat 10h-12h30, 14h30-18h.* Cette cathédrale du XIIIe s, avec de nombreux ajouts effectués durant 3 siècles, est dédiée à saint Samson, un des 7 saints fondateurs de la Bretagne chrétienne. L'importance de l'édifice montre la place dominante de l'évêché de Dol jusqu'à la fin du XVIIIe s. Extérieurement, elle surprend par son caractère un peu hybride. Si le flanc nord (tourné vers la campagne) présente un aspect fortifié et austère, le flanc sud, au contraire, offre un porche éblouissant. Il règne à l'intérieur une grande unité architecturale, avec un long vaisseau (près de 100 m). La nef à 3 étages donne aussi une impression d'élévation. Quant aux ***voûtes en ogive,*** elles frappent par leur pureté et leur simplicité. Les chapelles présentent de très beaux vitraux. Grand ***vitrail du chœur,*** le plus ancien de Bretagne également (fin XIIIe s). Splendides stalles en chêne du début du XIVe s. Trône épiscopal (cathèdre) finement sculpté du XVIe s.

Le Cathédraloscope : *4, pl. de la Cathédrale. ☎ 02-99-48-35-30. • cathedraloscope.com • Ouv avr-sept et Toussaint : juil-août, tlj 10h-18h30 ; avr-juin, sept et Toussaint, tlj 10h-13h, 14h-18h. Entrée : 6,80 € ; réduc et forfait famille. Audioguide (1,50 €) et animations enfants l'été. Dernière admission 1h15 avt fermeture.* Voici un centre d'interprétation, fort bien fait, sur les cathédrales. Plusieurs sections : leur architecture, les acteurs de leur construction, leur symbolique, la vision du monde au Moyen Âge, ou encore l'organisation du quartier autour de la cathédrale. Et tout là-haut, un « poste d'observation » de la cathédrale voisine que vous regarderez d'un nouvel œil. Assez technique pour certaines parties mais la muséographie se révèle d'excellente qualité et c'est vraiment passionnant. De plus, grâce aux jeux de construction et au mystère à résoudre en famille, la visite est interactive. En été, initiation à la taille de pierre.

La Grande-Rue Stuarts et la rue Lejamptel : l'axe commercial de la ville présente quelques beaux exemples d'architecture médiévale. En rejoignant la place Chateaubriand, vous atteindrez la ***promenade des remparts Jules-Revert,*** le long de l'ancienne ville fortifiée.

GRAND-FOUGERAY

(35124) 2 480 hab.

• Carte B2

Grand-Fougeray fait partie de ces communes françaises qui recensent un grand nombre d'espèces végétales (2 fois plus qu'ailleurs), c'est dire si son biotope et, par extension, les Fulkériens (nes) sont en bonne santé ! Place d'importance au Moyen Âge, le bourg a conservé son ancienne maison de justice à pans de bois (XVIe s) et son église Saint-Pierre-et-Saint-Paul, construite au XIIe s et maintes fois remaniée. Un patrimoine qu'il est doux de contempler depuis l'une des terrasses donnant sur la place avant de partir à l'assaut de la Tour Du Guesclin.

Situation et accès

À 30 mn au sud de Rennes par la RN 137.

Adresses et info utiles

- ***Point info tourisme :*** *25, pl. de l'Église. Ouv juil-août slt.*
- ***Aire de camping-car :*** *rue Camille-Jourdan ; stationnement gratuit (limité à 72h) et services payants ; 7 places.*
- ***Borne de recharge électrique :*** *3, parc des Lizardais* (Station U).
- ***Aires de pique-nique :*** *sous le tilleul de l'aire de camping-car, sinon quelques bancs (sans tables) dans le parc de la tour Du Guesclin.*

– ***Marché :*** *sam mat, pl. de l'Église.*

Où dormir ? Où manger ? Où acheter de bons produits ?

Hôtel-restaurant Les Palis : *15, pl. de l'Église. ☎ 02-99-08-30-80. • hotellespalis.fr • Resto fermé ven soir, dim et lun. Doubles 79-130 € ; suites familiales. Formules 19-24 € ; menus 28-32 €.* Charmant petit hôtel à taille humaine au cœur du bourg. Ici, les vieilles pierres ont été sauvegardées mais avec un parti pris résolument moderne. Chambres au confort irréprochable bénéficiant d'une literie très honorable. Au restaurant, carte courte pour une cuisine régionale soignée.

La Gourmandise : *17, pl. de l'Église. ☎ 02-99-08-38-87. Tlj 12h-14h, 19h-21h (22h ven-sam). Pizzas 6,50-14,90 € ; galettes 6,50-12,90 €.* En plein centre, *La Gourmandise* est une halte bienfaitrice pour toutes celles et tous ceux qui ont un petit creux. Fait aussi des pizzas à emporter.

Pour composer un pique-nique, à savourer au pied de la tour Du Guesclin, rendez-vous à la **boulangerie, pâtisserie et sandwicherie *L'Ille aux Pains*** *(23, pl. de l'Église ; ☎ 02-99-08-42-55 ; ouv tlj sauf dim ap-m et lun)* et à la **boucherie-charcuterie *Vilboux*** *(17, rue de la Paix ; ☎ 02-99-08-34-01 ; ouv tlj sauf dim ap-m et lun)* pour des parts de plats chauds à emporter.

À voir

La tour Du Guesclin : *☎ 02-99-08-40-19 ou à la mairie. En juil-août, visites guidées le w-e, ttes les 30 mn 15h-18h30.* Cette tour est un vestige de l'ancienne forteresse de Fougeray, qui fut jadis l'un des principaux châteaux de Haute-Bretagne. Occupé par les Anglais pendant la guerre de Cent Ans et repris par Bertrand Du Guesclin en 1350. Il ne reste aujourd'hui qu'un donjon du XIVe s couronné de créneaux dominant un étang, au sein d'un parc aux allures romantiques, planté d'arbres centenaires. Autour de l'ancien château, ***fête médiévale*** le dernier week-end d'août (les années paires).

PLÉLAN-LE-GRAND (35223) 4 008 hab.

• Carte B2

Porte d'entrée de la célébrissime forêt de Brocéliande, Plélan ne manque pas de cachet, avec ses rues bordées de maisons construites en pierre rouge. Qui plus est, le maire a décidé de redonner place aux animaux dans sa ville, puisque certains espaces verts sont tondus par des moutons ! Vous êtes ici au seuil d'une aventure qui vous conduira entre fées et lutins jusqu'au noyau historique de la légende arthurienne. Envie d'y passer la nuit ? Attablez-vous à l'un de ses restos et faites comme les chevaliers de la Table ronde, goûtez-donc voir si le vin est bon !

Situation et accès

À 30 mn au sud-ouest de Rennes par la RN 24.

Adresses et info utiles

Points d'info touristique : *borne interactive 37, av. de la Libération. S'adresser à l'**office de tourisme de Brocéliande,** 1, pl. du Roi-Saint-Judicaël, 35380 **Paimpont.** ☎ 02-99-07-84-23. • tourisme-broceliande.bzh • Tlj 9h30-19h en été, horaires restreints hors saison.*

■ **Aires de camping-car :** *rue de la Vallée-du-Cast (parking Super U) ; services payants. Pour stationner : l'étang de Trégu (stationnement gratuit, 1 nuit max) ou Paimpont (stationnement et services payants ; 15 places).*

■ **Borne de recharge électrique :** *rue des Korrigans.* Aire multimodale.

■ **Aires de pique-nique :** *au bord de l'étang de Trégu ou dans le jardin de l'Osier (pl. de la 12e-Cie-FFI-d'Ille-et-Vilaine).*

– **Marché :** *dim mat.*

Où dormir ? Où manger ? Où acheter de bons produits ?

Hôtel-Restaurant des Bruyères : *10, rue de Brocéliande. ☎ 02-99-06-81-38. • hotel-des-bruyeres.fr • Resto ouv tlj sauf mer midi et dim soir. Doubles 60-80,50 € ; ½ pens, min 2 nuits. Formule et menus 16-46 €. Parking.* Un hôtel aux chambres décorées dans un style plaisant et chaleureux tournées vers un jardin ensoleillé. À table, dans leur salle des années 1980 ou en terrasse, Éric et Joël proposent une cuisine de terroir faisant la part belle, si ce n'est au 100 % bio, tout au moins à l'agriculture raisonnée. Excellent accueil.

Les Forges de Paimpont : *sur la D 724. ☎ 02-99-06-81-07. Mer-sam jusqu'à 20h45, plus dim midi. Carte en sem env 30 €, menu à 36 € le dim (pas de carte ce jour-là).* Une auberge de campagne située dans un cadre exceptionnel, tenue par la même famille depuis plus d'un siècle ! Si, aux beaux jours, quelques fauteuils et tables basses prennent place à l'avant sous les frênes (pour l'apéro surtout), c'est à l'arrière que la vue est la plus spectaculaire. Dans la belle et grande salle à manger de style rustique, on sert une cuisine de terroir bien faite.

Le Relais de Brocéliande : *5, rue des Forges, 35380* ***Paimpont.*** *☎ 02-99-07-84-94. • relais-de-broceliande.fr • Doubles 99-189 €. Le midi (mar-ven), formule 19 €. Menus 26-42 €. Parking.* Cette auberge entièrement relookée propose des chambres ultraconfortables et d'un calme absolu. Cuisine régionale savoureuse, élaborée avec les produits fermiers des environs, servie dans une grande salle lumineuse ou en terrasse.

La Galette Rit : *2, rue de la Forêt. ☎ 02-99-06-64-00. Tlj sauf dim-lun 10h-15h et le soir ven-sam 18h30-21h. Formule midi 14,20 €. Compter env 16 €.* Cette crêperie propose des galettes et de gourmandes crêpes sucrées dans un cadre convivial. Les produits sont frais et la carte varie en fonction des saisons. Et quoi de mieux pour accompagner le repas qu'une bolée du cidre local, fabriqué à Bédée ?

Maison Guichard : *53, av. de la Libération. ☎ 02-99-06-96-27. Tlj 7h-19h. Fermé lun, ven et dim ap-m. Congés : de mi-août à début sept.* Boulangerie traditionnelle qui produit la fameuse « brioche de Plélan » réputée pour sa capacité à se conserver. Également quelques pains spéciaux et des sandwichs.

Terroir et Compagnie : *1, rue du Marché. ☎ 09-71-38-63-75. Mar-mer et ven 16h-19h (10h-12h w-e).* Une dizaine de producteurs approvisionnent cette charmante boutique qui fait dans le local : yaourts brassés maison, bière, chips de sarrasin, conserves et légumes. Le dimanche, c'est le jour du pain ! L'endroit idéal pour constituer son pique-nique.

À voir. À faire

➢ ***Circuit de la motte Salomon :*** cette rando d'environ 13 km (compter 3h) part du centre de Plélan. Elle vous invite à découvrir les paysages qui ont forgé le mythe de Brocéliande, de la forêt elle-même aux forges de Paimpont en passant par le rocher de Rumigny et la motte féodale du roi Salomon qui a régné sur la Bretagne dans la 2de moitié du IXe s.

La Porte des Secrets : *1, pl. du Roi-Saint-Judicaël à* ***Paimpont.*** *☎ 02-99-07-84-23. • portedessecrets-broceliande.bzh • À 8 km à l'ouest de Plélan. Ouv tlj avr-oct plus vac scol. Entrée : 8 € ; réduc. Séances ttes les 20 mn 9h40-11h40, 14h-17h (16h en hiver et en continu jusqu'à 18h en juil-août). Durée : 55 mn. Résa en ligne conseillée.* Ce parcours scénographique chargé d'humour et d'émotion, unique en son genre, est une excellente intro à la visite plus approfondie de la forêt. Il suffit de passer la porte de cette grange aux souvenirs et la magie opère, quel que soit l'âge du visiteur. La machine à remonter le temps l'entraîne dans un univers parallèle, pas si éloigné du nôtre en fait. Pierre, garde-forestier de Brocéliande, nous accueille, caché quelque part, et il nous raconte sa vie, sa forêt, ses mystères, en 6 salles, et 6 étapes initiatiques. Chaque nom, chaque site prend son sens à travers un résumé utile des légendes.

L'abbaye de Paimpont : *3, esplanade de Brocéliande à* ***Paimpont.*** *À 8 km à l'ouest de Plélan. Tlj 9h-18h ; trésor ouv juil-août slt. Audioguide disponible à l'office de tourisme (2 €), sinon visites guidées.* Remarquable église abbatiale de style gothique. Une superbe Vierge à l'enfant du XIIIe s marque l'entrée principale, tandis que le transept droit (situé au sud) arbore une rosace de la même époque (les vitraux ont été remplacés au XIXe s). À l'intérieur, on est frappé par l'amplitude de la nef qui débouche sur un autel-retable baroque doré à la feuille d'or. Ne pas rater le trésor dans la sacristie, si elle est ouverte.

SAINT-BRICE-EN-COGLÈS (MAEN ROCH)

(35460) 3 130 hab.

• Carte B2

Porte du Coglais, Saint-Brice-en-Coglès (prononcer « en Cogle ») est une petite ville labellisée « Village en poésie » où il fait bon laisser filer le temps. Bénéficiant d'une honnête homogénéité architecturale, avec ses ruelles bordées de maisons à angle net, elle annonce déjà la Bretagne pour celles et ceux qui arrivent du nord. Le chanteur Nicolas Peyrac *(« So far away from L.A. »)* y a usé ses fonds de culotte quand il était petit.

Situation et accès

À 45 mn au nord-est de Rennes par la A 84 (sortie 30) puis la D 155.

Adresses et info utiles

Bureau d'information touristique : *9, rue du Souvenir. ☎ 02-99-97-85-44. • tourisme-marchesdebretagne.com • Juil-août ouv tlj 9h-12h30, 14h-18h ; horaires réduits hors saison.* Demander le plan « Balades urbaines » pour découvrir le centre-bourg.

■ **Aire de camping-car :** *espace Jules-Vernes, 11, rue de la Planche-Thomas, à côté du cimetière ; stationnement (limité à 72h) gratuit et services payants ; 17 places.*

■ **Borne de recharge électrique :** *pl. de l'Europe.*

■ **Aires de pique-nique :** *rue de la Gare (voie verte) ou dans l'arboretum situé à la sortie de la ville, direction La Selle-en-Coglès par la D 102.*

– **Marchés :** *le ven mat, plus chaque 2e dim du mois ; marché estival ven soir en juil-août. Près de l'église.*

Où dormir ? Où manger ? Où acheter de bons produits ?

Le Lion d'Or : *6, rue Chateaubriand. ☎ 02-99-98-61-44. • hotel-leliondor.fr • Resto ouv tlj sauf dim soir. Doubles 60-120 € ; familiales. Formule déj lun-ven au Bistrot Le Châteaubriand 12,80 € ; menus 22-40 € au Surcouf.* Cet ancien relais de diligence sur la route du Mont-Saint-Michel s'est transformé en une belle demeure contemporaine sous l'impulsion de l'héritier de la famille. Plus d'espace, plus de couleurs, plus de fraîcheur... On a craqué pour les chambres de plain-pied côté jardin. Sauna, salle de fitness, piscine couverte et chauffée. Au restaurant, cuisine traditionnelle délicate et soignée (terre et mer).

Tout le Monde en Parle : *36, bd du Général-Leclerc. ☎ 02-99-97-81-06. Ts les midis, plus le soir jeu-dim.*

Pizzas 8,90-13,90 € ; crêpes-galettes 7,90-13,50 € ; menu 25 €. Un univers aux couleurs acidulées pour cette pizzeria-crêperie qui fait le buzz chez les Briçois. L'été, on apprécie sa terrasse. Fait aussi à emporter.

La Ptite Boutique : *4, rue de Verdun. ☎ 02-99-17-34-26. Mar-sam 9h-12h45, 15h-19h (18h sam). Congés : août.* Typhenn tient les rênes de sa petite épicerie dans le souci de régaler ses clients. Ici, une foule de produits locaux à glisser dans votre sandwich, sans oublier le cidre artisanal et les bières locales.

BRETAGNE

À voir. À faire

Le château et les jardins du Rocher Portail : *06-20-14-04-65. • lerochercherportail.fr • (rdc et jardins slt). Juil-août, tlj sauf le sam 14h-18h. Horaires restreints hors saison (voir site). Fermé de mi-oct à fin nov et de fin déc à mars. Visites libres (10 € ; réduc) ou guidées d'une durée de 1h15 (12 € ; réduc). Spectacle nocturne (15 € ; réduc) certains mer en juil-août. Appli à télécharger pour la visite.*

C'est l'un des plus beaux châteaux de l'ouest de la France, construit de 1596 à 1617, sur un dessin de Salomon de Brosse, architecte royal et auteur du palais du Luxembourg et du parlement de Bretagne. Situé à la frontière de la Normandie et de la Bretagne, le château en était l'une des portes, d'où son nom. Son propriétaire ***Gilles Ruellan,*** homme parti de rien (il était voiturier et marchand de toiles), devint collecteur d'impôts, puis riche homme d'affaires et grand financier de France. Il fut l'ami d'Henri IV, de Marie de Médicis et du cardinal de Richelieu. Il avait toujours de l'or sur lui, dit-on, et savait le distribuer avec générosité. Après Ruellan, le château a toujours été habité. Dans un état de conservation exceptionnel, le Rocher-Portail est resté 4 siècles à l'abri des regards, tel un joyau caché du patrimoine breton, épargné par les guerres et les révolutions.

Si l'extérieur a été rénové, l'intérieur réécrit 4 siècles d'histoire sans aucun faux pas. Caves sombres où se cachaient ceux qui craignaient pour leur vie (demandez à voir le passage sous-terrain), combles avec les chambres des valets et des domestiques (au XIXe s, la famille de Boutray en comptait une bonne trentaine !), ainsi que le bureau du majordome. Les adeptes de la ***série Downton Abbey*** seront aux anges ! L'occasion unique de revivre la vie des nobles et des domestiques du début du XVIIe jusqu'à la fin du XIXe s, puisque tout, dans les salons, les chambres, le ***cabinet de curiosités*** (levez les yeux pour voir le croco collé au plafond), les couloirs et les cuisines (salon de thé, avec scones et cookies maison), est resté en place. Chaque pièce bénéficie aussi d'une musique d'ambiance appropriée.

En ressortant du château, ne pas manquer les ***jardins*** qui ont recouvré leur aspect originel du temps de la Renaissance, avec une mention particulière pour le ***potager historique*** dessiné selon un parchemin daté de 1725, retrouvé au château par l'actuel propriétaire. Ce dernier ambitionne de faire des extérieurs un ***nouveau jardin d'art*** en Bretagne. Côté ***animations*** : visites costumées, chasse au trésor, jeux de piste, ponts de singes, cabanes et lapins d'Alice feront la joie des enfants.

SAINT-MÉEN-LE-GRAND (35290) 4 800 hab.

• Carte B2

Qu'on se le dise, Saint Méen-le-Grand est LA cité du vélo ! Ville natale de plusieurs grands cyclistes dont Louison Bobet, et aussi sa dernière étape, le champion étant enterré dans le cimetière communal. Cette petite ville pleine

de charme possède aussi un riche patrimoine, à commencer par son abbatiale, édifiée en l'honneur de Conaid Mewen, un moine gallois débarqué ici au VIe s pour évangéliser la Bretagne. Connue comme l'une des plus anciennes abbayes d'Ille-et-Vilaine, elle recèle de magnifiques fresques datant des XIVe-XVe s. Une escale qui vaut le détour !

Situation et accès

À 40 mn au nord-ouest de Rennes par la RN 12 puis la RN 164.

Adresses et info utiles

Office de tourisme : *5, rue de Gaël. ☎ 02-99-09-58-04. • broceliande-vacances.com • Juil-août tlj sauf dim et j. fériés 10h-12h30, 14h-18h. Hors saison, fermé dim-lun, jeu mat et sam ap-m.* Une foule de docs et plein de bons conseils.

■ **Aires de camping-car :** *33, rue du Stade ; stationnement et services gratuits ; 2 places. Autre possibilité de stationnement : 33, rue de Gaël ; 5 places.*

■ **Borne de recharge électrique :** *rue Maurice, sur le parking.*

■ **Aire de pique-nique :** *rue de Gaël, à côté de l'office de tourisme.*

– **Marchés :** *sam mat, pl. de la Mairie, plus ven soir à la* **Lande Fauvel** *(producteurs du terroir).*

Où dormir ? Où manger ?

Camping municipal La Porte Juhel : *rue de la Porte-Juhel. ☎ 02-99-09-58-04. Ouv juin-sept. Forfait tente 2 pers 9 €/j. 19 emplacements.* Non loin de la forêt et au bord d'un étang, ce camping tout simple plaira aux pêcheurs comme aux cyclotouristes et randonneurs. Un mini camping à mini prix.

Gîte d'étape Joséliande : *La Chupière, 27, rue du Général-Lemoine. 📱 06-25-72-13-32. Double 60 €, draps et linge de toilette fournis.* Dans son petit gîte de 3 chambres à l'écart du centre, Evelyne accueille volontiers les voyageurs de passage pour un séjour à la nuitée.

Hôtel-Restaurant Les 3 Piliers : *5, pl. de la Mairie. ☎ 02-99-09-61-68. Doubles sans ou avec sdb 44-55 € ; triple. Menu du jour env 13 € ; carte 15-20 €. Accueille les cyclistes (le soir, le resto est réservé aux clients de l'hôtel).* Un hôtel « de ville » d'une demi-douzaine de chambres plutôt dépouillées (excellente literie), avec les toilettes sur le palier pour les moins chères. Au resto, une cuisine française qui tient au corps. Le chef propose chaque jour un plat différent qui peut aller des paupiettes de veau au couscous en passant par le rôti de porc, et le vendredi... ben du poisson pardi !

L'Atelier de Koz : *3, av. du Maréchal-Foch. ☎ 02-99-07-04-37. Ouv le midi lun-ven, plus ven soir. Formules 15,50-17,50 € le midi, 22-24 € le soir.* Comme l'indique son nom, ce resto a mis l'accent sur une cuisine artisanale qui évolue au fil des saisons. Dans une ambiance boisée et chaleureuse, on y déguste une carte majoritairement bio privilégiant les circuits courts. Une délicate attention qui se confirme aussi dans le choix des vins, servis également au verre.

À voir. À faire

L'abbatiale de Saint-Méen-le-Grand : *dans le centre du bourg.* Classée aux Monuments historiques, ***cette abbatiale est la plus ancienne d'Ille-et-Vilaine après Sainte-Mélanie de Rennes.*** Longtemps appelée « la chapelle des teigneux » en raison du nombre des fidèles atteints de la teigne qui venaient y prier, elle fut reconstruite à plusieurs reprises. Son orientation a été modifiée après l'effondrement de sa nef au XVIIe s. Elle renferme un vrai petit trésor : une chapelle des XIIe-XIIIe s présentant des fresques des XIVe-XVe s évoquant les principales étapes de la vie de Mewen, le fondateur de la ville et faiseur de miracles. Son gisant de granit est aussi considéré comme l'un des plus anciens de Bretagne. Enfin, la baie sud de l'église recèle des fragments de vitraux des XIIIe et XIVe s.

Tous à vélo avec Louison Bobet : *5, rue de Gaël. ☎ 02-99-09-58-04 (dans l'office de tourisme). • bobet-tousavelo.fr • Mêmes horaires que l'office de tourisme. Entrée : env 5 € ; réduc ; gratuit moins de 10 ans.* Louison Bobet (1925-1983), natif du village, 3 fois de suite vainqueur du Tour de France (en 1953, 1954 et 1955), champion du monde en 1954... Ce musée retrace, vous l'avez deviné, l'histoire du grand roi de la Petite Reine. Sous forme d'étapes ludiques et interactives, avec une scénographie adaptée à notre temps, vous saurez tout sur le vélo !

LES MAROTTES D'UN CHAMPION

Comme Louison Bobet ne supportait pas la laine, tous ses maillots étaient en soie. Celui dans lequel il transpira lors du fameux championnat du Monde, et qu'il avait donné au skieur Jean-Claude Killy en témoignage de son amitié, a été adjugé 7 500 € lors d'une vente aux enchères en 2006. Le commissaire-priseur, dans sa grande mansuétude, a offert à l'acheteur le cuissard du champion... sans élastiques ! Bobet ne les supportaient pas non plus et ne jurait que par sa paire de bretelles !

La gare de Médréac (gare de) Médréac : *à env 15 km au nord-est de Saint-Méen par la D 220. ☎ 02-99-09-58-04 (pour les résas). • lagaredemedreac.fr • Ouv avr-début nov. Tarifs : 6-8 € selon parcours choisi, 29 € à 39 € par vélorail selon le parcours choisi ; réduc ; activité à partir de 18 mois.* Faire du vélorail sur une ancienne voie ferrée, en voilà une bonne idée ! Pour pratiquer à 2 ou à 5 et découvrir des paysages insoupçonnés au fil de 2 parcours d'une durée d'1h ou de 2h. Dans l'ancienne gare, petit musée ferroviaire et café pour se poser. D'ici part une boucle vélo ainsi que la voie verte 3.

La terre de la Petite Reine : en plein cœur du réseau véloroutes et voies vertes, Saint-Méen se situe pile poil au croisement des 2 principales voies vertes bretonnes (la V3 et la V6). Ces 2 itinéraires permettent de partir à la découverte de la Bretagne en toute sécurité. Plusieurs itinéraires bouclent aussi par Saint-Méen.

MORBIHAN

ELVEN

(56250) 6 290 hab.

• Carte B2

Aux portes du parc naturel régional du Golfe du Morbihan, ce bourg pittoresque, resserré autour de son église, fut jadis un bastion de la chouannerie. Solidement ancré sur sa terre de granit (on y exploite plusieurs

carrières), entre forêts et bocage, il offre aujourd'hui de belles randonnées ainsi qu'une forteresse médiévale sortie tout droit d'une production hollywoodienne.

Situation et accès

À 25 mn au nord-est de Vannes par la RN 166 puis la D 1.

Adresses et info utiles

Mairie : *pl. de Verdun. ☎ 02-97-53-31-13. • elven.bzh • Lun-ven 8h30-12h30, 13h30-17h30, plus sam mat.*

Aire de camping-car : *Le Guého, 24, av. Martyrs-de-la-Résistance. Ouv 15 mars-15 nov ; stationnement et services gratuits ; 26 places.* Dans un quartier résidentiel tranquille, peu d'ombre mais on se réveille aux chants des oiseaux.

Borne de recharge électrique : *pl. Lüdingworth (5, rue Sainte-Anne), devant la maison médicale.*

Aire de pique-nique : *24, av. des Martyrs-de-la-Résistance.* Sous les grands pins.

– ***Marchés :*** *ven mat, pl. de l'Église.*

Où dormir ? Où manger ?

Chambres d'hôtes Ti Ar Lann : *lieu-dit Boderin. 06-63-33-27-34. • ti-ar-lann.fr • Doubles 60-65 €.* Dans leur grande longère aux volets bleus perdue dans la campagne (repos assuré), Sylvie et Jean-Louis proposent 3 chambres spacieuses aux couleurs pastel et un petit déj d'anthologie concocté avec des produits maison. Un excellent point de chute.

L'Allée Champs : *36, av. de l'Argoët. 06-78-13-24-61. • lallee champs.fr • Vente à emporter mar-ven 12h-14h, 15h30-19h, plus lun mat ; resto lun-ven 12h-14h. Fermé le soir lun-mer. Formules 11-16 €.* Une épicerie-vente-à-emporter-resto qui travaille dans une démarche responsable en favorisant les circuits courts. Du coup, ici tout est bio, de la tarte salée végétarienne aux boulettes de bœuf-frites maison, des smoothies de fruits frais aux glaces en passant par le cidre, la bière et les jus. Quelques tables ombragées sur le parking en été.

Le Lion d'Or : *5, pl. Adrien-Le-Franc. ☎ 02-97-53-33-52. Ouv mar-dim le midi, plus le soir ven-sam. Formules déj en sem 14-22 € ; 25-30 € le soir.* Dans une lourde demeure du XVIe s posée en plein centre-bourg, une cuisine de brasserie légère et bien ficelée. Burgers revisités, salades croquantes, planches de charcute et plats végétariens. Ici on satisfait tout le monde.

À voir. À faire

L'église Saint-Alban : *en plein centre.* Avec une flèche à embrocher les nuages et un chœur classé, cette église mérite un détour. Outre les très beaux vitraux du maître-verrier Job Guevel représentant de nombreux symboles du dernier repas du Christ, c'est vers les sablières (éléments de charpente) polychromes datées du XVIe s qu'il vous faudra lever les yeux. Alors que la grande majorité des sablières bretonnes représentent un bestiaire fantastique, des scènes de chasse ou de fête, ici le sculpteur a caricaturé (eh oui déjà !) le clergé et les bourgeois. En cela, la sablière d'Elven est unique en Bretagne. Dans le fond, voir l'horloge fabriquée à Terraillon dans le Jura ; elle était jadis installée dans le cocher.

La vallée du Kerbiler : *du centre, prendre la direction Monterblanc, c'est à la sortie du bourg.* Amateurs de chemins creux, voici l'occasion de régénérer vos poumons. D'ici partent plusieurs circuits de randonnée. Topo à télécharger sur : • *golfedumorbihan.bzh/explorer-vannes/activites-vannes/randonnee-pedestre/* • Pour ceux qui ont le temps, un circuit de 25 km praticable à pied ou à VTT part à la découverte des environs (rivières, forêts, sites mégalithiques). Télécharger l'appli : • *onpiste.com* •

Les tours d'Elven ou la forteresse de Largoët (forteresse de) Largoët : *à 5 mn en voiture au sud-ouest du centre-bourg, le long de la N 166. • largoet.com • Juin-sept, tlj (sauf mar juin et sept) 10h30-12h10, 14h20-18h30 ; de mi-mars à fin mai et vac scol de la Toussaint, w-e et j. fériés 14h-18h30 (ferme à 18h pdt vac scol de la Toussaint). Entrée : 6 € ; gratuit moins de 10 ans ; réduc. Landscape game.* Nichées dans la forêt au bord d'un étang, les 2 tours d'Elven ramènent à un temps révolu où les seigneurs régnaient en maîtres absolus sur leurs domaines. Nicolas Fouquet, le surintendant des finances de Louis XIV, les racheta en 1656, alors qu'elles étaient déjà largement en ruines ! Seuls demeurent aujourd'hui une ***tour ronde*** du XVe s et un ***énorme donjon*** résidentiel octogonal de la fin du XIVe s – un des plus hauts de France (52 m).
Henri Tudor y fut retenu prisonnier au XVe s, avant de devenir roi d'Angleterre sous le nom d'Henri VII. À l'intérieur, des escaliers un peu raides permettent de découvrir toute la structure et de profiter de points de vue sur ce site qui a servi de décor à plusieurs films, dont *Le Monocle noir* (Lautner), *Lancelot du Lac* (Bresson) ou encore *Chouans !* (de de Broca).
– À l'entrée du parc, admirez la ***maison de la Porterie,*** avec ses lièvres géants en granit, qui date du XIXe s.
– Agréable promenade autour de l'étang ; possibilité de venir pique-niquer.

UN BOURG À LA HAUTEUR !

On savait déjà que les tours octogonales de la forteresse d'Elven comptaient parmi les plus hautes de France, mais cette fois-ci, Elven s'est carrément mise sur orbite en attribuant à la rue qui mène au collège le nom de l'astronaute Thomas Pesquet, la 1re de France !

JOSSELIN (56120) 2 600 hab.

• Carte B2

Construite sur le flanc d'une colline dominant le cours de l'Oust, cette noble cité fleurie est organisée autour de son somptueux château, propriété des Rohan depuis le XVe s. Dans le bourg, l'étonnante basilique Notre-Dame-du-Roncier, la jolie place qui l'entoure, ainsi que les adorables petites rues dont les maisons à pans de bois semblent prêtes à chavirer, possèdent un charme fou ! Une étape que vous aurez du mal à quitter.

Situation et accès

À 15 mn à l'ouest de Ploërmel par la RN 24 puis la D 129.

Adresses et info utiles

Office de tourisme : *1, rue Georges-Le-Berd. ☎ 02-97-22-36-43. • brocelia nde-vacances.com • Juil-août, tlj 10h-18h ; avr-juin et sept-oct, lun ap-m et mar-sam 10h-12h30, 14h-18h (17h oct) ; lun-ven vac de la Toussaint ; fermé nov-mars.* Visites théâtralisées en juillet-août.

■ ***Aires de camping-car :*** *pl. Saint-Martin ; stationnement gratuit, services 2 € ; 80 places (sauf sam mat). Pour stationner, l'emplacement le plus sympa est situé en bordure du canal (87 bis, rue Glatinier) ; 80 places.*

■ ***Borne de recharge électrique :*** *pl. d'Alzey, sur le parking de la médiathèque. Borne recharge VAE quai fluvial.*

■ ***Aire de pique-nique :*** *rue de Caradec, dans le quartier Sainte-Croix.* En bordure du canal, une aire bien ombragée.

– ***Marché :*** *sam mat, dans tt le centre-ville.*

Où dormir ? Où manger ?

Chambres d'hôtes Aux lits du Canal : *2, rue du Halage. 06-36-11-76-12. • auxlitsducanal.fr • Ouv de Pâques à la Toussaint. Double 90 € ; familiales.* Pantoufles pour circuler dans la maison, peignoir pour aller à la salle de bains... Ce *B & B* bichonne ses hôtes. Les chambres doubles ou triples, communicantes ou pas, sont toutes soignées, comme l'est aussi le petit déj préparé par Christine. Garage à vélo, piano pour les mélomanes. Un vrai sens de l'accueil.

Hôtel du Château : *1, rue du Général-de-Gaulle. ☎ 02-97-22-20-11. • hotel-chateau.com • Resto ouv avr-sept, tlj hte saison, sinon fermé lun midi, ven soir, sam et dim soir ; hôtel fermé dim hors saison. Doubles 63-110 € ; familiales. Formule déj en sem 19 € ; carte env 30 €.* Établissement pro et plein de cachet qui fait face au château. Chambres classiques et bien tenues, certaines profitant de la vue imprenable sur les « voisins » châtelains. On en bénéficie tout autant lors d'un repas en terrasse ou dans la grande salle bourgeoise avec ses larges fenêtres. Cuisine traditionnelle et savoureuse.

Crêperie La Marine : *8, rue du Canal. ☎ 02-97-22-21-98. Ouv avr-oct. Juil-août tlj ; fermé lun hors saison. Résa indispensable en été. Carte env 20 €.* Cette crêperie à la déco « bord de mer » qui propose aussi une petite carte de brasserie, ne travaille que des produits locaux : le saumon qui frétille dans les galettes est fumé maison, le poulet de l'Argoat qui lui ravit la carte est issu du terroir... Quant aux crêpes, elles rencontrent également un franc succès.

La Table d'O : *9, rue Glatinier. ☎ 02-97-70-61-39. Fermé dim-lun. Congés : à Noël et en fév. Formules déj en sem 17,50-19,80 € ; à l'ardoise 30-35 €.* La belle adresse bistronomique de la ville, aux couleurs du temps, sur les murs comme dans l'assiette. Olivier Buffard fait partie de ces chefs inspirés par les symbioses terre-mer, au gré des saisons. On bénéficie en outre de la vue et de la terrasse ensoleillée surplombant le canal. Un privilège culinaire enjolivé par un accueil souriant et attentionné.

À voir

Le château : *☎ 02-97-22-36-45. • chateaudejosselin.com • Ouv début juil-fin août, tlj 10h-18h ; du 1er w-e d'avr à fin juin et sept, tlj 14h-18h ; oct, w-e et vac scol de la Toussaint 14h-18h. Entrée, visite 10,80 € (libre) ou 14,80 € (guidée) ; réduc ; gratuit moins de 7 ans. Le billet donne droit à la visite du musée des Poupées et Jouets, ainsi qu'aux jardins.*

Le château présente 2 aspects très différents. D'une part, la ***forteresse médiévale*** que l'on voit de l'extérieur, les courtines et les 3 tours rondes à toitures coniques datant du XIVe s. D'autre part, la ***façade intérieure Renaissance,*** richement ornementée, commandée par Alain IX et Jean II à la fin du XVe s.
Sur la ***galerie*** qui les relie, on peut lire l'adage des Rohan : « *Roi ne puis, Prince ne daigne, Rohan suis !* », sous un rang de couronnes. L'intérieur de style XIXe présente au beau mobilier signé par l'ébéniste Heurtaut (XVIIIe s). Le ***grand escalier*** – un des 1ers escaliers droits réalisés en France, vers 1510 – conduit aux ***appartements d'Herminie de Rohan,*** accessibles seulement lors des visites guidées. On y admire la chambre d'amis avec sa grande cheminée et ses copies d'ancien, ainsi que la salle du connétable qui fait souvent l'objet d'installations d'art contemporain.
Dans le ***parc,*** un jardin à la française et un parc à l'anglaise avec une remarquable roseraie clôturent la visite.

Le musée des Poupées et Jouets : *dans les anciennes écuries. Mêmes horaires et même billet que le château.* Commencée en 1880 par la duchesse de Rohan, la collection comprend aujourd'hui plus de 3 000 poupées, du XVIIe s à nos jours, dont certaines en costume breton. La plus surprenante, celle portant un bébé noir, date du XVIIe s (à la cour de Louis XIV, il y eut une mystérieuse enfant métisse).

La basilique Notre-Dame-du-Roncier : *visites commentées par des étudiants bénévoles en juil-août.* L'église présente une étonnante suite de pignons percés de grandes fenêtres et séparés par des gargouilles saillantes. À l'intérieur, remarquable chaire en fer forgé du XVIIe s et gisants d'Olivier de Clisson et Marguerite de Rohan (XVe s). Le chœur conserve des vestiges d'architecture romane de la fin du XIIe s. Beau panorama depuis le clocher *(uniquement juil-août, tlj 10h (14h w-e)-18h ; accès libre).*

LOCMINÉ

(56500) 4 370 hab.

• Carte A2

Locminé (de Loch' Menech', l'oratoire des moines, en breton) voit le jour en tant que paroisse au VIIe s. De son histoire, le bourg conserve 2 maisons à pans de bois du bas Moyen Âge et la petite chapelle Notre-Dame-du-Plasker (XVIe s). Jadis plaque tournante du chemin de fer en Bretagne (on y fabriquait des wagons), la ville a compté jusqu'à une centaine de cafés-restaurants au début du siècle dernier ! Aujourd'hui, la fièvre du rail semble l'avoir quittée mais elle n'en demeure pas moins une halte agréable, avec ses vieilles pierres et son étang du bois d'Amour (tout un programme !).

Situation et accès

À 40 mn au nord-est de Lorient par la RN 24 puis la D 1.

Adresses et info utiles

Office de tourisme : *12, rond-point de la République. ☎ 02-97-60-49-06.* • *centre-morbihan-tourisme.bzh* • *Ouv lun-sam 10h-13h, 14h-18h (17h hors saison).* Demander la brochure du circuit du patrimoine.

■ **Aire de camping-car :** *aire municipale, 49, rue de Bod-Avel (plan d'eau du Bois-d'Amour, côté route de Botcoët) ; stationnement (limité à 48h) et services gratuits ; 6 places.*
■ **Bornes de recharge électrique :** *pl. Joseph-Richard et rue du Maréchal-Leclerc (à la hauteur du terrain de foot).*
■ **Aire de pique-nique :** *rue du Bois-d'Amour, au niveau de l'aire de jeux pour enfants.*
– **Marché :** *jeu mat, rue du Fil et pl. du Vieux-Marché.*

Où dormir ? Où manger ? Où acheter de bons gâteaux ?

Hôtel No-Minoë : *rue Jean-Le-Ster, zone commerciale du Talvern. ☎ 02-97-44-23-04. • hotel-locmine.com • Double 75 €.* Un hôtel qui se la joue « motel à l'américaine », avec ce qu'il faut là où il faut, un bar-grill pour écluser une bonne mousse le soir, une salle de fitness et un sauna pour la restituer. Petit déj sans surprise, manque juste la machine à pancakes... Mais aurait-elle été un affront à la crêpe bretonne ? *That is the question !*

Les Hauts de Kernestic : *Kernestic. 06-75-38-83-17. • hautsdekernestic.jimdofree.com • Ouv de mi-mai à mi-oct. Doubles 50-65 € ; familiales.* Dans un parc fleuri de 4 ha, une ancienne ferme entièrement restaurée dans l'esprit du bâti de l'époque. À l'étage, les chambres ont retrouvé leur cachet d'antan avec pierre apparente et meubles de famille. Jardin largement ouvert sur la campagne et petit déj préparé avec des produits bio par Marie-Annick, amoureuse de la nature et jamais avare de bons conseils.

Le Jardin des Saveurs : *7, rue Jacques-Cartier. ☎ 02-97-60-21-33. Dans le bourg, vers la gendarmerie. Tlj sauf mer soir et dim. Formules déj lun-ven 11-12,50 € ; carte env 20 €.* Petite adresse gérée par une équipe dynamique qui propose crêpes, pizzas et burgers en plus des viandes. On s'assoit volontiers sur la grande terrasse ombragée ou en salle, à l'étage de cette maison tout orange.

À la Fontaine au Beurre : *17, La Vraie-Croix. ☎ 02-97-46-63-93. À la sortie du bourg, direction Plumergat par la D 16. Tlj sauf dim 9h-17h (21h30 ven-sam). Formules 19,50 € le midi, menu 27 € le soir.* Que du bio et des produits issus de circuits courts ! Une adresse engagée qui sert à ses clients une assiette écoresponsable, de l'entrée au dessert en passant par la cave (belle sélection de bières et vins bio). On y passe un bon moment, que ce soit dans la salle aux tables bien dressées, en terrasse le nez dans un bouquin ou devant un jeu de société (tiens le soleil est revenu, dis donc...). Fait aussi salon de thé pour les becs sucrés qui sentiraient comme un coup de mou.

Pâtisserie Gaillard-Le Ster : *22, rue Tristan-Corbière. ☎ 02-97-61-01-83. • gouters-magiques.com • Tlj sauf dim et sam ap-m 9h-12h30, 13h30-18h (12h30 sam).* Waouh ! Palets bretons, crêpes dentelées, p'tits donuts, madeleines et autres produits qui font les belles heures des goûters des enfants, vendus ici en produits déclassés à prix d'usine. Une halte pour les gourmands !

À voir. À faire

Le circuit du patrimoine : la brochure disponible à l'office de tourisme vous fera découvrir la richesse du patrimoine religieux du bourg. Son église Saint-Sauveur, de construction récente, a conservé ses façades primitives du XVIe s, la chapelle Notre-Dame-de-Plasker (même époque), recèle quant à elle un riche mobilier. Quant à la fontaine Saint-Colomban, ses eaux sont réputées pour guérir les maladies nerveuses.

Les enquêtes d'Anne Mésia : *au départ de l'office de tourisme, application à télécharger sur smartphone. Compter env 1h15 de jeu. À partir de 6 ans.* 7 parcours ludiques et familiaux pour découvrir les lieux emblématiques de Locminé, son patrimoine et son histoire.

Le circuit du Tarun : ce circuit, qui joint Locminé à Plumelin et Moustoir-Ac, emprunte une ancienne voie ferrée. Au fil de cette balade, on découvre la rivière du Tarun, de belles zones boisées ainsi que le dolmen de Kermorvant *(départ de la salle de la Mailette, rue des Vénètes ; 16,5 km ; compter 4h).*

Kingoland : *à* ***Plumelin,*** *à 6 km à l'ouest du centre-bourg de Locminé. Bien indiqué. ☎ 02-97-54-70-60. • kingoland.com • Juil-août, tlj 10h30-18h30 ; le w-e slt en juin et sept. Entrée 19 € ; réduc ; gratuit pour les enfants de moins d'1 m.* Le seul parc d'attraction du Morbihan possède tout ce qu'il faut pour amuser les tout-petits, faire hurler les plus grands sur les montagnes russes et éclabousser la robe de mamie dans les grands *runs* de *splash.* Bon enfant, même si certains manèges ne sont plus tout jeunes.

BRETAGNE

MUZILLAC (56190) 5 170 hab.

• Carte B2

Le bourg offre quelques belles façades du XVIIe s, notamment dans le quartier Bourg Pol. D'ici partent plusieurs sentiers de randonnée pédestre vers l'étang de Pen-Mur (un joli coin) ou à vélo vers le barrage d'Arzal et son port de plaisance. Muzillac demeure aussi une étape stratégique pour découvrir en famille ou entre amis le parc animalier de Branféré.

Situation et accès

À 30 mn au sud-est de Vannes par la RN 165 puis la D 20.

Adresses et info utiles

Office de tourisme : *pl. Saint-Julien (pl. de l'Hôtel-de-Ville). ☎ 02-97-41-11-32. • damgan-larochebernard-tourisme.com • Juil-août, lun-sam 9h30-13h, 14h-18h30, plus le mat dim et j. fériés 10h-12h30 ; horaires restreints le reste de l'année.* Billetterie pour Branféré (moins chère que sur place).

■ **Aires de camping-car :** *Z.A. de Toulann (parking Super U) ; stationnement et vidange gratuits. Pour stationner, préférer le* ***Flower Camping La Blanche Hermine*** *: le Petit Boissignan (d'avr à mi-oct) ; stationnement et services payants ; 42 places. Ou encore le camping* ***Le Relais de l'Océan*** *: rue des Orpins (de mi-avr à fin sept) ; stationnement et services payants ; 100 places.*

■ **Borne de recharge électrique :** *pl. du Vieux-Couvent, sous le chêne des marais.*

■ **Aire de pique-nique :** *moulin de Pen Mur, avt d'arriver au fond du vallon, sur la gauche.* Bien ombragée, boulodrome à proximité.

– **Marchés :** *ven mat, autour de la rue du Couvent.*

Où dormir ? Où manger ?

⛺ ***Flower Camping La Blanche Hermine :*** *le Petit Boissignan. ☎ 02-97-45-67-03. • lablancheher mine.fr • ♿ À 3 km au nord-est du bourg. Ouv de Pâques à mi-oct. Forfaits tente 2 pers 17-19 € ; locatifs. 99 emplacements.* Petit camping peinard aux emplacements qui fleurent bon la chlorophylle. Beau choix de locatifs avec mention spéciale pour le coin des lodges toilés. Piscine couverte et chauffée. Snack-bar et pizzas maison. Une salle d'animation est dédiée aux enfants handicapés. Accueil gentil.

Hôtel-restaurant Les Genêts d'Or : *5, rue du Couvent. ☎ 02-97-41-68-49. • hotel-lesgenetsdor.fr • ♿ (resto). En plein centre. Tlj sauf dim soir. Doubles 44-58 €. ½ pens et pens complète possibles. Menu déj 13 € (1/4 de vin compris), puis 20-29 € plateau de fruits de mer 26 €/pers.* Peu d'adresses en ville, sinon ces *Genêts d'Or,* un petit hôtel complètement rénové, fidèle à sa catégorie et à ses petits prix. Chambres simples et bien tenues. Au rez-de-chaussée, le bar des habitués et un resto (menus ouvriers le midi, cuisine plus élaborée le soir). Tenu par un jeune couple sympathique.

Crêperie Kalon Digor : *1, Grande-Rue. ☎ 02-97-41-68-43. Tlj sauf mar, plus lun hors vac scol. Compter 15 €.* Dans le cœur commerçant de la ville, cette adresse médaillée à plusieurs reprises fait le plein midi et soir ! Avouons que ses généreuses galettes (blé noir IGP) possèdent des garnitures parfois surprenantes comme la « Vannetaise » qui associe magret, camembert et pommes. Les crêpes bénéficient de savants mélanges aussi, avec une mention spéciale pour la « délice citron ». À savourer dans la cour intérieure couverte ou en terrasse sur la rue piétonne en été.

BRETAGNE

À voir. À faire

Randos pédestres du Moulin de Pen Mur : *moulin de Pen Mur.* Un circuit de 2h débute dans le centre de Muzillac, traverse l'ancien quartier de Bourg Pol puis rejoint l'ancien moulin de Pen Mur. De là, 3 boucles balisées sont proposées. *Rens à l'office de tourisme.*

Arzal** (56190) : à 10 km au sud-est de Muzillac par la RN 165, puis la D 139.* C'est ***le plus grand barrage d'estuaire en Europe construit en 1970 pour remédier aux fréquentes inondations induites par l'envasement de la Vilaine. Envie d'une petite navigation ? ***Les Vedettes Jaunes :*** *☎ 02-97-45-02-81. • vedettes jaunes.com •* proposent des sorties en remontant la Vilaine, en croisière-promenade, repas ou dîner aux chandelles. En chemin, faites donc un stop au ***village templier de Lantiern*** pour admirer sa chapelle (à la sortie de la ville), construite au XIIe s.

Le parc de Branféré : *Branféré, 56190* ***Le Guerno.*** *☎ 02-97-42-94-66. • branfere.com • ♿ À env 10 km au nord-est de Muzillac. Tlj de mi-fév à début nov : en principe juil-août, 9h30-19h30 ; avr-début juil et sept-début nov, 10h-18h30 (18h sept-nov) ; de mi-fév à fin mars, 11h-18h. Dernière entrée 1h30 avt fermeture (2h en été). Entrée : 25 € hte saison (sinon 23,50 €), enfants de 4 à 12 ans inclus 18,50 € en hte saison (sinon 17 €) ; gratuit moins de 4 ans ; réduc sur • shop. branfere.com • ou en achetant son billet à l'office de tourisme.*

Le ***parc botanique,*** planté d'essences rares, a été aménagé au XIXe s. Le ***parc animalier,*** lui, a été créé un siècle plus tard par un couple de routards fortunés ayant rapporté de ses voyages des espèces animales du monde entier. Son but : recréer sur 45 ha un lieu de rencontre entre les mondes animal, végétal et humain. Un concept surprenant où l'on peut voir, approcher ou même parfois toucher

près de 1 200 animaux parmi lesquels 120 espèces d'oiseaux et de mammifères, de même qu'un parc marin avec phoques et manchots. L'environnement est fabuleux, à l'image de la plaine africaine ou encore de la vallée indienne que l'on parcourt perché sur un chemin en bois. Aux beaux jours, original ***spectacle d'oiseaux,*** éclairé de commentaires passionnants... Pour faire une pause (enfin, façon de parler), on peut s'offrir (et c'est gratuit !) quelques sensations fortes sur le parcours ***Parcabout*** : 5 000 m de filets tendus entre les arbres.
Tout le parc s'inscrit dans une démarche de développement durable et détient la certification Green Globe. Bref, un chouette endroit, qui n'a pas pris une ride depuis sa création.
Une ***école de sensibilisation à la biodiversité,*** à l'adresse des jeunes de 6 à 22 ans, y a été implantée.

CENTRE-VAL DE LOIRE

EURE-ET-LOIRE

CLOYES-SUR-LE-LOIR (CLOYES-LES-TROIS-RIVIÈRES) (28220) 2 750 hab.

• Carte C2

Située en pleine nature entre la Beauce et le Perche, Cloyes-sur-le-Loir offre une halte agréable. Cette ville dynamique, classée Station verte, bénéficie de grands espaces naturels où il fait bon flâner, notamment derrière la mairie où une passerelle permet d'accéder à un arboretum riche de 140 espèces. L'occasion d'apercevoir aussi un rare lavoir à étage du XIXe s.

Situation et accès

À 20 mn à l'ouest de Châteaudun, par la N 10, puis la D 35.

Adresses et info utiles

Office de tourisme : *25, rue Nationale. ☎ 02-37-98-55-27. • ot-cloyes-canton.fr • Mai-août, mar-sam 9h30-12h30 et 15h-18h30 (18h sam), dim 10h30-12h30 ; sept-avr, mar-ven 14h30-18h30, sam 9h30-12h30.* Dépliant accompagnant la visite autoguidée de Cloyes (panneaux explicatifs) et fiches gratuites de randonnées (pédestres, équestres ou à vélo) à disposition. Organise des concerts gratuits en été, « Les Estivales ».

■ **Aire de camping-car :** *au* ***Camping Le Val Fleuri****, chemin de la Galloire, à l'angle de la rue du Colonel-Boussa et de la rue du Docteur-Teyssier ; stationnement gratuit et services payants ; 10 places.*

■ **Bornes de recharge électrique :** *4, pl. Gambetta et à la piscine, parking des Riviérades.*

■ **Aires de pique-nique :** *au parc Émile Zola, au bord du Loir, ou au plan d'eau des Tirelles, à 2 km.*

– **Marché :** *sam mat autour de l'église Saint-Georges.*

Où dormir ? Où manger ?

Camping - Base de loisirs Le Val Fleuri : *route de Montigny. ☎ 02-37-98-50-53. • val-fleuri.fr • Au bord du Loir, à 1 km du centre. Ouv de mi-mars à mi-nov. Forfaits 18-31,30 € pour 2 pers. Loc de lodges toilés et de mobile homes 4-5 pers.* Dans les allées aux noms d'arbres, des haies fleuries délimitent les emplacements. Piscine et accès gratuit aux prestations de la base de loisirs attenante (petit train, poney-club, canoë, espace aquatique avec piscine couverte chauffée, jacuzzi, toboggan...). Chemin de Saint-Jacques-de-Compostelle et GR juste à côté pour les randonneurs. Le resto le *Val fleuri* à côté propose une cuisine traditionnelle de brasserie, ainsi que pizzas, salades...

Hôtel Saint-Jacques : *35, rue Nationale. ☎ 02-37-98-40-08. • lesaintjacques.fr • Double 91 € ; familiales. Bistro le midi mar-ven, formule 18,60 €. Resto gastro le soir en sem et sam, menus 17-43 €.* Reconversion réussie pour cet ancien relais de poste du XVIIe s. Le mobilier moderne et les chambres aux tons clairs se marient à merveille avec les poutres apparentes et l'immense cheminée d'époque. Derrière l'hôtel, le jardin au bord du Loir offre un cadre de détente idéal, dont Zola profita lorsqu'il séjourna 2 jours ici pour écrire son célèbre roman, *La Terre*. Côté table, très bon rapport qualité-prix. Tout est fait maison, y compris les glaces.

Insolite la Touche : *Les Pièces de la Touche, à* ***Romilly-sur-Aigre.*** *☎ 02-37-98-30-48. À 5 km de Cloyes et 500 m du village. Tente 46 € pour 2 (+ 23 €/pers supplémentaire), mini-roulotte, cabane et chariot western 23 €/pers et par nuitée ; apporter son sac de couchage ; petit déj 6 €/pers, sur résa.* Les fondations de cette ancienne seigneurie remontent aux Romains, une ferme à cour carrée, isolée dans son coin de nature. Ces hébergements insolites en toile et/ou en bois sont l'œuvre du maître des lieux, roi de la bricole. La tente peut accueillir jusqu'à 4 personnes et les autres, au bord de l'Aigre, 2 personnes. Le bloc sanitaire, avec toilettes sèches, se trouve dans une grange. Pas le grand confort certes, mais à ce prix-là, avec l'accueil extra, on n'hésite pas une seconde !

À voir. À faire

Le parc Émile Zola : au cœur de la ville et entre 2 bras du Loir, ce beau parc arboré abrite un labyrinthe végétal et plusieurs lavoirs dont un rare lavoir à étage du XIXe s. Aire de jeux et tables de pique-nique à disposition.

La chapelle Notre-Dame-d'Yron : *à 1 km du centre, direction Vendôme ; à pied, passer par le chemin des sources Saint-Michel.* Tout près des sources de l'Yron, ce prieuré magnifiquement restauré abrite aujourd'hui une salle de spectacle. Seule la **chapelle romane** du XIIe s est en accès libre. Intérieur dépouillé à souhait, remarquable pour ses peintures murales représentant le Christ en majesté, l'adoration des mages ou encore la flagellation du Christ. ***Jardins contemporains d'inspiration médiévale*** tout autour. C'est d'ici que partirent en 1212 des milliers d'enfants pauvres pour une surprenante croisade en Terre sainte, dont aucun ne revînt vivant.

Le domaine de Montigny-le-Gannelon : *à* ***Montigny-le-Gannelon.*** *☎ 02-37-98-30-03. 📱 06-03-96-29-08. • domainedemontigny.com • À 2 km au nord de Cloyes. Pâques-Toussaint, visite possible sur demande. Entrée : château + parc 10 € ; parc seul 3 € ; réduc.* Ce château appartient à la famille de Montmorency-Laval dont l'histoire se mélange à celle avec un grand « H ». Sa façade occidentale, avec son appareillage de brique et pierre, date du XVe s ; l'autre a été ajoutée et réalisée par un élève de Viollet-le-Duc, Clément Parent. Les 3 salons d'apparat (avec tableaux des rois de France...) offrent un magnifique panorama sur la vallée du Loir. Superbe parc de 13 ha pour se promener.

– Juste à côté, minuscule et adorable ***village de Montigny-le-Gannelon,*** en partie troglodytique. Voir la ***porte Rolland*** et ***l'église*** qui abrite la châsse de Sainte-Félicité.

La base de loisirs Le Val Fleuri : *route de Montigny. • val-fleuri.fr • Voir plus haut « Où dormir ? ».* Parc familial avec de nombreuses activités pour les enfants : espace aquatique surveillé avec piscine de 250 m² chauffée, pataugeoire, jacuzzi, toboggan... Canoë et glisseurs sur le Loir *(9,50 € ; réduc ; à partir de 3 ans).*

INDRE

ÉGUZON (ÉGUZON-CHANTÔME) (36270) 1 410 hab.

• Carte C3

Village accueillant, Éguzon est réputé pour son grand et superbe lac, offrant de nombreuses activités nautiques. On y vient l'été pour profiter de ses plages, de ses quelques 1 000 km de sentiers de randonnée balisés, et admirer les 3 impressionnants barrages qui jalonnent cette jolie vallée aux portes du Limousin. À l'arrière-saison, arrive le temps des châtaignes, qui donne lieu à une grande fête le week-end de la Toussaint !

CENTRE-VAL DE LOIRE

Situation et accès

À 55 mn au nord de Limoges par l'A 20 (sortie 20) puis la D 36.

Adresses et info utiles

Office de tourisme : *3, rue George-Sand. ☎ 02-54-47-43-69. • lavalleedelacreuse.fr • Juil-août, tlj 9h30-12h30, 14h-18h (13h dim) ; sept-juin, mar-sam.*

Aires de camping-car : *route de Messant, au* **Camping du Lac Les Nugiras** *; stationnement et services payants ; 50 places. En dépannage au Super U, 2, rue Raymond-Lagoutte ; stationnement gratuit, 2 € pour l'eau ; 5 places.*

Bornes de recharge électrique : *pl. de la Cotelette et 4, route de la Chapelle.*

Aire de pique-nique : *pour une pause « nature », aller jusqu'au lac d'Éguzon (à 5 km).*

– **Marchés :** *mer. En juil-août, marché des producteurs le ven (17h30-20h30), pl. de la République.*

Où dormir ? Où manger ?

Camping municipal du Lac Les Nugiras : *route de Messant. ☎ 02-54-47-45-22. • camping-municipal-eguzon.com • Ouv tte l'année. À 4 km du centre bourg et 300 m de la plage du lac. Emplacement 2 pers 9,50-13 €.* Sur un grand terrain légèrement vallonné, un camping tranquille et nature... ce qui ne l'empêche pas d'avoir sa piscine et un espace réservé aux hébergements locatifs.

Auberge des Chaillots : *chez Mme Rochereau, rue des Chaillots. ☎ 02-54-47-42-47. Dans une petite rue derrière l'église d'Éguzon. Double 95 €, petit déj compris.* Chez Colette, on ne fait pas de chichis ! Sa maison est dans la ferme familiale, ouvrant sur un pré où paissent les moutons. À l'étage, une poignée de chambres rustiques, confortables et bien tenues, dont une avec des lits superposés pour les enfants. Idéal en famille donc ! Accueil charmant. Pure Éguzonnaise, Colette connaît parfaitement la région et vous aidera à trouver la table de vos rêves.

La Maison du Lac : *29, route du barrage, 36270* **Fressignes.** *06-76-46-33-26. • maison-du-lac.fr • À 4 km d'Éguzon, en direction du lac. Doubles 85-145 € ; familiale. Carte env 25 €.*

Parking. L'ancien café-épicerie du village est devenu une des plus jolies maisons d'hôtes du pays. 4 chambres très glamour, jardin fleuri et ombragé, piscine au calme, verger... Et pour qui voudrait randonner avant de se poser, le lac d'Éguzon n'est qu'à 800 m. Bon petit déjeuner de pays servi par Nathalie et Éric dans le resto attenant, *Le 27,* aussi savoureux que chaleureux, et qui s'anime de musique le soir.

Restaurant le Cottage : *1, Les Gonnins. ☎ 02-54-47-24-96. À 3 km du centre-bourg. Ouv mer-dim midi et tous les soirs en sem. Menus 22,50-31,80 €.* Un resto au charme d'antan avec murs de pierre, poutres apparentes, fauteuils en cuir et une collection incroyable de nounours ! On y mange une bonne cuisine familiale, servie avec générosité. Terrasse pour les beaux jours.

Le Coq Café : *9, rue Jules-Ferry. ☎ 02-54-34-51-30. Tlj sauf lun 8h-20h (15h dim). Carte 20-25 €.* Au cœur du village, une petite adresse proposant quelques plats à l'ardoise, simples mais pour lesquels le chef choisit de travailler les produits qui forgent l'image de la vallée (sandre, écrevisses, fromages, cèpes).

À voir. À faire

Le musée de la Vallée de la Creuse : *parc de la Mairie, 2, rue de la Gare. ☎ 02-54-47-47-75. De mi-mars à mi-nov, tlj sauf lun 10h-12h, 14h-18h (slt l'ap-m w-e et j. fériés). Entrée : 3 € ; réduc ; gratuit moins de 8 ans et pour ts le 1er dim du mois.* Joli cadre pour ce musée, dans les écuries de l'ancien château tombé en ruines, entre pelouse, douves et murs arasés. À la frontière entre calcaire du Bassin parisien et granit du Massif central, entre langue d'oïl et langue d'oc, entre tonneliers d'Argenton et maçons de la Creuse, entre Marche et Berry, on découvre la ***vie quotidienne*** de la vallée entre la fin du XVIIIe et le début du XXe s... Largement constitué de dons d'artisans de la région, ce petit musée à taille humaine nous fait découvrir simplement l'intimité de cette vallée et des « artistes nature » qui l'ont traversée. 3 expositions temporaires par an sont consacrées en effet aux peintres de la vallée *(GRATUIT),* mais aussi aux artistes contemporains reconnus qui travaillent sur la nature et le paysage.

Le lac d'Éguzon : *à 5 km par la D 36.* Ce lac de 312 ha et 17 km de long offre un large panel d'activités. 3 plages : Chambon, Bonnu et Fougères. De l'embarcation à pédales au ski nautique, en passant par le paddle, les activités nautiques proposées plairont aux amateurs de sensations comme aux navigateurs débutants. Idéal en famille ! Nombreux chemins de randonnée balisés autour du lac, de 3 à 33 km (fiches disponibles à l'office de tourisme). Petits paradis pour les pêcheurs de carnassiers.

Le barrage et l'usine hydroélectrique d'Éguzon : *rue des Petites-Côtes,* **Cuzion.** *☎ 05-34-39-88-70 (central de résa). À 5 km au nord-est d'Éguzon. Visites mer et jeu (hors j. fériés). Résa obligatoire, à partir de 8 ans, pièce d'identité valide obligatoire.* Inauguré le 5 juin 1926, il représentait à l'époque le plus puissant barrage d'Europe et fournissait de l'électricité à Paris et au 1er chemin de fer électrique. Ce barrage forme la retenue d'eau du lac d'Éguzon. Il produit à plein régime l'équivalent de la consommation de 41 000 habitants. Une plongée (humour facile !) dans l'histoire de l'électricité et dans le patrimoine industriel.

VATAN

(36150) 2 000 hab.

• Carte C3

Dans ces plaines du Berry, les champs de colza et de blé s'étendent à perte de vue. Et au milieu, Vatan, une petite ville qui vous réserve quelques jolies surprises sous ses airs anodins : des parcs où il fait bon flâner ou se poser, des chemins buissonniers au milieu des potagers, sans parler du cœur historique, pas bien grand mais charmant pour qui prendra le temps de le découvrir.

L'AIRE DES CHAMPS D'AMOUR

Un nom intriguant que celui de cette aire d'autoroute et qui est aussi celui de l'office de tourisme de ce territoire... Serait-il dû à la présence sur ses terres de l'unique village en France nommé Saint-Valentin ? Autant vous dire que celui-ci joue à fond la carte de Cupidon, avec notamment le Jardin des amoureux, un ravissant petit arboretum où les tourtereaux achètent et font planter l'arbre de leur choix.

Situation et accès

À 25 mn au sud-ouest de Vierzon par la A 20 (sortie 10) puis la D 136.

Adresses et info utiles

Office de tourisme : *pl. de la République. ☎ 02-54-49-71-69. • champsdamourenberry.com • Tte l'année (sauf dernière sem déc) lun-sam.*

■ ***Aire de camping-car :*** *au* ***Camping de mon village de Vatan,*** *rue du Collège ; stationnement et services payants ; 48 places. Possibilité d'accès aux services seuls, hors stationnement : 5,50 €.*

■ ***Borne de recharge électrique :*** *pl. de la Liberté.*

■ ***Aires de pique-nique :*** *pl. Jean-Méry (la principale) ; sinon pl. des Ormes ou au plan d'eau du parc paysager (rue Ferdinand-de-Lesseps).* Bravo à cette ville qui aménage de jolies aires de pique-nique soit en plein centre, soit dans ses parcs. Précisons que l'espace Armand-Desprès est aussi un très bel endroit où se poser au vert, même s'il n'y a pas de tables !

– ***Marché :*** *mer mat, pl. de la République.*

Où dormir ? Où manger ?

Camping de mon village de Vatan : *rue du Collège. ☎ 01-83-64-69-21. Ouv avr-sept pour les tentes, tte l'année pour les camping-cars. Forfait 2 pers 12 €.* Accolé au collège, un site au calme, aéré, joliment dessiné, planté d'arbres variés et doté de son lot de haies pour plus d'intimité. Le centre-ville est à quelques pas, on le rejoint par un chemin bucolique.

Chambre d'hôtes Le relais des Roses : *22, av. de la libération. 06-37-90-74-85. • lerelaisdesroses.fr • Doubles 75-80 € ; familiales. Table d'hôtes 20 €.* La façade côté rue ne paie pas de mine, mais à l'intérieur et côté jardin, cet ancien relais de poste révèle le visage bien plus riant d'une belle maison bourgeoise. 4 chambres spacieuses, d'un excellent confort, où les vieux parquets côtoient une déco soignée plus contemporaine. Côté cour, une délicieuse verrière bordée de rosiers et donnant sur les anciennes écuries. Accueil adorable.

Les meublés de la Guérinière : *La Guérinière,* ***Meunet-sur-Vatan.*** *☎ 02-54-07-01-65. À 4 km de Vatan (à côté de l'aire d'autoroute des Champs d'Amour). Compter 40-50 € pour 2 pers, 65-80 € pour 4. Parking.* L'endroit idéal pour une étape ! Un ancien corps de ferme abritant 4 hébergements pouvant accueillir 2 à 9 personnes, chacun doté de sa petite cuisine et de son extérieur avec salon de jardin. Alors oui, on est un peu près de l'autoroute, mais à ce prix-là et vu la qualité de l'offre...

Chez Chouchou : *8, pl. de la République. ☎ 02-54-49-76-35. En été, tlj sauf mer soir et dim. Hors saison, le midi uniquement. Formule midi en sem : 15,50 €.* Restaurant simple qui sert une cuisine de brasserie convenable, à proximité de l'office de tourisme. La spécialité de la maison : l'assiette berrichonne avec pâté et galette de pomme de terre.

Alors, c'est un peu loin (à 15 km), mais il y a à ***Saint-Valentin,*** une excellente ***boulangerie-salon de thé*** : ***Au 14 février*** *(tlj sauf jeu 10h-13h30, 14h30-19h – 17h dim).* Quand on aime, on ne compte pas (ni les calories, ni les kilomètres) !

À voir. À faire

Pour découvrir Vatan, se procurer les dépliants « *À la découverte des jardins* » et « *Le circuit piétonnier à la découverte du cœur historique de Vatan* ». Mention spéciale pour ***l'espace Armand Desprès,*** un délicieux espace vert bien caché entre les maisons et les potagers. Quant au ***cœur historique,*** il a beau être discret, il ne s'en révèle pas moins séduisant avec son ***église,*** son ***doyenné,*** sa ***grange aux Dîmes,*** le tout entouré de petits jardins et bordé par le Pozon, un petit ruisseau dont les bruissements accompagnent la promenade.

Le musée du Cirque : *1, pl. de la Liberté. ☎ 02-54-49-77-78. • musee-du-cirque.com • Tlj sauf lun-mar mat 10h-12h, 14h-18h. Entrée : 5 € ; enfant 3 € ; réduc.* Ce musée, ô combien attachant, est une fabuleuse machine à remonter le temps pour les nostalgiques de l'âge d'or du cirque. Il nous invite à découvrir son histoire à travers la riche collection du docteur Alain Frère, un vrai passionné : maquette d'un cirque hippomobile, superbes séries d'affiches originales des cirques Pinder et Amar, mais aussi du cirque Ancilloti-Plège de 1908... Une pièce est réservée aux clowns, où trônent les célèbres clown blanc et Auguste. Banjo des frères Fratellini, et le costume d'un des plus grands clowns de l'histoire, Achille Zavatta... Une autre salle présente de remarquables maquettes à l'échelle, dont celle de la ménagerie exotique du cirque Amar datant de 1930. Affiches des années 1940, plus colonialistes que nature.

Le musée des Ponts et Chaussées : *à* ***Guilly*** *(à 4 km de Vatan). ☎ 09-75-97-89-11. • musee-empe.fnasce.fr • Ouv avr-sept ; mer-dim 10h-12h, 14h-18h. Tarif : 5 € ; réduc.* Aménagé dans l'ancienne propriété de Ferdinand de Lesseps (à l'origine de la construction du canal de Suez), ce musée propose des expositions de vieux matériels, raconte l'histoire et les techniques des anciens travaux routiers et regroupe des objets surprenants comme une authentique lentille de Fresnel, telle qu'on la trouvait en haut des phares. Une fois les 4 bâtiments parcourus, cette vieille administration française n'aura plus de secret pour vous ! Mention spéciale pour les véhicules exposés à l'extérieur du musée qui raviront petits et grands.

GRAND EST

ARDENNES

LAUNOIS-SUR-VENCE / POIX-TERRON

(08430) 710 et 900 hab.

• Carte D1

Au cœur des Crêtes Préardennaises : douces collines boisées, vertes prairies et mignonnes petites rivières dont la Vence, qui sert de trait d'union entre ces 2 villages réunis pour proposer une étape commune, associant les atouts de chacun. Launois-sur-Vence, posé au carrefour des anciens grands axes qui traversaient l'Europe, offre un joli patrimoine dont un étonnant ancien relais de poste. Poix-Terron, labellisé « Commune Nature » (pour sa gestion respectueuse de la qualité des eaux et de la biodiversité), assure un choix plus large de commerces.

Situation et accès

À 30 mn au sud-ouest de Charleville-Mézières par la A 34 (sortie 13) et la D 35.

Adresses et info utiles

Office de tourisme des Crêtes Préardennaises : *1, rue Cécilia-Gazanière à Launois-sur-Vence. ☎ 03-24-35-02-69. • cretespreardennaises tourisme.com • Lun-ven 10h-12h, 13h-17h (18h mai-sept).* Boutique de produits du terroir et jetons de recharge de camping-car.

■ ***Aires de camping-car :*** *à Launois-sur-Vence : route de Thin-le-Moutier, promenade Jules-Mary : stationnement gratuit, services payants ; 3 places.*

■ ***Bornes de recharge électrique :*** *av. Louis-Joly à Launois-sur-Vence (à côté du relais de poste aux chevaux) ; 20, rue de la Gare à Poix-Terron.*

■ ***Aires de pique-nique :*** *l'aire du château (pl. Henri-Jurion, au long de la rue Cécilia-Gazanière, juste à côté de l'église) à Launois-sur-Vence ; rue de la Gare et au pré Waguet (avec toilettes publiques) à Poix-Terron.*

– ***Marchés :*** *mer ap-m à Poix-Terron. Marché des producteurs de pays, 1er ven de chaque mois (14h-18h), dans la cour du relais de poste aux chevaux à Launois-sur-Vence.*

Où dormir ? Où manger ? Où acheter de bons produits ?

Hôtel Le Val-de-Vence : *rue Cécilia-Gazanière, à Launois-sur-Vence. ☎ 03-24-35-02-93. • restaurant-leval devence.fr • Resto tlj sauf soir dim-mar* *(dim soir slt pdt les vac scol). Doubles 65-72 €. Menus 14 € (déj sem), puis 30-40 €.* L'imposante maison, construite dans cette pierre jaune typique des Ardennes, dispose de chambres à la déco toute simple, paisibles (sur cour, plus encore), de bonne taille dans l'ensemble. Grande salle de resto prolongée par une terrasse ouverte sur la campagne pour une cuisine sans complications. Jeune équipe accueillante.

Brasserie artisanale Ardwen-Restaurant la Taverne : *20, av. Roger-Ponsart, à Launois-sur-Vence. ☎ 03-24-26-10-72 (resto) ou 35-46-50 (brasserie). Resto à midi tlj sauf lun, plus soir ven-sam. Formules et menus (déj sem) 13-15 €, carte 22-28 €. Boutique et bar tlj sauf lun, 11h-17h30 (15h mer, 23h ven-sam et 18h30 dim).* Cette brasserie artisanale a renoué avec une très vieille tradition brassicole ardennaise et produit d'excellentes bières (à siroter sur place ou à emporter). Elle dispense aussi, à l'ardoise, une solide cuisine dans la tradition régionale. Grande salle à manger, à la déco plutôt minimaliste, avec les cuves en fond de décor.

Boucherie-charcuterie Chopin (chez Delphine et Xavier) : *3, pl. de la Halle, à Poix-Terron. ☎ 03-24-59-45-75. Tlj sauf dim-lun, 8h30-12h30, 15h30-19h.* Boutique contemporaine pour un commerce comme autrefois où le boucher se fournit directement chez les éleveurs (dinde rouge des Ardennes, entre autres). Plats du jour côté traiteur.

À voir

Le relais de poste aux chevaux : *au centre de Launois-sur-Vence. • posteauxchevaux.com • Ouv aux mêmes horaires que l'office de tourisme. GRATUIT. Visite guidée historique, se renseigner à l'office de tourisme. Application smartphone gratuite à télécharger sur • izi.travel.fr •* ***Unique en France de par ses dimensions et surtout son état de conservation :*** les bâtiments n'ont pratiquement pas changé depuis leur construction en 1654. Et ce n'est pas par hasard que ce vaste ensemble a été construit ici. À l'époque, Launois-sur-Vence occupait une position stratégique, à la croisée de grands itinéraires commerciaux reliant notamment Paris à Sedan via Charleville. Transitaient ici les renommés draps de Sedan, les armes de la manufacture de Charleville ou les saumons péchés dans la Semoy dont le roi et sa cour étaient gourmands. Dépendance des Messageries royales, ce relais où étaient changés les chevaux fatigués était ouvert sans relâche. La porte charretière par laquelle on y entre est d'ailleurs surmontée de la loge du guetteur, chargé de la surveillance de nuit. Dans l'immense cour, la hauteur des greniers à foin au-dessus des écuries, l'imposante demeure du maître de poste, surmontée de chambres pour voyageurs sont, entre autres, le vivant témoignage de l'intense activité à l'époque. En cours de visite, on peut également découvrir l'ancienne réserve à cidre des charretiers et autres voituriers du XVIIe s, et l'impressionnante charpente de bois de la halle aux diligences.

➢ Des chevaux investissent à nouveau les lieux grâce à l'association « Les Sabots du Relais » qui organise des balades en calèche au départ du relais (info sur place).

LE MALANDRIN DES ARDENNES

Un hameau des environs s'appelle Barbe-en-Croc ; un nom qu'on imagine celui d'un personnage de roman ou de B.D. Mais Barbe en Croc a bel et bien existé. Au XVIIe s, ce bandit de grand chemin attaquait, avec sa bande, carrosses et convois de marchandises en route pour Launois-sur-Vence, détroussait les voyageurs (et troussait leurs femmes...). Une vraie terreur ! On comprend pourquoi les factures des Messageries royales commençaient par la mention « À la grâce de dieu » ...

Derrière le relais, ***petit jardin*** avec un ***verger*** qui présente une grande variété d'arbres fruitiers régionaux et une collection de roses anciennes, collectée dans les cimetières ardennais.

L'église Saint-Étienne : *au centre de Launois-sur-Vence.* Elle impressionne un peu avec ses énormes contreforts, sa haute tour-porche. Et pour cause, comme beaucoup d'autres églises des Ardennes, Saint-Étienne a été fortifiée aux XVIe et XVIIe s pour servir de refuge à la population. Mais elle garde un caractère roman marqué (sa construction a débuté au XIIe s) avec, sous les corniches, d'amusants modillons. À l'intérieur, dans le chœur (XIIIe s), voûtes sur croisées d'ogive typiques des 1ers pas du gothique. Bel ensemble de vitraux, statue de bois de saint Roch du XVIe s.

L'église Saint-Martin : *Grande-Rue à Poix-Terron.* Des débuts de sa construction au XIII^e^s, elle a conservé son ample façade percée d'un très sobre portail, typique du roman tardif. Le clocher abrite une cloche du XVI^e^s qui (par miracle ?) n'a pas été transformée en obus pendant les 2 guerres mondiales. À l'intérieur, vitraux et mobilier des XVIIIe et XIXe s dont un spectaculaire autel à baldaquin. Et une plaque qui rappelle qu'en 1590, pendant les guerres de Religion, 600 ligueurs catholiques ont été massacrés ici.

ROCROI

(08230) 2 340 hab.

• Carte D1

Cette « Petite Cité de Caractère » a été construite entre 1552 et 1556 à la demande d'Henri II, en réponse à la colossale forteresse de Charlemont, érigée à Givet par l'ennemi d'alors, Charles Quint. L'inévitable Vauban y ajoutera ensuite quelques pierres. Cas unique en France, Rocroi est la seule cité fortifiée à avoir conservé son plan d'origine. Il faut absolument jeter un coup d'œil à une photo aérienne pour prendre toute la mesure de ce plan en forme d'étoile à 10 branches, avec des rues rectilignes qui rayonnent autour d'une place centrale. Et comme c'est également une des rares villes dont les fortifications n'ont pas été rasées au XIXe s, on se balade avec plaisir sur les sentiers qui suivent les remparts, comme dans le centre, entre ses 2 portes : la porte de Bourgogne (la Belgique d'aujourd'hui, à seulement 2,5 km) et celle de France.

Situation et accès

À 35 mn au nord-ouest de Charleville-Mézières, par la A 304 (sortie N 51), puis la D 877.

Adresses et info utiles

Office de tourisme Vallées et Plateau d'Ardenne : *1, rue du Pavillon. ☎ 03-24-54-20-06. • tourisme-valleesetplateaudardenne.com • Tlj 10h-12h, 14h-18h (17h nov-fin mars).* Dispose également d'une boutique de produits du terroir où trouver, entre autres, la Rocroy, bière artisanale.

■ ***Aire de camping-car :*** *chemin de la Courtine (accès par la rue du*

Tour-de-Ville) ; stationnement gratuit et services payants ; 20 places.

■ **Borne de recharge électrique :** *3, rue Noël-de-Champagne.*

■ **Aire de pique-nique :** *sur l'aire de camping-car.*

– **Marché :** *mar mat, pl. d'Armes.*

Où dormir ? Où manger ?

Camping de La Murée : *35, rue Catherine-de-Clèves, à* **Bourg-Fidèle.** *☎ 03-24-54-24-45. 06-71-43-23-97. À env 4 km au sud-est de Rocroi. Mars-oct. Forfait pour 2 env 22 € en hte saison. Caravanes et mobile homes 210-385 €/sem.* Tranquille petit camping familial avec des emplacements semi-ombragés, certains en bord d'étang où l'on peut pêcher (gratuit pour les résidents). Bon confort. Bar-resto.

Hôtel l'Étoile de Marie : *15, pl. d'Armes. ☎ 03-24-27-84-50. 06-42-28-45-59. • hotel-rocroi.com • Doubles 65-75 € ; familiales. Parking.* Ce petit hôtel, joliment situé sur la belle place d'Armes, dispose de 8 chambres contemporaines et confortables. Brasserie avec une belle terrasse : plats du jour et recettes régionales.

Les Remparts : *10, rue des Remparts. ☎ 03-24-22-41-10. Tlj en saison. Carte 20-25 €.* Dans une salle où la brique est reine ou en terrasse au pied des... remparts, une adresse pour amateurs de pizzas cuites, comme il se doit, au feu de bois. À la carte également, des pâtes fraîches mais aussi de solides burgers aux produits du coin (fromages de Rocroi ou du voisin belge de Chimay), de généreuses salades aux beaux jours et même un couscous le vendredi...

GRAND EST

À voir. À faire

Petite balade urbaine : on peut partir de la *place d'Armes,* bordée par 2 bâtiments néo-classiques du XIXe s : l'***hôtel de ville*** et l'***église.*** Jeter également un œil à l'***ancien pavillon des officiers*** dont la belle façade en brique et en pierre s'orne aujourd'hui de l'enseigne d'une banque ; puisqu'on parle de banque, ***l'ancienne Caisse d'Épargne*** est un intéressant immeuble, un brin Art nouveau. Il faut ensuite suivre la *rue de France* où se dresse au n° 13, l'***ancienne sous-préfecture,*** reconstruite en 1928 après avoir été incendiée par les Allemands, pile le jour de l'armistice de 1918. Puis on grimpe, via la *rue de la Poudrière,* sur le ***bastion de Montmorency*** pour une belle vue d'ensemble d'une partie des verdoyantes fortifications. La *rue de l'Hôpital* longe ensuite le vaste... hôpital (conçu par Vauban en 1691) qui a accueilli plusieurs milliers de blessés après la défaite de Waterloo. Retour place d'Armes, pour emprunter la *rue de Bourgogne.* Au bout sur la gauche *(place du Luxembourg),* le ***corps de garde,*** signé là encore Vauban, abrite le musée de la bataille de Rocroi (voir ci-dessous). Juste en face, le ***bastion du Roi*** (1555) avec, à droite, quelques vestiges de la ***porte de Bourgogne*** (bombardée en 1914) et, à gauche, les ***écuries du Gouverneur.*** *Rue Arthur Chuquet,* après l'immanquable ***arsenal*** de 1692 (il pouvait contenir 20 000 fusils...) suit la ***poudrière*** (aujourd'hui médiathèque). On continue le long de l'ancien chemin de ronde jusqu'au ***bastion du Dauphin*** avec son ***hôpital de siège.*** *La rue Dauphine* et la spectaculaire ***ancienne caserne Marguenat*** (XIXe s) ramènent vers la place d'Armes.

Le musée de la bataille de Rocroy et de la guerre de Trente Ans : *pl. du Luxembourg. ☎ 03-24-54-58-65. Ouv de mi-avr à mi-sept. Juil-août, mer-dim 10h-12h et 14h-18h (17h mer-jeu) ; hors été, mar-sam 10h-12h et 14h-18h (17h mar-mer). Derniers tickets 30 mn avt. Entrée : 4 € ; réduc ; gratuit moins de 12 ans.* Au rez-de-chaussée, on fait plus ample connaissance avec Rocroi : ***plan-relief*** de la ville telle qu'elle se présentait en 1889, quand elle a cessé de devenir une place forte, et panneaux explicatifs. À l'étage, des dioramas réalisés par un habitant de Rocroi, avec plus de ***2000 soldats de plomb*** en costume d'époque, permettent de mieux appréhender cette bataille, d'une importance capitale dans l'histoire de l'Europe, dont un film d'une dizaine de minutes fixe le contexte historique. Armes authentiques et reconstitutions de vêtements d'époque.

HAUTE-MARNE

JOINVILLE

(52300) 3 110 hab.

• Carte D2

Joinville, baignée par plusieurs bras de la Marne et le canal entre Champagne et Bourgogne, offre d'agréables promenades au bord de l'eau. Comme dans les rues anciennes du centre de cette « Petite Cité de Caractère » qui, de son histoire intimement liée aux ducs de Guise, a conservé un joli patrimoine à commencer par le château du Grand Jardin, remarquable exemple de l'architecture (et des jardins !) de la Renaissance française.

Situation et accès

À 30 mn au sud de Saint-Dizier par la N 67.

Adresses et info utiles

*ℹ **Office de tourisme :** 5, av. de la Marne. ☎ 03-25-94-17-54. • tourisme-joinville.com • Juil-août, tlj 9h30-19h.*

*■ **Aire de camping-car :** rue des Jardins ; stationnement gratuit (limité à 72h) et services payants ; 12 places.*

*■ **Borne de recharge électrique :** pl. de la Grève.*

*■ **Aires de pique-nique :** sur le site du Cavé (une île entre la Marne et son bief) ; rue des Jardins, au bord du canal, vers l'aire de camping-car et la halte fluviale ; promenade du Petit-Bois.*

*– **Marché :** pl. des Halles, ven mat.*

Où dormir ? Où manger ?

*🏠 🍴 ☂ **Hôtel Le Soleil d'Or :** 9, impasse des Capucins. ☎ 03-51-25-50-59. • le-soleil-dor52.fr • ♿ Resto tlj sauf dim soir et lun midi. Doubles env 85 € ; familiales. Menus : 25,50 € (déj sem), 28,50 € (soir ven et midi sam) et 40,50 € (soir sam et midi dim). Parking.* Cette maison de caractère (des pierres, des poutres...) propose des chambres aussi charmantes que confortables, à la reposante déco dans des tons doux : beige, blanc, rose poudré. Côté papilles, cuisine dans la veine bistronomique servie dans une salle contemporaine ou l'agréable terrasse ouverte sur un jardin, avec bassin et statues. Bel accueil, jeune, décontracté mais très pro.

*🏠 🍴 ☂ **Hôtel La Vinaigrerie :** 52, av. de Lorraine. ☎ 03-25-55-58-20. • lavinaigrerie.fr • ♿ Resto ouv lun-jeu le soir slt (et réservé à la clientèle de l'hôtel). Doubles 69-145 € ; appartements*

(3-6 pers). Menus 18-39 €. Parking. Joliment située au bord du canal (avec port fluvial privé), cette belle bâtisse de pierre abrite des chambres de bonne taille, à la déco dans l'air du temps (dont certaines avec terrasse), des appartements, parfaits pour les familles, et même un petit chalet pour 2 tout en bois. Au resto, produits du coin pour une cuisine de tradition. Jardin. Location de kayaks et balades en bateau.

Pâtisserie-salon de thé Collas : *7, pl. du Marché. ☎ 03-25-94-08-62. Ouv tlj sauf lun. Mar-sam, 7h30-12h45 et 14h30-19h, dim 7h30-12h30.* Située dans le centre-bourg, cette boutique nous met l'eau à la bouche : macarons, Jean Sire (petites meringues aux amandes), viennoiseries, et aussi des plaisirs salés (brioches au lard, bouchées à la reine, feuilletés...). À emporter ou à consommer sur place, dans la petite cour intérieure.

À voir. À faire

Le château du Grand Jardin : *5, av. de la Marne. ☎ 03-25-94-17-54. ♿ Mai-début sept, tlj 9h30-19h ; horaires restreints hors saison ; nov-début avr, jardins slt (2 €). Entrée : 5 € ; réduc ; visite guidée incluse (à 15h, tlj en juil-août, w-e slt avr-juin et sept-nov). Spectacles le dim en juil-août (L'Été du Grand Jardin) : 6 €, visite comprise ; réduc.*

Un joli château, ***typique de la Renaissance française,*** édifié entre 1533 et 1546 par Claude de Lorraine, 1er duc de Guise. On l'appelait à l'origine « le château d'en bas » puisque existait un « château d'en haut », perché sur une colline, vénérable forteresse médiévale vendue en 1791 par son dernier proprio Philippe Égalité à... un marchand de pierres.

Vous comprendrez d'emblée pourquoi il a été rebaptisé « château du Grand Jardin » ; 2 jardins en fait, qui justifient la visite. Le 1er a été reconstitué dans l'esprit Renaissance française comme celui qu'avait fait aménager Claude de Lorraine : parterres géométriques et bien compartimentés jalonnés de topiaires soigneusement taillées, petit canal, labyrinthe végétal. En s'y baladant, on découvre également plusieurs « ***carrés des simples*** » et un superbe verger qui abrite ***70 variétés anciennes d'arbres fruitiers.*** Le 2d jardin est un parc romantique créé au XIXe s, tout aussi caractéristique de la mode de l'époque : longues allées sinueuses, nature faussement sauvage avec moult essences rares, dont une « Collection nationale » de 500 pieds de buis unique en France.

Quant au château, au bord de la Marne, on lui collerait plus l'étiquette de « pavillon de plaisance » : le 1er duc de Guise aimait s'y reposer mais y faisait également volontiers la fête. Transformé en maison bourgeoise au XIXe, occupé par les troupes pendant la 2de Guerre mondiale, sa visite ne révèle donc aucune salle richement meublée.

L'église Notre-Dame-de-la-Nativité : *1, rue Notre-Dame. Tlj 9h-18h.* Construite entre les XIIe et XIIIe s, ***symbolique du style gothique champenois.*** Il faut prendre le temps de découvrir tous les trésors que cette église renferme : les orgues (XVIIe s) d'abord, avec une superbe tribune de style Renaissance, puis la ceinture de saint Joseph, relique rapportée des Croisades par un seigneur de Joinville, et une Vierge à l'enfant en bois polychrome du XIVe, une superbe Mise au tombeau du XVIe...

Le centre historique : doucement réhabilité, il mérite qu'on y flâne à la recherche de détails architecturaux, de maisons bourgeoises à pans de bois en hôtels particuliers. L'Auditoire, ancien tribunal des ducs de Guise (1561) vaut également qu'on s'y arrête : nombreux mannequins en costume d'époque, cachots des anciennes prisons *(visite guidée à 15h, dim mai-sept plus sam en juil-août : 6 € ; réduc ; gratuit moins de 12 ans).* Balade obligée également au long du bief de la Marne : pittoresque quai des Peceaux, mignon pont de pierres du Pontcelot...

MARNE

SÉZANNE (51120) 4 700 hab.

NOUVEAUTÉ

• Carte D2

Rien à voir avec le célébrissime peintre impressionniste, même si le nom de la ville s'écrivait avec un C, du Moyen Âge au XVIIe s. Une ville ancienne donc, cernée de coteaux habillés de vignes (on est ici en appellation champagne, vignoble classé au Patrimoine de l'Unesco). Et même si elle a malheureusement été victime des vicissitudes de l'histoire (les dommages des guerres, plusieurs incendies...), Sézanne conserve un joli patrimoine qui lui a valu le label « Petite Cité de Caractère ».

Situation et accès

À 50 mn à l'ouest de Vitry-le-François par la N 4.

Adresses et info utiles

Office de tourisme : *pl. de la République. ☎ 03-26-80-54-13. • sezanne-tourisme.fr • Juil-août, lun-sam 10h-13h, 14h-18h ; reste de l'année, mar-sam 9h-12h30, 14h-17h30.* Location de vélos à assistance électrique. Visites guidées du centre historique. Liste des caves et maisons de champagne.

Aire de camping-car : *pl. du Champ-Benoist ; stationnement (interdit le sam) et services gratuits ; 20 places.*

Borne de recharge électrique : *9, pl. du Champ-Benoist.*

Aires de pique-nique : *mails des Cordeliers et des Religieuses (bancs uniquement) et au niveau de la forêt de la Limonière (tables).*

– **Marché :** *sam mat, pl. du Champ-Benoist.*

Où dormir ? Où manger ?

Camping Le Sézanne : *route de Launat. ☎ 03-26-80-57-00. • ville-sezanne.fr • ♿ À env 2 km à l'ouest du centre (compter un gros ¼ d'heure à pied). Avr-sept. Forfait pour 2, 10-12 €. 73 empl.* Classique camping municipal tranquille, à peine à l'écart du centre, à 2 pas de la piscine, des courts de tennis, de la forêt et son parcours sportif.

Hôtel Le Relais Champenois : *157, rue Notre-Dame. ☎ 03-26-80-58-03. • relaischampenois.com • ♿ Resto tlj sauf midi lun, ven et dim soir. Doubles 67-145 € ; familiales. Menus 29-65 €. Parking.* L'engageante façade fleurie de cet ancien relais de poste cache une vingtaine de chambres, rénovées au goût du jour et franchement plaisantes. Salle à manger contemporaine sous un vieux plafond à la française pour une cuisine en prise directe avec le terroir, d'une belle précision et d'une vraie modernité. Gardez une place pour le dessert (la compagne du chef est une pâtissière émérite).

À voir. À faire

L'église Saint-Denis : *13, pl. de la République.* Au cœur de la ville, immanquable avec sa tour Renaissance, haute de 42 m, sur laquelle tournent les aiguilles de la plus ancienne horloge publique de la Marne. Pour le reste, cette église reconstruite au XVIe s est d'un style clairement gothique flamboyant avec d'inévitables gargouilles qui pointent leurs gueules ici ou là. Une rareté : des boutiques de bois sont installées entre les contreforts. Ce sont les moines qui, lors de la reconstruction de l'église, obtinrent des paroissiens l'autorisation de les installer là et de les louer à des commerçants. Il en reste encore quelques-unes (dont celle qui abrite l'office de tourisme). À l'intérieur, large vaisseau à 3 nefs, sans transept. Pas de chapiteaux mais les 4 piliers du chœur portent autant de statues (dont bien sûr, celle de saint Vincent, patron des vignerons). Superbe maître-autel avec tabernacles aux bas-reliefs dorés. Au-dessus, non moins superbe fresque de 1740. Prenez le temps de faire le tour des charmantes chapelles qui abritent vitraux Renaissance, riches décors, toiles et sculptures. À droite du chœur, enfin, ne pas manquer les 2 magnifiques portes Renaissance en bois ciselé de 1534.

GRAND EST

Le long des mails : agréable balade ombragée par de séculaires tilleuls et aménagée sur le tracé des anciens remparts. Sur le *mail des Cordeliers,* vestiges de tours arasées et joli panorama sur le vignoble. *Cours d'Orléans,* petit château (appelé « le Prétoire ») construit en 1440 qui, après avoir accueilli comtes de Champagne et ducs d'Orléans, est aujourd'hui un lieu d'expos et de concerts. Une portion du chemin de ronde médiéval a été préservée : le *mail des Religieuses.*

Balade au fil des vieilles ruelles : rien que leurs noms font voyager dans le passé ; *rue de la Queue-de-Renard, rue Cogne-Fort* (un forgeron y travaillait-il autrefois ?)... En foulant les pavés, on croise plusieurs fontaines, de vieux puits de pierre et un lavoir en bois, des passages qui se faufilent d'une ruelle à l'autre, quelques maisons à colombages. Dans la *rue de la Juiverie,* levez les yeux vers le superbe cadran solaire peint sur la façade d'une demeure bourgeoise de 1783. On peut y méditer une épître d'Horace : « À quelqu'heure que les dieux t'envoient le bonheur, reçois-le avec gratitude ». Petit détour par la *cour Bichot* et ses maisons anciennes. La *rue de la Halle* conduit ensuite à ce bel édifice de style Baltard (1892). Puis la *ruelle du Collège* mène à... l'ancien collège qui accueille aujourd'hui la médiathèque et son joli jardin. Le couvent des Récollets (1619) abrite lui, dans sa chapelle, un ensemble unique en France de toiles du XVIIe s de Claude François, Frère Luc de son nom de moine *(visite guidée sur résa à l'office de tourisme : 5,50 € ; gratuit - de 18 ans).* On a tous ses disques.

MEUSE

LIGNY-EN-BARROIS (55500) 4 180 hab.

• Carte D2

Au sud du département de la Meuse, Ligny est nichée au creux d'une vallée façonnée par la petite rivière de l'Ornain. Autrefois utilisée pour le flottage des bois, l'Ornain a vu naître sur ses rives, dès le XIXe s (notamment avec le creusement, en parallèle, du canal de la Marne au Rhin), une industrie

inattendue dans cette région largement rurale. Industrie dont il reste quelques jolis fleurons avec, à Ligny-en-Barrois, une des usines d'Essilor, leader mondial des verres correcteurs.
Par ailleurs, Ligny a conservé un joli patrimoine, hérité de sa longue histoire d'amour avec la famille de Luxembourg.

Situation et accès

À 30 mn à l'est de Saint-Dizier par la N 4.

Adresses et info utiles

Bureau d'information touristique : *7, rue de l'Asile. ☎ 03-29-78-06-15. • tourisme-barleducsud meuse.fr • Lun-ven 9h-12h, 13h30-17h30 (sauf lun mat) ; plus, juin-sept, sam 9h-12h.*
■ ***Aire de camping-car :*** *rue Jean-Willemart ; stationnement gratuit et services payants ; 8 places matérialisées et 10 non matérialisées.*
■ ***Bornes de recharge électrique :*** *1, rue des Prairies et 116, rue du Général-de-Gaulle.*
■ ***Aires de pique-nique :*** *rue Jean-Willemart.* Avec vue sur le port fluvial et le canal de la Marne au Rhin. *Également au lieu-dit « Le Pilvetus », rue de Strasbourg.*
– ***Marchés :*** *pl. de la République et pl. du Tripot le ven mat.*

Où dormir ? Où manger ? Où acheter LA spécialité locale ?

Camping le Chartel : *47, rue des États-Unis. 06-74-39-57-56. Mai-fin sept. Forfait pour 2 env 12 €. 22 emplacements.* Situé dans un coin bien verdoyant, en bordure de forêt (mais vraiment tout près du centre), ce petit camping municipal offre des emplacements ombragés et aménagés sur de grandes terrasses. Sanitaires récents dans un joli petit bâtiment de pierres.
Le Cheval Blanc : *8, pl. de la République. ☎ 03-29-77-02-79. Tlj sauf dim, 11h30-14h. Menus 14-16 €.* Généreuse cuisine maison, dans la grande tradition (comme l'enseigne pourrait le laisser supposer). Et des burgers, burritos et autres hot-dogs pour qui aime manger avec les doigts. Petite terrasse.
Maison Voiriot : *29, rue du Général-de-Gaulle. ☎ 03-29-78-41-71. Tlj sauf lun 6h30-19h30 (jusqu'à 14h dim).* Entre autres douceurs, goûtez à la spécialité de la maison, et de la ville : le *lorgnon linéen* – clin d'œil à l'industrie de l'optique locale ! – est un chocolat (noir, blanc ou au lait) fourré à la ganache de groseilles.

À voir

La tour Valéran : *60-62, rue de la Tour. Ouv ven juil-août 14h-17h. Entrée libre. Sinon, visite pour groupes slt, sur résa au bureau d'information touristique.* Bel exemple d'***architecture défensive médiévale.*** Presque les pieds dans l'eau de l'Ornain, cette tour doit son nom à Valéran (3e du prénom), comte de Ligny. On l'appelle également tour du Luxembourg puisque, pour faire bref, la famille de Ligny est à l'origine de la dynastie qui règne toujours aujourd'hui sur le petit et prospère duché de Luxembourg voisin. Construite entre les XIIe et XIVe s, haute de 22 m, cette tour était la pièce maîtresse des fortifications de la cité. En témoignent encore aujourd'hui moult archères, meurtrières, canonnières et autres mâchicoulis. Elle a été transformée en prison du XVIIe s jusqu'en 1840.

GRAND EST

L'église Notre-Dame-des-Vertus : *1, pl. de l'Église. Tlj 9h-19h (17h nov-avr). Entrée libre juil-août.* Les troupes de Charles Quint se sont quelque peu acharnées, en 1544, sur l'ancienne église romane. Celle que l'on découvre aujourd'hui a donc été reconstruite, en 1552 et dans un style gothique assez marqué (rosace, balustres...), même si les 2 portails latéraux sont très Renaissance. Le portail principal a, lui, été revu au XIXe s. Le clocher abrite une ***cloche de bronze de 1505,*** la plus vieille du département. ***À l'intérieur,*** rares vitraux du XVIe s, chaire de bois attribuée à la célèbre école de Ligier Richier et dans une des chapelles, peinture sur soie de Notre-Dame-des-Vertus ; si les historiens s'interrogent toujours sur l'origine de cette œuvre, cette Vierge reste des plus vénérée à Ligny comme dans tout le Barrois. À l'intérieur encore, une plaque funéraire de marbre noir (du XVIe s et en latin) à la mémoire des princes de Luxembourg.

ET LIGNY CRÉA B.B.

Brigitte Bardot est presque systématiquement associée à Saint-Tropez. Elle est pourtant plus qu'attachée à Ligny-en-Barrois où son grand-père possédait une usine et où son père est né. À tel point qu'au printemps 2021, B.B. a fait don d'un célèbre buste de Marianne à son effigie à la mairie de Ligny.

La porte de France : *rue Leroux.* Une des 2 dernières portes monumentales que les ducs de Lorraine avaient fait construire au XVIIIe s. Si vous cherchez votre chemin, sachez qu'on l'appelle également porte Dauphine (voire porte de Velaines). D'un élégant style classique, elle s'ouvre sur une belle perspective.

Le parc des Luxembourg : *rue du Général-de-Gaulle. Tlj. GRATUIT.* C'est l'ancien (et immense) parc du château (des Luxembourg...) créé au XVe s, dans l'esprit des ***jardins à la française.*** On doit au XVIIIes les allées bordées d'arbres majestueux, le jardin anglais, le kiosque à musique... Pour les amateurs de sculptures, 2 statues allégoriques du XIXe (*La Chimie* et *L'Anthropologie*) qui viennent de l'ancien palais du Trocadéro et un monument aux morts de 1914-1918, signé d'un spécialiste du genre, Gaston Broquet.

VOSGES

PLOMBIÈRES-LES-BAINS (88370) 1 680 hab.

• Carte E2

Un voyage dans le temps... Ville d'eaux depuis l'Antiquité romaine, détruite par les Huns et reconstruite au XIIIe s seulement, Plombières a eu les faveurs de Montaigne, Richelieu, Voltaire, Musset, Lamartine, Berlioz et aussi Napoléon III qui remit la station au goût du jour (colonnes en marbre et architecture haussmannienne). Elle est encore courue aujourd'hui par les curistes soucieux de soigner leurs intestins ou leurs rhumatismes.

Situation et accès

À 20 mn au sud-ouest de Remiremont, par la N 57 puis la D 157.

Adresses et info utiles

Office de tourisme : *10, pl. Beaumarchais (proche mairie). ☎ 03-29-66-01-30. • tourisme-remiremont-plombieres.com • De mi-avr à mi-sept, mar-ven 9h-12h30 et 13h30-18h, plus sam juil-août ; de mi-sept à mi-avr mar et jeu 10h-12h et 14h-17h. Borne interactive externe 24h/24.* Organise vos séjours groupes et individuels, propose des itinéraires rando et, sur résa, des visites guidées *(payantes)* de Plombières-les-Bains. Vitrine de produits régionaux.

■ **Aire de camping-car :** *allée Eugène-Delacroix. Stationnement gratuit ; 10 places. Services payants au* ***camping L'Hermitage,*** *54, allée du Boulot.*

■ **Bornes de recharge électrique :** *4, av. de Remiremont ou 5, allée Eugène-Delacroix.*

■ **Aire de pique-nique :** *parc impérial, allée Eugène-Delacroix, en face du Casino, un espace boisé avec des bancs.*

– **Marché :** *ven mat, pl. Beaumarchais.*

Où dormir ? Où manger ?

L'Hermitage : *54, allée du Boulot. ☎ 03-29-30-01-87. • hermitage-camping.com • ♿ À 1,5 km à l'ouest du centre (c'est bien fléché). Ouv de mi-avr à mi-oct (locatif tte l'année). 55 emplacements. Compter 14,50 € pour 2 en saison. Cabane 79 €/nuit pour 2, petit déj compris. Mobile homes et chalets 5-8 pers 300-450 €/sem.* Pratiquement aux portes de la ville, ce camping familial, très tranquille et nature, profite d'emplacements verdoyants bien délimités. Petite piscine. Bar avec petite restauration (pizzas).

Hôtel-restaurant d'Alsace : *34, rue Liétard. ☎ 03-29-30-02-22. • hotelrestaurantdalsace.com • Avr-fin sept. Doubles 48-55 €. Menu du jour 18,50 € ; formules 16-27 €.* Une adresse à l'ambiance franchement familiale installée dans une bâtisse début XXe s qui en impose un peu. L'immense salle à manger a de l'allure. Bonne cuisine sans chichis, de tradition et de région. Service à l'ancienne, très prévenant. Un bel escalier grimpe vers des chambres toute simples elles aussi (les moins chères n'ont qu'un lavabo) à la déco un peu datée mais confortables et lumineuses (avec balcon pour certaines).

La Douceur de vivre : *23, rue Liétard. ☎ 03-54-43-09-21. Tlj sauf dim soir et lun, 12h-14h, 19h-21h. Hors saison, horaires variables. Carte 15-20 €.* La proprio s'inspire de ses voyages et met les cuisines du monde à l'honneur : korma du Cachemire, poulet yassa à la malienne, *cadeïrada de peixe* portugais, salade grecque... Des assiettes savoureuses, colorées, et une carte courte souvent renouvelée, à déguster en terrasse lorsque le temps le permet.

À voir. À faire

La rue Stanislas : axe central de la ville, avec la ***rue Liétard*** qui la prolonge. Elle possède un petit air méditerranéen avec ses placettes et ses maisons aux façades ornées d'une multitude de balcons ouvragés, ce qui a valu à Plombières le surnom de « ville aux mille balcons ». Plusieurs bâtiments la jalonnent, tel le bain Stanislas. En face, au nº 4, l'ancien ***hôtel Résal*** où séjourna Joséphine de Beauharnais (et d'où elle chuta d'un balcon en juin 1798). Au nº 17, l'ancienne ***Hostellerie de l'Ange*** où descendait Montaigne. Presque en face, la belle ***maison XVIIIe s dite « des Arcades »*** construite à la demande de Stanislas ; elle abrite la source du Crucifix. Sous la rue Stanislas se cache une ***étuve romaine,*** encore utilisée dans le cadre de la balnéo.

Le pavillon des Princes : *passage des Capucins.* Une volée de marches conduit à ce petit pavillon, bien modeste vu son appellation, qui était la résidence d'été des préfets des Vosges jusqu'au 2d Empire. C'est dans ce pavillon que Napoléon III a, lors d'une entrevue secrète avec le comte Benso di Cavour, obtenu le rattachement à la France du comté de Nice et de la Savoie, en échange de sa contribution à l'unification de l'Italie. Le célèbre corps des tirailleurs sénégalais a également été créé ici par Napoléon III (encore lui !).

Les thermes Napoléon : *av. des États-Unis.* Construits en 1857. À cette époque, les stations thermales commencent à être à la mode, et l'empereur draine autour de lui une cour de hauts bourgeois qui se démarquent du bourg ancien en construisant leurs villas sur les versants. Juste en face des thermes, le ***parc Tivoli,*** riche de quelques belles essences. À quelques centaines de mètres, petite promenade à faire dans le ***parc impérial*** (arboretum, parcours santé, étang, minigolf, parc de miniatures et départs de rando), situé en face du ***casino*** *(allée Eugène-Delacroix ; ouv tlj 10h-2h).* Ce dernier est installé dans l'ancienne gare, construite en 1878 dans le plus pur style 2d Empire, et abrite un bon resto, *Le Wagon (ouv midi et soir).*

Le parc des miniatures : *dans le parc impérial. 06-14-67-21-15. • parcminiatures.com • Début avr-début nov, tlj 10h-12h, 14h-18h (en continu juil-août). Entrée : 7 € ; réduc ; gratuit moins de 4 ans. Tarif combiné avec le minigolf : 9,5 € ; réduc.* Des maquettes de plus d'une vingtaine de monuments majeurs d'Alsace, de Lorraine et de Franche-Comté, installées en pleine nature et fabriquées (avec une foule de détails) par une famille de passionnés : châteaux du Haut-Koenigsbourg ou de Lunéville, cathédrale de Strasbourg...

Accro'Terrasses *(accès par les Jardins en Terrasses)* **:** *8, rue Grillot. ☎ 03-29-37-68-81. • jardinsenterrasses.fr • Ouv avr-oct, tlj pdt les vac scol ; mer, w-e et j. fériés hors vac scol ; 13h-19h. Entrée : 8-20 € selon le parcours.* Sur les hauteurs de la ville et dans une belle forêt, 3 parcours ludico-sportifs (tyrolienne, ponts de singe...) à choisir en fonction de son âge.

– ***Puces et brocante :*** *avr-oct, le 2e dim du mois, dans les rues du centre historique.*

GRAND EST

HAUTS-DE-FRANCE

NORD

BERGUES

(59380) 3 600 hab.

NOUVEAUTÉ

• Carte C1

Il émane de cette ville quelque chose de Bruges et de Bruegel, délimitée par ses remparts, ses canaux et ses canards. Bergues est un site urbain médiéval, fortifié par Vauban, où l'on flâne le long des douves et dans les ruelles, jusqu'à la petite colline du *Groenberg.* La commune est la patrie du *bergues,* un fromage préparé dans la bière, pauvre en matières grasses mais fort en goût. Bergues est aussi la ville de *Bienvenue chez les Ch'tis,* une vraie erreur de casting pour cette pure flamande ! Mais bon, le beffroi est superbe.

Situation et accès

À 20 mn au sud de Dunkerque par la D 916.

Adresses et info utiles

Office de tourisme : *pl. Henri-Billiaert (dans le beffroi). ☎ 03-28-68-71-06. • ot-hautsdeflandre.fr • Lun-sam 10h-12h, 14h-18h ; plus avr-oct dim et j. fériés 10h-13h, 15h-18h.* En haute saison, plusieurs itinéraires de découverte de la ville et un Ch'ti tour pour passer sur les lieux de tournage du film de Dany Boon (payants). Locations de vélos.

Aires de camping-car : *chemin des Fortifications ; place pour plusieurs véhicule (stationnement uniquement, projet de borne de services à l'étude). Ou au **Camping Vauban** ; fermé déc-janv ; stationnement et services payants ; 12 places.*

Aires de pique-nique : *à l'entrée du village et sur la promenade Charles Quint.*

– ***Marché :*** *lun mat, pl. de la République, pl. Gambetta et rue Nationale. Le dim, en été, marché d'artisans.*

Où dormir ? Où manger ?

Camping Vauban : *av. de Vauban. ☎ 03-28-68-65-25. Ouv début fév-début déc. 100 emplacements. Pour 2 pers, compter 15-22 €. Mobile homes 6 pers.* À 3 min à pied du centre-ville, un site convivial et familial, très animé en été. Il propose de larges parcelles de gazon et 2 blocs sanitaires. Un spot de pêche au niveau du canal et des sentiers pédestres à proximité raviront les amoureux de la nature.

Au Tonnelier : *2-4, rue du Mont-de-Piété. ☎ 03-28-68-70-05.*

● *autonnelier.com* ● *Resto fermé ven, sam midi et dim soir. Double 90 €. À la carte, compter 25 €.* Côté face, les 2 édifices en imposent dans un style régional classique. Côté pile, la plupart des chambres, confortables, ont été repensées de façon très actuelle. Les plus agréables et romantiques, dans le bâtiment annexe, ont conservé leur cheminée et le parquet ancien. Resto convivial où l'on sert une cuisine traditionnelle globalement de bonne tenue.

Bienvenue Chez Nous : *25, rue du Collège. ☎ 03-61-38-47-20. 06-09-10-10-73.* ● *restaurant-bienvenuecheznousbergues.com* ● *Resto fermé dim soir. Résa conseillée. Doubles 90-130 €. Plats 15-22 € ; carte 30-40 €.* Jean-Pierre et Valérie ont tout compris : ils font preuve d'un vrai sens de l'accueil, ont superbement restauré leur belle maison, et leur cuisine est excellente, servie dans une salle ravissante. Que du frais, promis !

L'Aubette : *parc du Groenberg, av. Félix-Baert. ☎ 03-28-20-22-24. Juil-août, tlj 9h30-18h (21h30 ven-sam) ; sinon dim-jeu 10h-18h (21h30 ven-sam). Plats 12,50-20 €.* Le cadre : un recoin gazonné du parc du Groenberg, au pied des ruines de l'abbaye de Saint-Winoc. La carte : courte, ne proposant que des produits frais. L'après-midi, il y a des gaufres et du chocolat chaud pour le 4-heures.

Taverne Le Bruegel : *1, rue du Marché-aux-Fromages. ☎ 03-28-68-19-19. Tlj sauf mer-jeu. Formules déj en sem 15,50-19,90 € ; menu terroir env 25 € ; repas 25-30 €.* Vaste salle, longues tablées de bois, chef et marmitons qui s'agitent devant la grosse cheminée de la cuisine ouverte et serveuses en costume d'époque... L'ambiance 100 % conviviale est corroborée par de solides « classiques de terroir » : tartines au fromage de Bergues, *welsh, waterzoï,* carbonade, etc.

Taverne Vauban : *48, rue du Port. ☎ 03-68-22-97-50. Tlj sauf lun. Formule déj en sem 14 € ; menu 23 € ; plats 13-18 €.* Face à la porte de Dunkerque, la salle de cette taverne historique fait partie intégrante du rempart ! Aux beaux jours, on préfère les tables et salons style lounge en bord de canal. Carte traditionnelle de brasserie.

À voir. À faire

Le beffroi : *départs de visite lun-sam chaque heure 10h-11h et 14h-17h ; plus avr-oct dim et j. fériés 10h-12h, 15h-17h. Entrée : 4 €. Pour raison de sécurité, la montée en individuel n'est pas autorisée. Visite guidée du carillon le 1er sam du mois.* L'original, datant de 1448, fut dynamité par les nazis le jour de la Libération (nazis et cons !). Reconstruit en 1961, il a malheureusement perdu son fabuleux décor d'origine, mais la belle vue depuis le sommet justifie la grimpette (193 marches).

➢ ***La promenade des remparts :*** on vous conseille de partir de la ***porte de Hondschoote,*** côté nord, en direction du port fluvial pour admirer le ***canal de Bergues, le plus vieux de France,*** tracé dès le XIe s !

Juste après se dresse la ***porte de Dunkerque,*** jetée au-dessus d'un bief reliant entre eux fossé de la 1re enceinte et canal. On continue par un chemin de ronde glissant entre potager et jardinets, au fil des bastions soulignant les (courts) remparts côté ouest : tour médiévale, ***porte de Bierne*** au modeste pont-levis, puis ***tour Nekerstor*** (XVe s).

Au niveau de la monumentale ***porte de Cassel*** (1752), il faut sortir de l'enceinte pour voir le bas-relief célébrant la « reconquête » française. En prenant la direction de l'aire de camping-cars, on trouve **la *tour des Couleuvriniers,*** que l'on traverse pour rejoindre la ***Courtine bourguignonne*** (XVe s), qui unissait la ville à l'abbaye de Saint-Winoc. On termine par le fossé, avec une très belle vue sur les murailles de briques. L'extrémité orientale des fortifications, réalisées par Vauban de 1672 à 1677, révèle un plan en étoile, la ***couronne de Saint-Winoc.*** Pour prolonger la balade, le ***jardin public du Groenberg*** *(au bout de la rue des Annonciades)* qui enserre les vestiges de l'*abbaye de Saint-Winoc,* détruite lors de la Révolution.

👣👣 ***Le musée du Mont-de-Piété :*** *1, rue du Mont-de-Piété. ☎ 03-28-68-13-30. Mai-oct, tlj sauf lun-mar 14h-18h. Entrée : 4 €. Possibilité de visite guidée sur résa (en supplément).* Magnifique édifice baroque de 1630, l'ancien mont-de-piété est le seul monument notable de la ville vraiment épargné par les vicissitudes de l'Histoire. Œuvre de l'architecte des archiducs, il se distingue par son élégant haut pignon à volutes et sa double rangée de chiens-assis. Il abrite une riche collection d'œuvres principalement flamandes, présentées au gré d'une muséographie rajeunie.

NORMANDIE

CALVADOS

VILLERS-BOCAGE

(14310) 3 170 hab.

• Carte B2

Ce Village étape marque la fin de la plaine de Caen. On entre dans le pré-bocage : le terrain peu à peu gagne en relief, se vallonne, devient plus arboré. Villers-Bocage est ce que l'on appelle un village-rue, détruit à 90 % pendant la 2de Guerre mondiale (une maquette, dans le hall de l'hôtel de ville, montre le bourg avant sa destruction). Connue pour la bataille de chars de juin 1944 qui y eut lieu, la ville arbore aujourd'hui une architecture dite « de la Reconstruction ».

Situation et accès

À 25 mn au sud-ouest de Caen, par l'A 84 (sortie 44), puis la D 675.

Adresses et info utiles

Office de tourisme : *pl. De-Gaulle. ☎ 02-31-77-16-14. • paysdevire-normandie-tourisme.fr • Juil-août, lun-sam 9h30-13h et 14-18h (17h sam) ; le reste de l'année, mar-sam mat (ven nov-mars)*

■ **Aire de camping-car :** *rue de Vire ; stationnement sécurisé payant et services payants ; 26 places.*

■ **Bornes de recharge électrique :** *rue des Halles ainsi que rue Richard-Lenoir (à proximité du Centre Richard-Lenoir).*

■ **Aire de pique-nique :** *pl. du Canada.*

– **Marché :** *mer mat, pl. de la Mairie.*

Où dormir ? Où manger ?

Les 3 Rois by YY : *2, pl. Jeanne-d'Arc. ☎ 02-31-37-56-06. Fermé dim soir et jeu. Doubles 80-100 €. Formule déj 18 € ; menus 25-38 €.* Des chambres pas très grandes (en tout cas les *standard*), mais impeccablement tenues et confortables. Au resto, une salle élégante, un service pro et charmant, et un chef inspiré qui aime jouer avec les bons produits du terroir.

Le P'tit Zinc : *44, rue Georges-Clemenceau. ☎ 02-31-77-82-22. Tlj sauf dim 7h30-19h30 (16h30 lun, 22h ven-sam). Menus 10,50-13 €.* Une adresse que l'on est heureux de trouver sur sa route et mieux vaut arriver tôt le midi pour avoir une table, en salle ou en terrasse. Ambiance conviviale dans ce bar-restaurant prisé par les travailleurs du coin (une centaine de couverts, impressionnant !). Frais, bon et copieux, à prix doux. Service rapide et aimable.

La Soupape : 6, pl. Leclerc. 06-71-32-36-49. Fermé dim-lun. Repas 15-20 €. Une bonne petite crêperie-grill où le chef a réuni ses 2 dadas : la cuisine et son amour des vieilles voitures. D'où la sympathique déco très « garagière », entre vieux bidons d'huile et plaques anciennes... sans parler du combi décapité en guise de comptoir ! Jolie terrasse aux beaux jours.

À voir. À faire

Pour découvrir Villers-Bocage, se procurer le dépliant « *Promenades dans la ville* » distribué par l'office de tourisme. Le parcours vous mènera, entre autres, à ***l'église Saint-Martin.*** Bâtie entre 1948 et 1950 pour remplacer les 2 églises de Villers-Bocage disparues sous les bombes de la bataille de Normandie en 1944, elle est un bel exemple de l'architecture moderne de la Reconstruction. Les ***vitraux de Pierre Gaudin*** et la ***mosaïque de Jean Barillet*** valent la visite, ainsi que les lustres en fer forgé longtemps décriés par la population pour leur modernisme. Et si l'architecture de la Reconstruction vous intéresse, profitez de ce même dépliant pour partir à 8 km plus au sud et découvrir ***Aunay-sur-Odon,*** une petite ville entièrement rasée lors de la bataille de Normandie (seul le clocher de l'église résista, mais il fut détruit en 1946 par sécurité !) et reconstruite de façon totalement différente : si Villers-Bocage fut rebâtie pratiquement à l'identique mais avec une église contemporaine, Aunay décida d'édifier une imposante église d'inspiration romane en mémoire de son ancienne abbaye, mais l'aménagement de la ville fut entièrement repensé.

Le souterroscope des ardoisières : *route de Saint-Lô, 14240* ***Caumont-sur-Aure.*** *02-31-71-15-15. • souterroscope-ardoisieres.fr • À 13 km à l'ouest de Villers-Bocage. Ouv de début fév à mi-nov. Juil-août, tlj 11h-18h ; le reste de l'année, tlj sauf lun 11h-16h (17h avr-juin). Entrée : 10,50 € ; 4-12 ans 5,50 €. Visite audioguidée (1h-1h30).* Un casque sur la tête, une bonne laine sur le dos, on parcourt les ***400 m de galeries souterraines*** de cette ancienne ardoisière exploitée de 1850 à 1890. L'audioguide n'est pas toujours simple à suivre (il faut trouver le rythme et suivre les lumières), mais le site se révèle assez impressionnant, voire d'une grande beauté par endroits. De plus, la visite se veut aussi instructive et pédagogique avec, notamment, un intéressant volet sur le cycle de l'eau (les galeries se trouvent au niveau des nappes phréatiques).

Le zoo de Jurques : *La Butte, Jurques, 14260* ***Dialan-sur-Chaîne.*** *02-31-77-80-58. • zoodejurques.fr • À 13 km au sud-ouest de Villers-Bocage. Ouv début fév-début nov. Juil-août, tlj 10h-19h ; vac scol, avr-juin et sept, tlj 10h (11h sept)-18h ; w-e slt hors saison ; dernière admission 2h avt. Entrée : 19 € ; 13 € pour les 3-11 ans.* Un zoo familial accueillant nombre d'animaux (tous capables de s'acclimater à l'environnement normand). Loups, kangourous, girafes, zèbres, mais surtout de nombreux et magnifiques félins : lion brun, lion blanc, guépard, tigre blanc, tigre de Sibérie, panthère des neiges et on en passe. Un endroit sympa en famille, pas trop grand pour avoir le temps de se promener tranquillement (prévoir au moins 3h quand même !), mais suffisamment pour que les bêtes aient de l'espace (d'ailleurs, on a parfois du mal à les voir quand elles sont d'humeur à se cacher).

MANCHE

DUCEY (DUCEY-LES-CHÉRIS) (50220) 2 590 hab.

• Carte B2

À une vingtaine de kilomètres du Mont Saint-Michel, Ducey est une étape bien connue des cyclistes qui empruntent la voie verte reliant la capitale à l'archange. Son cadre tranquille et fleuri, d'une belle unité architecturale, traversé par le cours nonchalant de la Sélune, invite à la rêverie.

Situation et accès

À 35 mn au nord de Fougères par la A 84 (sortie 33) puis la D 976.

Adresses et info utiles

Bureau d'information touristique : *4, rue du Général-Leclerc. ☎ 02-33-60-21-53. • ot-montsaintmichel.com • Juil-août, tlj 9h30-12h30, 14h-18h ; avr-juin et sept, mar-sam 9h30-12h30, 14h30-17h30 ; horaires restreints en hiver.* Demander « Mon compère de balade », une sélection de 10 randos pédestres à faire dans les environs, plus le livret « Ducey-les-Chéris, flânerie dans son histoire » pour découvrir la ville.

■ **_Aires de camping-car :_** *route de Saint-Quentin ; stationnement gratuit et services payants ; 20 places (à partager avec les poids-lourds). Ou au* ***camping municipal,*** *plus tranquille.*

■ **_Borne de recharge électrique :_** *rue du Plat-d'Étain (à côté des toilettes publiques).*

■ **_Aires de pique-nique :_** *au bois d'Ardennes ou à la Chatonnière (en bordure de la voie verte). Également pl. du Pâtis, parc du Château.*

– **_Marché :_** *mar mat, Grande-Rue et rue Semallé.*

Où dormir ? Où manger ? Où boire un verre ? Où acheter de bons produits ?

Camping municipal : *rue de Boishue. ☎ 02-33-48-53-62 ou 02-33-60-21-53 (office de tourisme). Ouv nov-mars pour les camping-cars uniquement et sans sanitaires, juil-août pour les tentes et caravanes. Forfait tente env 9 € pour 2 ; camping-cars 9,80 €.* Un camping tranquille, aux emplacements séparés par des haies taillées au cordeau, et bien ombragé dans l'ensemble.

Hôtel Auberge de la Sélune : *2, rue Saint-Germain. ☎ 02-33-48-53-62. • selune.com • Resto tlj sauf lun-mar (tlj juil-août). Doubles 79-105 €. Formules déj 19,50 € ; menus 33-54 €.* Un hôtel géré en famille dans le souci du bien-être de ses hôtes. Cette vieille demeure ouverte à l'arrière sur un joli jardin bordant la Sélune, offre des chambres aménagées sur une note moderne sage et cosy, dont certaines bénéficient d'une vue sur la rivière. Côté fourneaux, belle et fine cuisine de terroir, servie dans une salle prolongée par une agréable terrasse en été.

La Bonne Porte : *44, rue du*

Génie. ☎ 02-50-86-92-62. ♿ Ts les midis lun-ven, plus ven soir. Menus 12,80-15 € (17 € ven soir). À côté de l'église, la *Bonne Porte* débouche sur une salle lumineuse et gentillette avec mobilier de bois clair et quelques mange-debout pour socialiser à sa guise. L'hiver, Guillaume s'emploie à travailler des plats qui tiennent au corps ; l'été en revanche, plutôt des salades, des burgers et des planches-apéro que l'on partage en terrasse devant un rosé bio.

Ô Fil des Saisons : *16 bis, Grande-Rue. 📱 06-37-54-84-03. Fermé dim-lun, plus jeu ap-m.* Dans sa petite épicerie fine pleine de bonnes choses typiques du terroir normand et breton, Yveline vous accueille avec le sourire. Idéal pour constituer son pique-nique.

L'autre Café : *2, Bel Orient, 50240* ***Saint-Laurent-de-Terregatte.*** *☎ 02-33-48-57-81. À 6 km au sud-est de Ducey. Ouv avr-oct, mer-dim 11h-minuit (tlj en juil-août). Menu du jour 17 €.* Une guinguette pour prendre le frais au bord de la Sélune dans une ambiance des plus vintage. Au menu tartes salées et crêpes. Chineurs dans l'âme ? Vous y passerez des plombes ! Concerts certains soirs en été.

À voir. À faire

Le château des Montgommery : *4, rue du Général-Leclerc. ☎ 02-33-60-21-53. • ducey-code.com • Ouv de mi-mai à début nov. Juil-août, tlj 10h-18h (voir leur site pour ouverture hors saison et horaires des sessions d'enquête). Le château se visite librement ou sur résa par le biais de l'enquête policière le Ducey-code ; tarif 6 € ; réduc ; gratuit moins de 5 ans. Également visites guidées sur résa le jeu à 20h30 fin juil-fin août ; tarif 7 € ; réduc ; gratuit moins de 5 ans ; durée 1h30.* À une encablure du centre-bourg, cette majestueuse bâtisse a été édifiée au tout début du XVIIe s par Gabriel II de Montgommery, un puissant seigneur protestant. Pour la petite histoire, le père dudit Gabriel avait tué le roi de France Henri II accidentellement lors d'un tournoi à Paris. Ce bâtiment, caractéristique du style Louis XIII, recèle un escalier monumental ainsi que des plafonds et cheminées richement décorés. ***C'est dans ce décor de stucs et de dorures que prend corps l'enquête policière que vous êtes chargé de résoudre.***

Après ou avant avoir participé à l'enquête, le pique-nique au pied de cette vénérable demeure permet un moment de détente. Au bord de la ***Sélune,*** ou dans les jardins qui entourent le château, nous ne saurions trop vous conseiller de poser votre nappe pour un déjeuner ensoleillé.

Entre autres découvertes, jeter un coup d'œil au Vieux Pont (XVIIe s) qui borde le quartier le plus ancien de la ville. À ses pieds débute un chemin de berge qui longe la rivière jusqu'au ***bois d'Ardennes,*** dont certains affirment qu'il est une relique de la mythique forêt de Scissy.

SAINTE-MÈRE-ÉGLISE (50480) 1 640 hab.

• Carte B1

Une des villes symboles du Débarquement, popularisée par le film *Le Jour le plus long* et l'aventure de John Steele, le parachutiste américain glorieusement entré dans l'histoire pour être resté accroché par son parachute au clocher de l'église. Devant l'hôtel de ville, la borne 0 de la voie de la Liberté.

NORMANDIE

Situation et accès

À 30 mn au sud de Cherbourg-en-Cotentin, par la N 13.

Adresses et info utiles

Office de tourisme de la Baie du Cotentin : *6, rue Eisenhower. ☎ 02-33-21-00-33. • ot-baieducotentin.fr • Tte l'année. Juil-août, lun-sam 9h-18h30, dim et j. fériés 10h-16h ; horaires restreints hors saison.* Pour les familles, des randos-jeux (gratuites), un rallye découvertes à faire en famille, 2 livrets disponibles.

■ **Aires de camping-car :** *rue de la Liberté, près du* ***camping*** *; stationnement payant ; 40 places. Au Super U, 8, Z.A. Les Crutelles ; stationnement et services payants ; 50 places.*

■ **Borne de recharge électrique :** *5, rue 505e-Airborne, entrée par la rue de la Liberté, tout au bout du marché couvert.*

■ **Aires de pique-nique :** *2-6, rue 505e-Airborne, avec quelques arbres ; sinon plus central, sur la pl. de l'Église, plus agréable.*

– **Marché :** *jeu mat, pl. de l'Église.*

Où dormir ? Où manger ? Où boire un verre ? Où acheter de bons produits ?

Camping de Sainte-Mère-Église : *6, rue 505e-Airborne. ☎ 02-33-41-35-22. • camping-sainte-mere.fr • Ouv avr-début sept. Env 15-20 € pour 2 avec tente et voiture ; mobile homes 4-5 pers 252-672 €/sem, selon la saison ; logements insolites (camion militaire, caravane vintage, caravane du randonneur) 20-80 €.* Un petit camping aux emplacements bien plats ; calme, tout simple et bien tenu. Belle pelouse à l'ombre des pommiers pour se reposer. Bon accueil.

Auberge Le John Steele : *4, rue du Cap-de-Laine. ☎ 02-33-41-41-16. • auberge-john-steele.com • Resto fermé dim-lun hors juil-août et ven en juil-août. Doubles à partir de 70 € ; familiales. Suggestions à l'ardoise 13,50-19 € ; menus 33-36 €.* Une vraie auberge de campagne, à l'intérieur rustique. 2 chambres au-dessus du resto (un peu vieillottes), les autres dans le bâtiment annexe, toute fraîches, confortables et modernes. Au resto, une cuisine régionale de qualité dans un cadre plaisant. Équipe professionnelle et bon accueil.

Chez Jeanne : *1, rue de la Division-Leclerc. ☎ 02-14-14-13-60. Tlj sauf mar (et mer hors juin-sept). Repas 15-20 €.* Du frais et encore du frais pour cette bonne crêperie à la déco rétro, où les propriétaires s'approvisionnent chez les producteurs des environs. Également quelques salades, omelettes ou une entrecôte pour ceux que les crêpes ne tenteraient pas.

Restaurant-salon de thé de la Biscuiterie : *5, rue de la Division-Leclerc. ☎ 02-33-93-36-50. Tlj 9h30-19h ; plus ven-sam soir en juil-août. Plat du jour 10,90 €, formules 18 €, menus 25-32,50 €.* Accolée à la biscuiterie, une sorte de grande brasserie avec sa salle, son coin bar et son salon lounge bar. Déco moderne, plutôt agréable. Dans l'assiette, une cuisine de brasserie tout à fait honnête. En prime, le service est presque continu, pratique !

Brasserie artisanale de Sainte-Mère-Église : *7, rue de la Cayenne. 06-88-35-75-60. Ouv lun-sam 11h-21h, dim 14h-19h ; hors saison mar-sam 12h-20h, dim 14h-19h. Visite guidée gratuite sur résa : été, mar-ven 11h30 et 15h, hiver ts les sam 15h.* Soigneusement élaborée par Jérôme et Laurence depuis 2014, blonde, brune ou rousse, la bière de Sainte-Mère-Église a déjà reçu de nombreux prix. Installé au comptoir, on peut observer les brasseurs à l'œuvre, en accompagnant sa pinte d'une planche apéritive. Produits locaux à la vente.

NORMANDIE

À voir. À faire

Le circuit « Musée à ciel ouvert » : *loc de tablette tactile à l'office de tourisme de Sainte-Mère (8 €/appareil à la journée, 250 € de caution et pièce d'identité). Prévoir ½ journée.* Il vous emmène à travers un itinéraire de 50 km autour de Sainte-Mère-Église et Utah Beach, sur les sites stratégiques, et ceux, moins connus, du Débarquement, le tout à votre rythme. Diaporama, repérages cartographiques, commentaires audio et témoignages aident à comprendre les évènements. Une appli *Kit'm* à télécharger gratuitement pour offrir aux enfants une visite plus adaptée.

L'église : édifiée aux XIIe et XVe s. À l'extérieur, s'attarder sur le portail et les chapiteaux (lapin, feuillages sculptés...). À l'intérieur, chaire et retable du XVIIIe s, et l'un des plus beaux lutrins (du XVIIIe s) du département. Vitraux dédiés aux libérateurs américains et à la 82e Airborne.

Airborne Museum : *14, rue Eisenhower, dans le bourg. ☎ 02-33-41-41-35. • airborne-museum.org • Mai-août, tlj 9h-19h ; avr et sept, tlj 9h30-18h30 ; oct-mars, tlj 10h-18h. Fermé en déc-janv sauf pdt vac scol. Entrée : 9,90 € ; réduc ; gratuit moins de 6 ans. Billet famille : 28 €. Durée : env 2h.* La scénographie moderne et réaliste fait revivre au visiteur l'histoire du parachutage sur Sainte-Mère-Église ainsi que sa libération. Parmi les pièces exposées les plus spectaculaires, un C-47 « Dakota » et l'un des 512 planeurs Waco qui participèrent à l'attaque, entouré de parachutes accrochés au plafond et de soldats statufiés. L'hologramme d'un officier américain présente les missions des divisions aéroportées et vous permet d'être acteur du jour J, aux côtés des parachutistes américains des 82e et 101e Airborne. On porte l'équipement et on enfile un parachute pour vivre un saut virtuel. Dans la salle de cinéma, le grand écran incurvé projette un film retraçant les faits marquants de cette grande opération militaire. Puis un « *touch wall* » présente des animations qui facilitent la compréhension des opérations de désinformation menées en amont pour tromper l'ennemi, comme l'opération « *Fortitude* ». Une partie du musée est consacrée aux grands hommes de l'opération « *Overlord* » dont on entend les témoignages. On assiste aussi à une scène d'embarquement le 5 juin en Angleterre et on pénètre à l'intérieur d'un blockhaus reconstitué. La visite se termine par l'histoire des C-47 et plus particulièrement celle de l'avion *Argonia* présenté ici. Un parcours à destination des plus jeunes leur permet de comprendre les faits marquants du D-Day. L'histopad, inclus dans le prix d'entrée, complète et enrichit la visite.

La ferme-musée du Cotentin : *1, rue de Beauvais. ☎ 02-33-95-40-20. • patrimoine.manche.fr • Avr-juin, sept et pdt vac scol de printemps et de la Toussaint, tlj sauf sam 14h-18h ; juil-août, tlj sauf sam 11h-19h ; dernière entrée 1h avt la fermeture. Fermé le 1er mai. Entrée : 5 € ; réduc ; gratuit moins de 7 ans ; supplément activités 1,80 €.* Coup de cœur pour ce musée installé dans une belle ferme des XVIIe et XVIIIe s, qui propose une reconstitution visuelle, sonore et olfactive d'intérieurs du XIXe et du début du XXe s. Expo de matériel et outils agricoles, mobilier paysan, objets domestiques divers. Et enfin, démonstration de fabrication du beurre à l'ancienne.

TORIGNI-SUR-VIRE (TORIGNY-LES-VILLES)

(50160) 2 350 hab.

• Carte B2

Il se dégage de ce village une atmosphère agréablement bucolique, en partie due aux étangs situés de part et d'autre de la grande route qui traverse le bourg. En son centre, le *château des Matignon* devenu l'hôtel de ville. Bombardé en juin 1944, il ne subsiste de cette forteresse du XIIe s, largement transformée au fil du temps, qu'une vaste aile, mêlant styles Renaissance et Louis XIII. À ses pieds, le joli jardin public verdoyant (ancienne cour aux Canons) côtoie les jardins potagers et un étang.

Situation et accès

À 30 mn au nord-est de Villedieu-les-Poêles, par l'A 84 (sortie 40), puis la D 974.

Adresses et info utiles

Bureau d'information touristique : *rue Victor-Hugo. ☎ 02-33-77-42-22. • torignylesvilles.fr • Ouv juil-août slt, tlj sauf mar et dim mat, 10h-12h et 14h30-18h30. Sinon, se renseigner à l'office de tourisme de Saint-Lô (02-14-29-00-17).*

■ ***Aires de camping-car :*** *aire municipale, rue Victor-Hugo ; services payants, stationnement inclus ; 12 places. Autre solution au **Camping Le Lac des Charmilles,** route de Vire.*

■ ***Bornes de recharge électrique :*** *12, pl. de l'Orangerie et rue des écoles.*

■ ***Aire de pique-nique :*** *rue Victor-Hugo.*

– ***Marché :*** *lun mat, pl. du Château.*

Où dormir ? Où manger ?

Camping Le Lac des Charmilles : *route de Vire (rue Victor-Hugo). ☎ 02-33-75-85-05. • camping-lacdescharmilles.com • Ouv avr-oct. Emplacement 2 pers 17-25 € ; loc « coco sweet », chalets et mobile homes.* À l'entrée de Torigni, au bord d'un lac, un site bien équipé (piscine chauffée notamment), bien tenu et accueillant. Animation repas ouverte à tous les mercredis en juillet-août.

Le Manoir du Butel : *11, Le Butel 50160 **Saint-Amand Villages.** ☎ 02-33-55-64-14. • lemanoirdubutel.fr • À 4 km au sud-est de Torigni-sur Vire. Chambres 65-85 €. CB refusées.* Plus de manoir mais encore quelques anciens bâtiments et surtout un environnement verdoyant, au calme. Les chambres, de bon confort, occupent une dépendance du XVIe s. Une mention spéciale pour le petit déjeuner et l'accueil, au top.

Le Bistrot : *6, rue de la République. ☎ 02-33-56-09-85. Ouv lun-sam midi, 12h-14h30, plus jeu soir 19h-21h30 et ven-sam soir 19h-22h15. Menus : 13,50-26 €.* Dans une salle aux tons gris, des plats de brasserie préparés à base de produits locaux, qui répondent à toutes les envies : salades, viandes, poissons, pizzas, burgers... Tout est frais et bien servi.

Crêperie Les Roches de Ham : *les Roches-de-Ham, **Brectouville,** 50160 Torigny-les-Villes. ☎ 02-33-56-51-57. ♿ À env 6 km à l'ouest de Torigni-sur-Vire. Ouv avr-début nov. En* *saison, tlj sauf dim en continu à partir de 12h (le soir, passer un coup de fil pour réserver ou vérifier que c'est bien ouvert). Repas 10-15 €.* Sur un petit replat, noyée dans la verdure, juste au-dessus de la falaise. Le très joli cadre naturel et la terrasse afin de bien en profiter figurent parmi les atouts de cette sympathique crêperie, spécialisée dans les vraies galettes du pays. Le cidre maison est, lui aussi, bien normand ! C'est tout simple et bon.

À voir. À faire

Le château des Matignon : *pl. Général-de-Gaulle.* Abritant aujourd'hui l'hôtel de ville, cette demeure de pierre rouge du XVIIe a appartenu pendant plus de 3 siècles à la famille Matignon. La promenade dans les jardins verdoyants, au bord de l'étang et près du mur Grimaldi est fort agréable. *Le château se visite sur résa tte l'année ou le mar à 14h30 en juil-août (infos au ☎ 02-33-56-71-44).*

Les roches de Ham : ***Brectouville,*** *50160 Torigny-les-Villes. À env 6 km à l'ouest de Torigni.* Falaises saisissantes et tourmentées dominant les gorges de la Vire d'une centaine de mètres. La vue sur la rivière qui serpente en contrebas et le bocage environnant méritent franchement le détour. Outre la simple beauté du site, il y a ici de belles balades à faire.

Le vélorail de la Vallée de la Vire : *1, rue de la Gare, 50890* ***Condé-sur-Vire.*** *☎ 02-33-05-46-55. • velorail-normandie.fr • Résa fortement conseillée. Capacité : 4 adultes max ou 2 adultes et 3 enfants. Durée du parcours : 1h30 A/R env (11 km). Tarif : à partir de 20 €.* Possibilité de louer des vélorails à assistance électrique accessibles pour les PMR. Depuis Condé-sur-Vire jusqu'à Gourfaleur, découvrez la vallée de la Vire en suivant le chemin de fer et les voies de halage le long du fleuve. Une façon originale de découvrir le secteur, adaptée à tous !

VILLEDIEU-LES-POÊLES (VILLEDIEU-LES-POÊLES-ROUFFIGNY) (50800) 3 630 hab.

• Carte B2

Villedieu, une des villes les plus anciennes de Normandie, est spécialisée depuis le XIIIe s dans l'industrie du cuivre, de l'étain et dans la fonderie de cloches. Casseroles et poêles sont toujours produites ici par la fameuse entreprise Mauviel. La visite des musées et des ateliers de Villedieu se révèle extrêmement enrichissante. D'ailleurs, comparée à d'autres cités de même importance, Villedieu possède une animation touristique inhabituelle. Il faut dire que la ville, grandement épargnée par les bombardements de 1944, a conservé son joli petit centre-ville, avec ses passages étroits et ses cours.

Situation et accès

À 20 mn au nord-est d'Avranches, par la A 84 (sortie 37), puis la D 924.

Adresses et info utiles

Office de tourisme : *8, pl. des Costils. ☎ 02-33-61-05-69. • ot-villedieu.fr • Juin-sept, tlj 9h30-13h et 14h-18h ; le reste de l'année, lun-sam 10h-12h30,*

14h-17h30 (fermé lun mat et jeu ap-m oct-janv). Le bâtiment est en lui-même une curiosité : il symbolise une roule de cuivre, emblème de l'art local. Véritable vitrine des métiers d'art de la région avec des expositions-vente de créations contemporaines. Nombreuses brochures sur la région.

■ ***Aire de camping-car :*** *18, rue Taillemache ; stationnement gratuit et services payants ; 10 places.*

■ ***Bornes de recharge électrique :*** *pl. des Costils, derrière la poste et sur le parking de la gare SNCF.*

■ ***Aires de pique-nique :*** *au parc de la Commanderie, en plein centre-ville mais au calme, longé par la rivière Sienne et le long de la Sienne, face aux lavoirs et à côté de la salle des fêtes.*

– ***Marchés :*** *mar mat grand marché, pl. de la République et tt autour ; plus petit ven mat, pl. des Halles.*

Où dormir ? Où manger ?

Camping Les Chevaliers de Malte : *2, impasse du Pré-de-la-Rose. ☎ 02-33-59-49-04. • camping-des chevaliers.com • Ouv avr-fin oct. Pour 2 pers compter 15-32 €. Mobile homes et chalets 2-6 pers.* À 2 pas du centre-ville, au calme. Site simple avec des emplacements de bonne taille (dont 5 avec sanitaires privés) et des arbres à l'ombre généreuse. Bien tenu, bien équipé, il y a même une piscine !

Hôtel Saint-Pierre : *12, pl. de la République. ☎ 02-33-61-00-11. • st-pierre-hotel.com • Resto fermé dim soir. Doubles 60-80 € ; familiales. Menus 15-24 €.* Des couloirs étroits et sombres, mais les chambres s'avèrent de bonne tenue, assez coquettes, certaines classiques et d'autres plus fraîches, à la déco plus épurée. Dans la maison voisine, 3 belles chambres design un peu plus chères. Le resto, quant à lui, propose une honnête cuisine de terroir. Bon accueil.

Le Fruitier – Restaurant L'Atelier : *3, rue Jules-Ferry, pl. des Costils. ☎ 02-33-90-51-00. • le-fruitier.com • Doubles 58-101 € ; familiales. Formules déj en sem 17-26 €, le soir et w-e 17,50-38 €.* Hôtel moderne abritant des chambres agréables et joliment aménagées (certaines en duplex). Côté fourneaux, *L'Atelier* propose un menu de type bistrot très abordable, avec des spécialités traditionnelles, revisitées et soignées à base de produits de saison en circuit court. Fait aussi bar lounge.

La Cuisine de Léonie : *6, pl. des Chevaliers-de-Malte. ☎ 02-33-61-07-94. Fermé dim soir et lun. Menus 11,50-15,90 €.* Bonnes crêpes et galettes, salades ou andouillettes et saucisses grillées à savourer dans une salle agréable, entre murs de pierre apparente et poutres. Terrasse.

Le Jardin Samovar : *95, rue du Docteur-Havard. ☎ 09-81-87-47-65. Tlj sauf dim-lun, 10h-19h (21h ven soir). Formules déj 8,50-15,50 €.* Ambiance décontractée : grande cheminée, vieilles pierres et poutres en bois, avec des touches de couleurs vives. Bons plats du jour à l'ardoise, frais (produits locaux et/ou bio) et garantis maison. Tout comme les pâtisseries ou le chocolat chaud, délicieux à l'heure du goûter.

À voir

L'église Notre-Dame : construite en 1460 dans le plus pur style gothique flamboyant et dotée d'un superbe clocher. À l'intérieur, nef basse avec d'énormes piliers et une atmosphère sombre favorable à la méditation. Voir aussi le remarquable mobilier.

La fonderie de cloches Cornille-Havard : *10, rue du Pont-Chignon. ☎ 02-33-61-00-56. • cornille-havard.com • Ouv des vac scol d'hiver à la Toussaint, mar-sam 10h-12h30, 14h-17h30 (tlj sauf dim 9h30-18h30 de mi-juil à fin août). Visite guidée uniquement, env 1h30. Entrée : 8,70 € ; réduc ; gratuit moins* *de 6 ans.* À ne pas manquer si vous appréciez les vieux métiers et l'artisanat en général ! Une visite exceptionnelle vu le très faible nombre de fonderies de cloches en France (il n'en reste plus que 2). Cet atelier, construit en 1865, a conservé son aspect d'origine : sol en terre battue, pavés de bois de bout, outils traditionnels en cuivre. Ce sont plus de 9 siècles de tradition que l'on découvre ici. Essayez de venir en semaine pour admirer le travail des compagnons fondeurs et les voir « mouler au trousseau » d'énormes cloches à partir d'argile, de poil animal et de crottin de cheval. Aujourd'hui, une centaine de cloches sont fabriquées chaque année, à l'instar des nouvelles cloches de Notre-Dame de Paris, ou celles de la frégate *L'Hermione* ou du *Queen Mary 2.*

Le musée de la Poeslerie et la Maison de la dentellière : *cour du Foyer, 25, rue du Général-Huard. ☎ 02-33-69-33-44. • museesvilledieu.sitew.com • Avr-juin et sept-vac scol de la Toussaint, tlj sauf dim 10h-12h30, 14h-18h ; juil-août, tlj 10h (14h dim et j. fériés)-12h30, 14h-18h. Entrée : 5 € ; réduc ; gratuit moins de 10 ans.* Très intéressant musée situé dans la cour du Foyer, là-même où se travaillait le cuivre et où se développa l'artisanat de la poeslerie durant des siècles. Atelier avec outils en bois, vieille forge, intérieur reconstitué (au 1er étage)...
Et une salle consacrée à la dentelle, l'une des autres grandes activités de Villedieu.

L'Atelier du cuivre : *54, rue du Général-Huard. ☎ 02-33-51-31-85. Tlj sauf sam-dim 9h-12h, 13h30-17h30 ; départ des visites accompagnées (obligatoires) à 10h15, 11h, 14h et 16h. Entrée : 8,60 € ; réduc.* L'un des plus anciens ateliers du cuivre de Villedieu encore en activité proposant un film explicatif avant d'observer les artisans dans l'atelier.

ORNE

LE MÊLE-SUR-SARTHE (61170) 690 hab.

• Carte C2

Agréable bourgade, labellisée « Station verte » qui a le bon goût de se situer entre Alençon et Mortagne-au-Perche. C'est une halte de qualité pour qui recherche la tranquillité, d'autant qu'elle abrite une chouette base de loisirs. En 2018, Le Mêle fut sous les feux de la rampe grâce à Philippe Le Guay qui y tourna son film *Normandie Nue,* mettant en scène notamment François Cluzet (à poil, mais pas tout le temps !).

Situation et accès

À 20 mn à l'est d'Alençon par la N 12 puis la D 511.

Adresses et info utiles

Office du Pays Mêlois : *pl. Charles-de-Gaulle. ☎ 02-33-27-63-97. • otpaysmelois.fr • Juil-août, mar-sam 10h15-12h, 14h30-16h45 ; dim 10h-12h. Mai-juin et sept-oct 9h30-12h, 13h30-16h50. Le reste de l'année, mar-sam, le mat slt.* Location de vélos sur place et doc sur la région.

Aire de pique-nique : *à la base de loisirs du Pays Mêlois.* Plusieurs tables sous les arbres, juste à l'extérieur de l'enceinte de la base. En été, on pique-nique sur la plage ! Et après le casse-croûte, pourquoi ne pas piquer une tête dans le lac ?

■ ***Aire de camping-car :*** *aire municipale, entrée par la rue de la Morinière ; stationnement et services gratuits ; 5 places. Tables de pique-nique.*

■ ***Borne de recharge électrique :*** *en plein centre, sur la pl. Charles-de-Gaulle.*

– ***Marché :*** *mer et dim mat, sur la pl. Charles-de-Gaulle.*

Où dormir ? Où manger ?

Camping de la Prairie : *21, av. de la Falkenstein. ☎ 02-33-27-61-02. Avr-oct. Forfait 2 pers 13,70 € ; minuscule tente bivouac (2 pers) 13 €/pers ; grande tente pour 6 pers (2 chambres) 72 €.* Sur un terrain plat et bien arboré. Très au calme et en bord de Sarthe. Choisir un emplacement au fond, à proximité de la rivière. Bloc sanitaires impeccable. Location de vélos l'été, local à vélo, table de pique-nique, aire de jeux, ping-pong, pétanque.

Hôtel-restaurant de la Poste : *31, pl. Charles-de Gaulle. ☎ 02-33-81-18-00. • restauranthoteldelaposte.com • Tte l'année. Resto mar-sam et dim midi. Fermé dim soir et lun. Doubles 68-85 € (quelques chambres dans l'annexe à 47 €). Au resto, formule midi et sem 15 € ; soir et w-e 22-28 €. Parking.* L'unique hôtel-resto de la ville fait bien son boulot. En plein centre et au calme, il offre des chambres modernes et très bien tenues, dans des nuances de blanc, gris et noir. L'annexe en propose des plus simples et à petits prix. Quant à la table, c'est une vraie affaire. Le menu change chaque semaine, exploitant les bons produits locaux pour en tirer le meilleur. Salle élégante et service d'une grande gentillesse.

Rose Métayer : *16, pl. Charles-de-Gaulle. 06-68-64-66-16. Mar-sam 10h30-18h30. Carte env 10 €.* Installée dans sa pâtisserie-salon de thé, Rose Métayer nous offre, à travers ses délicieuses créations originales, tout le savoir qu'elle a acquis auprès de grands chefs comme Alain Ducasse. Des sandwichs salés figurent aussi à la carte pour un moment de gourmandise qui ravira petits et grands.

NORMANDIE

À faire

Base de loisirs du Pays Mêlois : *bien fléché à 2 pas du centre-ville. Ouv juil-août 14h15-20h. En juin, ouv slt les 2 derniers w-e du mois.* Une belle base de loisirs en vérité, avec une large proposition d'activités : plage de sable pour la baignade (surveillée), sentier pédestre autour du plan d'eau, base de voile, ponton de pêche, aire de pique-nique et de volley, buvette, jeux pour enfants, location d'embarcations à pédales... Parfait pour une journée détente.

– En novembre, on peut assister à la ***foire aux poulains percherons*** *(en principe dernier sam du mois),* une manifestation traditionnelle et populaire.

Si vous êtes équipé d'un vélo, profitez-en pour faire un bout de la ***Véloscénie*** : soit entre Mortagne-au-Perche et Le Mêle, 15 km en voie verte dans le parc naturel régional Normandie-Maine ; soit entre Le Mêle et Alençon, 24 km, aussi en voie verte avec la traversée de la forêt de la Bourse. Idéal en famille !

TOUROUVRE (TOUROUVRE AU PERCHE)

(61190) 1 550 hab.

• Carte C2

Un gros bourg à l'orée de la remarquable forêt du Perche, dont le nom atteste de sa relation avec les chênes : *Tourouvre* vient du latin *tortum robur*, « force tordue », en souvenir d'un énorme chêne rouvre dont la belle ramure aurait été tordue par la force de la nature et par l'âge. Détruite en quasi-totalité en août 1944 par un incendie, la bourgade reste très agréable et possède 2 musées passionnants.

Tourouvre est étroitement liée à l'histoire du Canada, puisque 80 familles émigrèrent pour tenter leur chance dans les colonies en 1650.

MARQUÉ AU FER... DE TOUROUVRE !

Tourouvre bénéficie d'un sol riche en minerai de fer, la région a donc développé très tôt une activité métallurgique. C'est au lieu-dit (prédestiné) la Fonte qu'ont été fondues, en 1803, les arches du pont des Arts à Paris, 1er pont métallique de France.

Situation et accès

À 15 mn au nord-est de Mortagne-au-Perche par la N 12 puis la D 5.

Adresses et info utiles

i *Office de tourisme des Hauts du Perche :* *37, rue du 13-Août-1944. ☎ 02-33-73-83-25. • tourismehautsduperche.fr • Avr-sept, mar-sam 10h-12h30, 14h-17h (slt le mat le jeu). Ouv dim mat de mi-juil à mi-août.* Excellent accueil.

■ ***Aire de camping-car :*** *La Sablonnière, sur la D 32 direction Bubertré ; stationnement (limité à 72h) et services payants ; 9 places.* Juste à la sortie de la ville, pratique.

■ ***Borne de recharge électrique :*** *en plein centre, derrière l'église Saint-Aubin.*

■ ***Aires de pique-nique :*** *à l'Étang des Fontaines, à 500 m du centre du bourg.* Très ombragé et particulièrement agréable, avec le lac en face. Également *à l'Étoile du Perche (fléché du centre),* au cœur de la forêt et point de départ de nombreux sentiers.

– ***Marché :*** *ven mat, sur la pl. de l'Église.*

Où dormir ? Où manger ?

🏠 |●| *Hôtel-restaurant de France :* *19, rue du 13-août-1944. ☎ 02-33-25-73-55. • hoteldefrance-tourouvre.com • Resto lun-sam (plus dim midi l'été). Double 60 €. Menus 13-15 € (midi en sem), puis 25 € (soir et w-e).* Le petit hôtel tranquille d'une bourgade qui ne l'est pas moins.

NORMANDIE

Chambres colorées, fonctionnelles et propres, sans rien qui dépasse. Sympathique menu le midi et plus élaboré le soir. Une bonne adresse dans le secteur.

Chambres d'hôtes La Pause Champêtre : *Lieu-dit Champvillon, 61190* ***La Poterie-au-Perche.*** *☎ 02-33-73-61-00. 06-25-03-31-51. • pausechampetre.fr • À env 7 km au nord-est de Tourouvre. Double 78 €. Assiette gourmande 20 €.* Dans une ancienne bâtisse en pleine nature, 3 chambres spacieuses et accueillantes, dont 2 au rez-de-chaussée, accessibles aux personnes en situation de handicap visuel et auditif. Salon commun avec kitchenette. L'ensemble est parfaitement au calme.

Le Bois Gerboux : *chez M. et Mme Buxtorf, route du Lavoir, 61190* ***Lignerolles.*** *☎ 02-33-83-68-43. 06-72-14-37-11. • leboisgerboux.com • À 5 km à l'ouest de Tourouvre. Doubles 70-80 € (tarif dégressif à partir de 3 nuits).* Une ferme percheronne dont la grange a été réaménagée pour accueillir 2 chambres toute simples à l'étage, avec vue sur les champs. Piscine entourée de verdure et billard à dispo.

La boulangerie ***La Baguette d'or*** *(9, rue du 13 août 1944 ; ☎ 02-33-25-63-14 ; fermé dim ap-m et lun)* et la ***charcuterie artisanale-traiteur Ducloy*** *(29, rue du 13 août 1944 ; ☎ 02-33-25-71-02 ; fermé dim ap-m et lun – tte la journée dim hors saison)* vous permettront de composer un pique-nique de qualité.

À voir

NORMANDIE

Les Muséales – musée de l'Émigration française au Canada et musée des Commerces et des Marques : *15, rue Québec. ☎ 02-33-25-55-55. • musealesdetourouvre.fr • Avr-déc, mar-dim 10h-12h30, 14h-18h. Fermé janv-mars. Entrée : 5 € pour le musée de l'Émigration, 5 € pour le musée des Commerces (réduc 3 €) ; 7 € pour l'ensemble des musées (réduc 5 €) ; gratuit moins de 10 ans.*

Ce bel espace contemporain abrite 3 musées.

– ***Le musée de l'Émigration française au Canada :*** il présente, à l'aide d'une scénographie interactive, l'aventure des pionniers au Canada. On y apprend pourquoi 30 000 Français partirent pour le Nouveau Monde du XVIIe au XVIIIe s (l'espoir d'une vie meilleure pour certains, la gloire pour d'autres). On y évoque les conditions difficiles de la traversée (tempêtes, maladies...), la réalité du quotidien (climat redoutable, conflits avec le voisin anglais, traites des peaux...) et les alliances, les unions contractées par ces colons.

– ***Le musée des Commerces et des Marques :*** il retrace le chemin parcouru depuis l'épicerie d'antan jusqu'à l'hypermarché d'aujourd'hui. Reconstitutions de boutiques (l'ancienne épicerie, le troquet, le magasin de jouets...) mais aussi une incroyable collection de vieilles affiches et plaques émaillées.

– ***La Maison Antoine Cano :*** *juste à côté du grand musée (même billet).* Dans les années 1950, âgé de 22 ans, Antoine Cano part pour le Canada. En l'an 2000, il rentre en France et dépose bagages et mobilier aux Muséales de Tourouvre. Aujourd'hui, ces objets mis en scène reconstituent sa maison et retracent son ascension sociale : la création de son industrie autour du commerce des fourrures et son incursion dans le monde diplomatique.

L'église Saint-Aubin : dans cette église à 2 nefs, d'origine romane, voir surtout les 2 derniers vitraux proche du cœur, dans le bas-côté droit de la nef, de 1892. L'un d'eux rend hommage à l'émigration des Tourouvrains en 1650 vers la Nouvelle-France, notamment l'histoire de Julien Mercier. Le vitrail d'à côté décrit la visite à Tourouvre, en 1891, de son arrière-petit-fils Honoré Mercier, devenu... 1er ministre du Québec.

Le musée de L'Inzolite : *le Bourg, 61190* ***Lignerolles.*** *☎ 02-33-25-91-07. • musee-de-linzolite.fr • À 5 km à l'ouest de Tourouvre. Pâques-Toussaint, w-e (tlj sauf lun juil-août) 14h-18h. Entrée : 5 € ; réduc ; 3 € moins de 12 ans.* Ce lieu étonnant rassemble d'indescriptibles curiosités. Les salles sont conçues par ambiance : divertissements, calculettes et machines à écrire, planches pédagogiques, vie rurale... Le tout mis en scène avec un brin de folie et une bonne dose d'humour qu'on adore.

SEINE-MARITIME

NEUFCHÂTEL-EN-BRAY (76270) 4 920 hab.

• Carte C1

La capitale du pays de Bray abrite de petits immeubles d'après-guerre, construits après les bombardements de 1940, qui ont récemment valu au centre-ville d'être classé « Patrimoine du XXe s ». On peut faire un tour à l'église et au musée *Mathon-Durand...* et, bien sûr, acheter un neufchâtel, le 1er fromage normand à avoir été protégé par une AOP, dont la ville est le berceau. On dit qu'au Moyen Âge, les jeunes filles de la région exprimaient leurs sentiments aux soldats anglais venus batailler dans le coin en le leur offrant... La ville possède aussi d'agréables espaces naturels et se situe au départ de plusieurs circuits de randonnée.

NORMANDIE

Situation et accès

À 40 mn au nord-est de Rouen par la A 28 (sortie 09) puis la D 928.

Adresses et info utiles

Office de tourisme : *6, pl. Notre-Dame. ☎ 02-35-93-22-96. • neufchatelenbray.fr • Mar-mer 9h30-12h30 et 13h30-17h30, jeu-sam 9h30-18h30 (17h hors saison).* Propose divers circuits cyclotouristiques pour partir à la découverte de petits producteurs, ainsi que des itinéraires pédestres. Bon plan : prêt gratuit de vélos électriques à la journée ! (La voie cyclable l'***Avenue verte*** passe par Neufchâtel *• avenuevertelondonparis.com •*).

■ **Aire de camping-car :** *17, rue la Grande-Flandre ; stationnement et services payants ; 14 places.*

■ **Borne de recharge électrique :** *rue Alfred-Martel.*

■ **Aires de pique-nique :** *au* ***plan d'eau des Aulnes*** *(21, av. des Canadiens), ou sur les* ***rives de la Béthune*** *(360, bd Industriel).*

– **Marchés :** *sam mat, dans la halle au fromage pour les produits fermiers. Marché aux poissons mer mat, sur la place Notre-Dame.*

Où dormir ? Où manger ? Où acheter de bons produits ?

Côme Inn : *9, Grande-Rue-Fausse-Porte. ☎ 02-35-93-00-02. • comeinn.fr • Resto fermé sam midi et dim. Doubles 68-85 € ; familiales. Menus 15-24 €.* Un coup de cœur ! Côme Lefrançois est aux commandes d'une adresse au charme intemporel associé à une déco résolument contemporaine. Les chambres, au confort simple, sont gaies, lumineuses et agréables. Le resto, convivial et informel, est la raison d'être du projet. Le chef et son équipe ne travaillent que des produits frais, locaux et de saison. Cuisine bistronomique réjouissante, à la fois créative, copieuse et savoureuse. La carte, courte, est renouvelée toutes les semaines et de nombreux habitués en ont fait leur cantine. Petit bar cosy, *so British. So, welcome in !*

Chambres d'hôtes Le Cellier du Val Boury : *3B, rue du Val-Boury. ☎ 02-35-93-26-95. • cellier-val-boury.com • Doubles env 72-89 €.* Quelle surprise de découvrir, à 2 pas du centre, cette ancienne ferme de caractère du XVIIe s (annexe du château voisin) devant laquelle s'étend une cour verdoyante délicieusement fleurie ! Au total, 5 chambres réparties dans 2 maisonnettes, toutes sont mansardées et accueillantes. Les familiales sont vraiment spacieuses.

Les Airelles : *2, passage Michu. ☎ 02-35-93-14-60. • les-airelles-neufchatel.com • Face à la pl. Notre-Dame. Hôtel et resto fermés lun midi, plus dim soir et mar midi hors saison. Doubles 70-80 €. Menu déj sem 19 €, puis 26-38 €.* Un établissement à la façade élégante et fleurie qui évoque davantage une maison particulière cossue construite après-guerre qu'un hôtel ! Chambres rénovées dans un style moderne et tout confort. Côté resto, une cuisine traditionnelle qui se défend fort bien : duo de ris de veau et rognons à la normande, Saint-Jacques (en saison)... À déguster dans un cadre soigné ou sur la délicieuse terrasse sur le devant.

Les Tables de la Gare : *rue de la Gare. ☎ 02-35-94-83-04. Mer-dim 10h-18h (22h ven-sam). Formules crêpes 10-23 €, salades et plats env 10 €.* Cette ancienne gare, située le long de l'Avenue verte, a été reconvertie en resto-épicerie par des agriculteurs de la région. Au menu, de gourmandes galettes et crêpes, ainsi que quelques plats de brasserie. Le tout, garni des produits de la ferme et des exploitations voisines (disponibles aussi à la vente).

Au Cœur fromager : *3, Grand-Rue-Saint-Jacques. ☎ 02-32-97-24-60. Ouv mar-sam 9h-12h30 et 14h-18h30 (en continu sam).* Une escale pour les amateurs, et également quelques produits d'épicerie fine. On ne se prive pas, d'autant que la mise sous vide est possible !

NORMANDIE

À voir. À faire

L'église Notre-Dame : *tlj 8h30-12h15, 13h30-18h30.* En grande partie détruite pendant la guerre, elle a ensuite été restaurée et labelisée aux Monuments historiques. Remarquez le sépulcre datant du XVe s et les vitraux d'Édouard Didron, grand maître verrier parisien.

Le musée des Arts et Traditions Populaires Mathon-Durand : *rue Saint-Pierre. ☎ 02-35-93-06-55. De mi-juin à mi-sept, mar-dim 14h-18h ; d'avr à mi-juin et de mi-sept à oct, w-e slt. Entrée : 4 € ; réduc.* Le musée présente des collections riches et variées allant de la préhistoire jusqu'au début du XXe s (mobilier, archéologie, métiers disparus, fromage...). Cette jolie maison bourgeoise à colombages du XVIe s qui l'abrite, est la plus ancienne de la ville.

Le château de Mesnières-en-Bray et son parc : *à 5 km de Neufchâtel.* Ce fleuron de l'architecture Renaissance se visite l'après-midi en été. Durant l'année scolaire, il accueille une école hôtelière et son resto, ouvert à tous en semaine *(infos : ☎ 02-35-93-10-04 ; • chateau-mesnieres-76.com •).*

NOUVELLE-AQUITAINE

CHARENTE

BARBEZIEUX-SAINT-HILAIRE (16300) 4 860 hab.

• Carte B4

Cette petite cité paisible du Sud Charente s'organise autour d'un château du XVe s dont une grande partie a aujourd'hui disparu. Au départ de sa vaste esplanade, on prend plaisir à arpenter les ruelles qui descendent vers la massive église Saint-Mathias. Côté gastronomie, la ville est connue pour sa poule de « race Barbezieux », une volaille au plumage noir et à la chair particulièrement savoureuse. Autre spécialité, un gâteau façon chou à la crème appelé « pine », ce qui vous donne une idée de sa forme disons... évocatrice.

Situation et accès

À 30 mn au sud-ouest d'Angoulême par la RN 10 puis la D 917.

Adresses et infos utiles

Office de tourisme : *au château, pl. de Verdun. ☎ 05-45-78-91-04. • sudcharentetourisme.fr • Juin-sept, mar-mer et ven-sam 9h30-12h30 et 14h-18h ; oct-mai, mar-mer et sam 10h-13h et 14h-17h, plus ven 14h-17h.*

Aire de camping-car : *av. Aristide-Briand, à côté de la médiathèque et de l'espace sportif Christian-Girard. Stationnement et services gratuits ; 4 places.*

Bornes de recharge électrique : *pl. du Champ-de-Foire ; av. Nelson-Mandela à l'entrée de l'arboretum ; av. du 14-Juillet (en bas de la pl. du Château) ; parking Jean-Monnet en cœur de ville.*

Aires de pique-nique : *à l'arboretum Irène-Urbain, av. Nelson-Mandela et à Saint-Hilaire, route de Jonzac (D 3).*

– **Marchés :** *ts les mar mat et ven mat, à côté de l'église Saint-Mathias ; autre marché le sam mat, sur la pl. du Champ-de-Foire.*

– **Foire :** *2e mar du mois.*

Où dormir ? Où manger ? Où boire un verre ?

Hôtel-restaurant La Boule d'Or : *9, bd Gambetta. ☎ 05-45-78-64-13. • labouledor.net • Resto ouv tlj sauf dim soir. Congés : entre Noël et Jour de l'an. Double 69 €. Formules midi et menu sem 18-22 € ; autre menu 37 €. Parking gratuit.* L'institution de Barbezieux. Plutôt modestes, ses chambres se révèlent néanmoins bien agréables, en particulier celles donnant sur le jardin, où se prend le petit déj en été. Quant au restaurant, il mérite le détour ! On y déguste une cuisine fraîche et savoureuse, qui fait honneur aux produits du cru – comme la poule de Barbezieux – et évolue au gré des saisons. Très bel accueil.

🍽 ☂ ***La Crêperie :*** *64, rue Sadi-Carnot. ☎ 05-45-78-54-50. Mer-dim midi et soir. Galettes et crêpes 3-13 €. Salades 9-12 €.* Posée sur une belle place tout en longueur, voici une excellente crêperie. Ses craquantes galettes, classiques ou plus originales, sont préparées avec du sarrasin local et agrémentées d'ingrédients triés sur le volet... Et les crêpes sucrées ne sont pas en reste ! Terrasse, cour ou espaces intérieurs aux accents contemporains, à vous de choisir. Service efficace.

🍷 🍽 🧺 ☂ ***L'Alchimiste :*** *1, pl. du Haut-Faubourg. ☎ 05-45-79-41-04. Ouv tlj, sauf dim et le soir lun-jeu. Menu midi 13,90 €. Carte env 25 €.* Un lieu jeune et éclectique, dans une belle maison bourgeoise sise à la croisée de 2 rues. On y trouve un bar à vins ainsi qu'un restaurant servant de petits plats plutôt convaincants, mais aussi un concept store proposant une sélection d'objets et vêtements originaux. Concerts en été.

🍽 🧺 ***Le Bistrot de Damien :*** *1, bd Gambetta. ☎ 05-45-98-37-27. Resto ouv mar-sam, le midi slt (plus « casse-croûte » le dim). Menu midi en sem : 16,90 €. Formule 14€. Carte à partir de 14 €. Épicerie ouv mar-dim midi.* La carte de ce bistrot très locavore fait la part belle aux viandes grillées, complétées de quelques salades ou poissons. Le samedi, on se régale d'un poulet de Barbezieux rôti, servi avec ses frites maison ! L'épicerie fine attenante, baptisée *La Réserve,* regorge de bons produits charentais : conserves artisanales, cagouilles, foie-gras, bières locales, vins de pays, pineaux ou cognacs, on ne sait plus où donner des papilles.

À voir. À faire

L'église Saint-Mathias : *rue Victor-Hugo, en plein centre.* Bâtie au XIe s, puis reconstruite au XIIIe, elle a été maintes fois remaniée. Son clocher gothique répond à un portail du XIIIe s agrémenté de voussures sculptées. L'intérieur, d'une belle amplitude – ***c'est la 3e plus grande église de Charente*** –, recèle quelques statues colorées. En revanche, on ne verra pas ce qui fit longtemps la réputation des lieux : la tête de saint Mathias, détruite au XVIe s !

Le château : *au sommet de la ville. • cdc4b.com • Visite guidée slt (départ de l'office de tourisme, 5 €) : juil-août, le mat mer, ven et sam ; hors saison, sam slt à 15h ; durée 1h.* Du fief seigneurial, autrefois propriété de la dynastie des Barbezieux puis de la famille La Rochefoucauld, il ne reste que l'entrée flanquée de belles tours à mâchicoulis du XVe s et l'ancien bâtiment des Granges, qui cache désormais un théâtre flambant neuf. L'immense esplanade qui s'étend devant donne une idée de la surface qu'occupait autrefois ce château, tout comme la maquette en bois que l'on découvre pendant la visite. Accès au chemin de ronde, d'où on profite d'une belle vue sur les vignobles charentais. On termine par une pièce reconstituant un intérieur charentais typique, avec meubles et objets de la vie quotidienne.

🧺 ***Conte et Filles :*** *Chez Grimaud, 16480* ***Chillac.*** *📱 06-62-38-37-06. • contefilles.com • À 13 km au sud-est de Barbezieux. Lun-sam 10h-12h et 16h-19h. Visites (sur résa) à 10h, 15h, 17h et 20h (10 €/pers).* Ici, on distille du ***cognac*** (et du bon !) depuis 5 générations ! Blandine et Anne-Laure, les 2 sœurs ayant repris les rênes du domaine, se feront un plaisir de vous initier à sa fabrication. À la boutique, tous les cognacs de la maison mais aussi ses pineaux des Charentes, vins de pays et jus de raisin.

CHABANAIS

(16150) 1 650 hab.

• Carte C3

Cette petite cité qui se partage entre les 2 rives de la Vienne constitue une étape agréable à l'entrée de la Charente limousine. Ici naquit Jean-Baptiste de la Quintinie, avocat et agronome exceptionnel qui fut à l'origine de la création du Potager du Roi, à Versailles.

Situation et accès

À 40 mn à l'ouest de Limoges par la N 141.

Adresses et info utiles

Mairie : *1, rue François-Faubert. ☎ 05-45-89-03-99. Tlj sauf jeu ap-m et sam-dim, 8h30-12h, 14h-17h30. L'office de tourisme le plus proche se trouve à Confolens (8, rue Fontaine-des-Jardins).*

■ ***Aires de camping-car :*** *Super U, rue de Limoges ; stationnement gratuit et services payants ; 2 places. Et pl. du Marché couvert (sauf sam mat), proche de l'office de tourisme ; stationnement et services gratuits ; 5 places.*

■ ***Borne de recharge électrique :*** *pl. Colbert.*

■ ***Aire de pique-nique :*** *on trouve quelques tables de pique-nique au bord de la Vienne, en face de la pl. de la Salle-des-Fêtes.*

– ***Marché :*** *jeu mat, au centre-ville.*

Où dormir ? Où manger ?

Hôtel-restaurant de La Barrière : *16, rue des Halles. ☎ 05-45-89-11-09. • labarriere-chabanais.fr • Doubles 55-60 €. Resto ouv lun-ven midi et soir. Menu midi 14 €, vin compris. Plats 11,50-22 €.* Planté devant un passage à niveau assoupi, c'est un petit hôtel sans prétention, proposant une douzaine de chambres bien tenues. Le restaurant se distingue par la qualité de ses produits, en particulier de ses viandes provenant des meilleurs élevages de la région. On se régale à bon prix, tout en profitant de la grande terrasse.

Le Vieux Moulin : *étang du Bouchaud, route de Limoges. ☎ 05-45-84-24-97. À la sortie de Chabanais en direction d'Étagnac. Tlj sauf lun soir et mar-mer. Congés : 3 sem en janv, 2 sem en mai et en oct. Formule déj en sem 20 € ; menus 44-58 € (30 € végétarien).* Un peu caché en contrebas de la route, ce vieux moulin joliment rénové est bordé par un ancien bief. De quoi se mettre en (bonne) condition pour goûter à une cuisine joliment ciselée, où la tradition est réinterprétée avec bonheur. Agneau du Confolentais, bœuf du Limousin ou ris de veau, on se régale à tous les coups ! Belle terrasse.

L'Éclair des Thés : *3, pl. du Marché-Couvert. 06-12-09-65-77. Lun-ven 8h30-18h30, sam 9h-18h. Fermé dim. Menu midi 13 €.* Cette discrète pâtisserie-salon de thé se démarque par ses créations sucrées très soignées (goûtez donc aux éclairs et aux tartelettes !), ses salades fraîches ainsi que ses petits plats du jour. Tout est fait maison, et local autant que possible. Pour se rafraîchir, jus pressés, thés glacés ou bières artisanales, à déguster dans le jardin. Accueil sympa.

À voir. À faire

L'église Saint-Pierre de Chabanais : *9, rue Maurice-Faurisson. ☎ 05-45-89-03-99.* Bâtie au XVe s puis rénovée au XVIe s, elle possède une belle porte d'époque Louis XIII avec fronton triangulaire et pilastres cannelés. À l'intérieur, ne pas manquer le joli retable sculpté du XVIIe s. En sortant, grimper jusqu'au clocher de Saint-Michel, seul vestige d'une église plus ancienne.

Balade le long de la Vienne : au départ de la place de la Salle-des-Fêtes, une promenade bucolique vous attend le long la rivière. Très belles vues sur la rive droite du village.

Le parc archéologique de Cassinomagus : *16150* ***Chassenon.*** *☎ 05-45-89-32-21. • cassinomagus.fr • (accueil, espace d'exposition et une partie des thermes). À 7 km au sud-est de Chabanais. Ouv début avr-Toussaint : juil-août, tlj 10h-19h ; le reste du temps, tlj sauf lun-mar (tlj pdt vac scol) 10h-18h (voire 13h-18h). Visite libre avec audioguide ou guidée à heure fixe (env 1h15). Entrée : 7 € ; réduc ; gratuit jusqu'à 6 ans et pers en fauteuil roulant. Livret-jeu pour les enfants. Visites guidées et animations payantes.*
Cassinomagus (Chassenon en v.f.) est l'un des sites majeurs de Charente. Juste retour des choses, puisque, après tout, c'était déjà le cas à l'époque gallo-romaine ! Aux Ier et IIe s apr. J.-C., Cassinomagus appartenait au territoire lémovice, stratégiquement situé au carrefour des voies romaines allant de Saintes à Lyon et de Périgueux à Poitiers. Le sanctuaire était doté d'un temple où l'on honorait les dieux, mais pas seulement... On venait aussi pour se distraire, faire du sport et profiter des thermes majestueux. Longtemps restés ensevelis, ils sont aujourd'hui considérés comme ***les mieux préservés d'Europe.***
Le bâtiment d'accueil, à l'architecture contemporaine, abrite l'exposition « La vie quotidienne au temps des Gallo-Romains » et un petit film de reconstitution en 3D, *Une journée aux thermes.* D'une surface de 12 500 m² (une sacrée taille !), ces thermes se distinguent par leur structure symétrique. Un côté était dédié à l'hygiène et aux soins tandis que dans l'autre, 2 grandes piscines d'eau chaude servaient à la purification des corps, en vue de se rendre au sanctuaire. À l'étage, on discerne parfaitement les bains, au dallage calcaire ; en dessous, c'est un véritable réseau de salles (il y en avait près de 25 !) auxquelles on accède lors des visites guidées. Ne pas manquer de se balader dans le jardin de Pline et son potager, plantés d'essences connues à l'époque romaine. Carré de fouilles et jeux antiques pour les enfants. Également des spectacles (combats de gladiateurs, artisans gaulois, etc.) à l'occasion des *Grandes Journées Antiques,* 2 week-ends fin juillet et fin août.

JARNAC

(16200) 4 550 hab.

• Carte B4

La souriante petite ville de Jarnac s'étire langoureusement le long de la Charente. Comme sa célèbre voisine Cognac, elle a prospéré grâce à ses grandes maisons de négoce comme Louis Royer, Courvoisier, Hine, Braastad-Tiffon ou Delamain. La commune s'enorgueillit aussi d'avoir vu naître François Mitterrand, qui repose aujourd'hui dans le cimetière des Grand'Maisons.

Situation et accès

À 20 mn à l'est de Cognac par la N 141.

Adresses et infos utiles

Office de tourisme : *1, av. Carnot, 16200* ***Mainxe-Gondeville.*** *☎ 05-45-82-10-71. • tourism-cognac.com • Juste de l'autre côté du pont. Juin-sept, tlj sauf dim 9h30-12h30, 13h30-17h30 ; avr-mai, mar-ven 9h30-12h30, 13h30-17h30 ; oct-mars, le mat slt mar-ven.*

■ **Bornes de recharge électrique :** *pl. Jean-Jaurès et pl. du Château.*

■ **Aires de camping-car :** *au* ***Camping de l'Île Madame*** *; stationnement et services payants. Et pl. du Général-de-Gaulle, stationnement slt.*

■ **Aires de pique-nique :** *sur l'île Madame.* Cadre magnifique, ombragé, avec aire de jeux et sanitaires. *Mêmes équipements pl. du Général-de-Gaulle, à 300 m du centre,* avec bel espace ombragé aussi.

– **Marché couvert :** *rue du Chêne-Vert. Avr-sept, mar-dim 7h-13h ; oct-mars, fermé lun et mer.*

– **Marché aux truffes :** *dans l'ancienne école Jules-Ferry, 16, rue des Fossés, à Jarnac. Déc-fév, dim 9h-12h.* Unique en Charente.

Où dormir ? Où manger ?

Camping de l'Île Madame : *1, quai Île-Madame, 16200* ***Gondeville.*** *06-26-91-40-92. • entreprisefrery.fr • Juste de l'autre côté du pont. Ouv de mi-avr à fin sept. Forfait env 15,60-19,40 € pour 2 ; chalets et mobile homes. 86 emplacements.* Camping à taille humaine, rénové, qui n'est pas sur une île mais en bordure d'un bras de la Charente. Très bucolique.

Hôtel Ligaro : *74, Grand-Rue. ☎ 05-45-32-71-38. • hotel-ligaro.com • Doubles 132-160 € ; suites plus chères ; familiale.* Au cœur de Jarnac, un hôtel de charme aménagé dans une magnifique demeure du XVIIe s. Déco chic et contemporaine, aux teintes sobres et reposantes. Mention spéciale pour la suite, dont la terrasse privée donne sur le jardin. Excellent accueil et petit déj de qualité.

Le Verre Y Table : *42, av. Carnot. ☎ 05-45-35-07-28. À la sortie de Jarnac direction Cognac, vers la gare. Tlj sauf sam midi et dim-lun. Menu déj en sem 25 € ; carte env 45 €.* Vu la taille de la maison, cette adresse est presque impossible à louper. Soit une salle (et des terrasses) gentiment design, mais aussi et surtout une délicieuse cuisine avec du caractère (dès le menu du jour au déjeuner), à base de produits frais et locaux, proposée à l'ardoise en fonction des saisons.

Le Restaurant du Château : *15, pl. du Château. ☎ 05-45-81-07-17. Tlj sauf dim soir, lun et mer soir. Formules déj en sem 23,50-25,50 €, puis menus 52-65 €.* Façade élégante, belles salles sobres et contemporaines, service souriant et discret, et surtout, une cuisine qui ne laisse pas indifférent. Le choix des produits de 1re qualité (locaux de préférence) y est bien sûr pour quelque chose, mais c'est la créativité du chef qui fait la différence. Agréable terrasse champêtre.

NOUVELLE-AQUITAINE

À voir

L'église Saint-Pierre : *Grand-Rue. Juin-sept, tlj sauf dim 14h30-18h ; oct-mai, mar 15h-17h.* De construction romane, mais le style ne se voit plus beaucoup. Rare vestige de l'époque, la magnifique crypte du XIIIe s, dédiée à l'archange saint Michel. Les élégantes voûtes partent d'un pilier central et sont soutenues aux angles par des cariatides.

La maison natale de François Mitterrand : *22, rue Abel-Guy. ☎ 05-45-35-46-08. • maison-natale-francois-mitterrand.org • Dans le prolongement de la Grand-Rue. Avr-oct, tlj sauf lun-mar 10h30-12h30, 14h30-18h. Entrée : 5 € ; réduc ; gratuit jusqu'à 8 ans.* La maison offre une idée du quotidien de la jeunesse de François Mitterrand. Car rien, ou presque, n'a bougé. La visite permet de découvrir le salon, la salle à manger, la cuisine, la chambre natale et la chambre de François Mitterrand (« la chambre aux oiseaux » comme il l'appelait), mais également le jardin et les dépendances. Une expo retrace le parcours du président dans l'ancienne vinaigrerie familiale. En complément, on peut également découvrir le **musée François-Mitterrand,** qui expose les cadeaux reçus durant ses 2 septennats *(10, quai de l'Orangerie. ☎ 05-45-81-38-88 ; ouv de début avr à mi-oct, mer-dim 10h30-12h30 ; entrée : 4 € ; réduc).*

Courvoisier : *2, pl. du Château. ☎ 05-45-35-56-16. • courvoisier.com • Au bord de la Charente. Mai-sept, tlj sauf dim-lun 10h15-13h, 14h-18h30. Le reste de l'année, se renseigner. Visite guidée (compter 1h) : 20 €, réduc ; gratuit moins de 12 ans. Également des visites privées de 2h à 70 €/pers, sur résa (min 2 pers).*
La célèbre marque n'a pas pris n'importe qui pour assurer sa promotion : son cognac, depuis 1811, est « officiellement » celui de Napoléon ! Tout cela depuis que l'Empereur visita les entrepôts du négociant Emmanuel Courvoisier. En 1869, Napoléon III décida d'en faire son fournisseur exclusif (titre officiel exposé). C'est pourquoi un *Musée napoléonien* a été installé ici : on y voit le célèbre chapeau porté à la bataille de Friedland (authentifié), une mèche de cheveux de Napo, ainsi qu'un gilet auquel il manque des boutons (pour y glisser sa main !).
L'histoire de la marque est évoquée à travers des vitrines pleines d'objets publicitaires, documents et vieilles bouteilles. Le guide vous expliquera ensuite tout sur l'**élaboration du cognac** (bel alambic traditionnel en cuivre), la fabrication des barriques (sans clous ni produits chimiques, attention !), les différents crus, les assemblages, etc. La visite traverse ensuite le **chai** : impressionnant amoncellement de fûts (à la verticale, une rareté !) dans une semi-pénombre. L'odeur omniprésente d'alcool est due à l'évaporation, que l'on appelle « la part des anges ». Poétique, non ? On termine la visite par une dégustation.

MANSLE

(16230) 1 700 hab.

• Carte B3

Dans un méandre de la Charente, à mi-chemin entre Ruffec et Angoulême, cette tranquille mais commerçante petite ville s'avère un bon point de chute pour visiter le Nord Charente. Pas mal d'activités sur place, des forêts aux alentours, de jolies églises à proximité et quelques bonnes adresses dans les environs.

Situation et accès

À 30 mn au nord d'Angoulême par la N 10.

Adresses et info utiles

Office de tourisme : *pl. du Gardoire. ☎ 05-45-20-39-91. • destination-nord-charente.com • En été, tlj sauf lun mat et l'ap-m le w-e ; hors saison, ouv mat slt mar, mer et ven.*

■ ***Aire de camping-car :*** *rue de Watlington ; stationnement gratuit et services payants ; 5 places tte l'année, plus 5 autres en été.*
■ ***Bornes de recharge électrique :*** *pl. de l'Europe et 1, rue Grange-du-Chapitre.*

■ ***Aires de pique-nique :*** *des tables dans le parc floral Jean-Pierre Lanson.* On peut également s'installer sur les bords de la Charente.
– ***Marché :*** *ven et sam mat, pl. de l'Hôtel-de-Ville.*

Où dormir ? Où manger ?

Camping municipal Le Champion : *rue Watlington.* ☎ *05-45-20-31-41 (mairie).* *06-23-01-03-47.* *À 200 m du centre en direction de Ruffec, sur la droite après le pont. Ouv 15 mai-15 sept. Forfaits 17-21 € pour 2. 80 emplacements.* Un camping 2-étoiles bien tenu et bien équipé, stratégiquement situé aux portes de la ville. Les emplacements les plus agréables jalonnent les berges de la Charente. Pêche possible, aire de jeux pour enfants, terrain de volley-ball. Base nautique à proximité. Réduction pour les campeurs à la piscine municipale, ouverte en été.

Hôtel-restaurant Beau Rivage : *pl. du Gardoire.* ☎ *05-45-20-31-26.* • *hotel-beau-rivage-charente.com* • *Juste à côté du pont sur la Charente. Resto tlj sauf dim soir oct-avr. Doubles 78-89 €. Formule et menu déj (sauf dim) 13-16 € ; menus 23-36 € ; carte env 40 €. Parking privé gratuit.* L'immeuble, un peu années 1950, n'a rien de folichon au 1er abord, mais il cache un vaste jardin à la française, aménagé sur la berge de la Charente. Demandez l'une des chambres du haut, dotées de balcons, qui offrent de jolies vues sur ce charmant paysage. Vaste salle à manger avec de grandes baies vitrées, ouvrant comme il se doit... sur le parc, la rivière et une terrasse. Cuisine traditionnelle.

Restaurant la Belle Étoile : *38, rue Grande.* ☎ *05-45-69-36-55. Fermé jeu soir, sam midi et dim. Menu du jour le midi 13,40 € ; puis menus 23,90-28,90 €. Carte env 30 €.* Une charmante bâtisse de pierre, une verrière et aussi une jolie terrasse, pour planter le décor. Quant à la carte, elle suit les saisons et propose une cuisine traditionnelle ainsi que des burgers et des pizzas, à base de produits frais et locaux. Laissez-vous guider par votre bonne étoile !

À voir. À faire

Le parc floral Jean-Pierre-Lanson : *à la sortie de la ville, direction Angoulême. Tte l'année. GRATUIT.* Petit jardin botanique et arboretum. Son trésor, c'est la rare collection (500 variétés) de fuchsias, qui fleurissent à partir de juillet.

Base nautique Le Champion : *juste avt le camping Le Champion.* ☎ *05-45-22-26-68.* *06-32-85-87-29.* • *canoemansle.fr* • Location de canoës-kayaks ou de *stand up paddles* pour voguer sur la Charente.

Le sentier de la prairie de Goué : *départ du camping Le Champion. Boucle de 4,2 km (compter 1h). Livret-jeu gratuit pour les enfants, disponible à l'office de tourisme.* Agréable balade balisée le long des berges de la Charente. Panneaux explicatifs sur la faune, la flore et les loisirs au fil de l'eau (et des siècles !).

L'église Saint-Denis : *à* ***Lichères,*** *à env 6,5 km au nord-est de Mansle.* Perdue en pleine campagne, voici ***l'une des églises romanes les plus connues de Charente.*** Outre le bâtiment lui-même, dont il faut faire le tour pour apprécier ses rondeurs, on admire le noble portail sculpté : l'Agneau apparaît encadré par des anges sur le tympan, surmonté lui-même d'une voussure ornée d'animaux fabuleux. Observez bien les détails des fenêtres, à droite de l'église, côté cimetière : chouette, tête de loup, ogre dévorant une bestiole, quelle assemblée ! À l'intérieur, le chœur est décoré de jolis chapiteaux sculptés.

Le château de Bayers : *16460* ***Bayers.*** *☎ 05-45-22-54-74. 📱 07-50-52-51-25. À 7,5 km au nord-est de Mansle. De mi-juil à fin août, tlj sauf lun ; visite guidée à 14h et 16h30 et visite libre du parc slt 12h-14h. Entrée : 6,50 € ; parc seul 4 € ; réduc ; gratuit jusqu'à 12 ans.* Ancienne propriété de la famille des La Rochefoucauld, ce beau château des XIIe et surtout XVe s a fière allure depuis sa rénovation. À l'intérieur, des photos donnent la mesure des efforts fournis : les arbres poussaient carrément dans le logis ! Avant la Révolution, la forteresse comptait un pont-levis et 8 tours jalonnant son rempart. Aujourd'hui, il ne reste que quelques pans de murailles, un corps de garde et le château lui-même, toujours habité. On en découvre 3 pièces au rez-de-chaussée. Magnifique vue sur les environs.

Tumulus de la Boixe : *à* ***Vervant,*** *à 5 km au sud-ouest de Mansle. Accès libre tte l'année.* Restauré dans les années 1980-90, il nous offre un voyage au temps du Néolithique. N'oubliez pas votre lampe ! Panneau explicatif sur place, livret découverte disponible gratuitement à l'office de tourisme.

CORRÈZE

DONZENAC (19270) 2 670 hab.

• Carte C4

À la croisée du Limousin, du Quercy et du Périgord, cette sympathique cité médiévale bâtie à flanc de coteau a conservé une partie de ses remparts, de nombreuses portes et de belles bâtisses aux toits d'ardoise. Une balade dans ses vieilles rues et sous les porches anciens vous conduira sur la *place des Pénitents* et sa *chapelle* dont le chœur abrite un retable baroque bleu et or. Entre la place du marché et celle de la mairie, se dresse l'*église Saint-Martin,* presque entièrement rebâtie au XIXe s mais qui conserve son clocher-tour du XIIIe s. Et il serait dommage de ne pas pousser dans la partie haute du village, notamment jusqu'à la rue du Puy Broch où se cache la plus ancienne maison du Limousin (XIIIe s).

Situation et accès

À 20 mn au nord de Brive-la-Gaillarde par l'A 20 (sortie 48) puis la D 25.

Adresses et info utiles

Les PoHTes de l'office de tourisme Brive Agglomération : *le petit* ***musée de Louis Besanger*** *(6, rue des Cordeliers). 📱 06-45-36-21-38 ou la* ***Médiathèque*** *(à côté de la mairie) ☎ 05-55-84-31-79. • brive-tourisme.com • Pour les horaires (variables), téléphoner.*

Aire de camping-car : *rue de la Rivière, à côté du camping municipal ; stationnement et services payants ; 24 places stabilisées et 8 sur sol naturel.* Une grande aire soigneusement aménagée. Il manque juste un peu d'ombre mais les arbres ne demandent qu'à pousser !

■ ***Borne de recharge électrique :*** *pl. Martin-Principaud, dans le bas du village, sur la gauche.*

■ ***Aires de pique-nique :*** *pl. du Marché.* Une table de pique-nique sur la jolie place à côté de la fontaine et, pour ceux qui souhaiteraient un peu d'ombre ou se protéger de la pluie, plusieurs autres sous la halle. Très sympa.

– ***Marché :*** *ven mat, à **Allassac** (à 6 km de Donzenac).*

Où dormir ? Où manger ? Où acheter de bons produits ?

Camping municipal La Rivière : *rue de la Rivière. 06-82-92-67-65. • campinglariviere.jimdofree.com • Ouv avr-sept (locatifs tte l'année). Emplacement 2 pers 17-19 €.* En contrebas du village (accessible en 15 mn à pied par un sentier), près des installations sportives, un petit camping tranquille dans un environnement verdoyant : bordé par la rivière, de larges bandes de pelouse et plein de jolis arbres à l'ombre généreuse. Également des chalets, plutôt coquets. C'est simple, accueillant, bien tenu. Le camping municipal comme on l'aime !

L'âme de Travassac : *1, rue de Donzenac. 06-26-76-89-66. Doubles 65-90 €. Table d'hôtes 20 €.* À une encablure des célèbres Pans de Travassac, un corps de ferme entièrement retapé par Sébastien et Sylvie. Véritables petits nids d'amour, leurs chambres bénéficient d'une déco particulièrement soignée (proche d'une qualité hôtelière haut-de-gamme). Mais le plus ici, c'est la table d'hôte concoctée par le maître de maison. Du petit déj au dîner, notre homme met un point d'honneur à sublimer les produits locaux. Un vrai coup de cœur !

Le Périgord : *9, av. de Paris. ☎ 05-55-85-72-34. Fermé mer plus le soir dim et lun hors été. Congés : vac scol de la Toussaint et d'hiver (zone B). Résa conseillée. Carte env 35 €.* C'est une grande salle chaleureuse, dominée par le traditionnel *cantou,* où les gourmands se retrouvent pour savourer une belle cuisine aux élans créatifs, élaborée à partir de bons produits locaux. À l'ardoise, des recettes classiques subtilement revisitées. Belle carte des vins.

Bistrot Potes : *14, pl. du Marché. ☎ 09-50-57-64-97. Fermé mer plus le soir lun-mar hors été. Carte env 25 €.* On s'attable ici entre amis ou en famille pour jeter son dévolu sur une cuisine simple et fraîche entièrement faite maison, servie par l'accorte patronne au délicieux accent slave.

Boucherie Nauche : *13, av. Jean-Chicou. ☎ 05-55-85-72-40. Fermé mer et dim ap-m.* Une belle boutique bien achalandée : viandes et charcuteries de qualité, plats cuisinés, quelques fromages et une petite sélection de produits locaux.

Boulangerie-pâtisserie Cyril Roig : *11, pl. Léon-Madrias. ☎ 05-55-85-71-50. Fermé mer et dim ap-m.* Chez Roig, on vient de loin pour ses tartelettes !

NOUVELLE-AQUITAINE

À voir. À faire

Pour découvrir Donzenac, le mieux est de suivre son ***circuit du patrimoine*** (dépliant chez les PoHTes de l'office de tourisme de Brive Agglomération). Une autre brochure gratuite propose 4 circuits balisés à faire à pied, autour du village.

Les pans de Travassac : *à **Travassac.** ☎ 05-55-85-66-33. • lespansdetravassac.com • À env 3 km à l'est de Donzenac. Mai-juin et sept-oct, dim et j. fériés, visites guidées ttes les 30 mn 14h30-17h30 ; juil-août, tlj ttes les 30 mn 10h30-11h30, 14h30-17h30. Pas de résa, il faut se pointer 15 mn avt l'heure de départ de la visite. Entrée : 8,80 €, réduc ; gratuit moins de 8 ans. Compter 1h30 de visite, dont 1h guidée (30 mn avec un guide généraliste, 30 mn avec un ardoisier).*

Arrêt obligatoire pour découvrir ces ***ardoisières*** vieilles de 300 ans, un site unique en son genre. D'abord, le gisement a la particularité de se présenter de façon verticale et non horizontale ; ensuite, parce que les ardoisiers qui s'y activent encore sont les derniers de France ! Ce qui a sauvé l'ardoise locale, c'est sa qualité et sa très grande résistance aux intempéries. Raison pour laquelle 50 % de la production atterrit, si l'on ose dire, sur les toits des Monuments historiques.
La visite, fascinante, commence par une plongée dans un univers magique fait de profondes failles, de puits (140 m pour celui de la Girale), et de falaises abruptes en partie recouvertes de végétation, le tout relié par des perces (couloirs d'accès entre 2 filons) et des passerelles suspendues au-dessus des eaux stagnantes. Un ardoisier passe en revue toutes les étapes de fabrication, de la fente du bloc à la taille de l'ardoise. Enfin, un escalier vertigineux de 120 marches conduit à un ***petit musée*** aménagé dans l'ancienne forge, où des vidéos et quelques vieux outils retracent l'épopée d'un site qui employait 250 personnes à son apogée. Et depuis le 2e parking, un belvédère offre une vue impressionnante sur le site, un vrai canyon !

UZERCHE (19140) 2 860 hab.

• Carte C4

La Vézère forme ici une boucle délimitant une butte. Et sur cette butte : Uzerche. Une situation qui valut à ce bourg de devenir très tôt un bastion très convoité. De son prestigieux passé, le village a conservé son côté place forte et plusieurs belles et riches demeures. Stendhal, qui fit étape en ville en 1838, affirmait que c'était « l'une des plus pittoresques villes de France ». Quant à Simone de Beauvoir qui, enfant, passait ses vacances d'été au château de Meyrignac, elle puisa dans ses souvenirs uzerchois pour écrire ses *Mémoires d'une jeune fille rangée.* La « Perle du Limousin », comme on la surnomme, est une petite cité tranquille au charme indéniable. Ne dit-on pas « Qui a maison à Uzerche a château en Limousin » ?

Situation et accès

À 30 mn au nord de Brive-la-Gaillarde par l'A 20 (sortie 45).

Adresses et info utiles

Office de tourisme : *pl. de la Libération.* ☎ *05-55-73-15-71.* • *terresdecorreze.com* • *Juil-août, lun-sam 9h30-12h30 et 14h-18h, dim 9h30-12h30 et 14h30-17h30 ; horaires variables hors saison, voir leur site.* Pour visiter la ville, circuit audioguidé par QR code disponible sur • *www.terresdecorreze.com/circuits-audioguides/* •

■ ***Aire de camping-car :*** *pl. de la Petite-Gare (rue Paul-Langevin pour les GPS) ; stationnement gratuit et services payants ; 29 places. Fermé 2-3 j. aux environs du 14 juil.* Un grand parking sous les arbres, en surplomb de la Vézère, et en face, sur l'autre rive : Uzerche.

■ ***Bornes de recharge électrique :*** *allée de la Papeterie, parking de la gare SNCF, devant le cinéma, chemin des Lèzes.*

■ ***Aires de pique-nique :*** *pl. de la Petite-Gare.* Quelques tables sous les arbres, en surplomb de la Vézère, à côté de l'aire de camping-car. Aussi au *parc de loisirs de Puy Grolier, rue du 18-juin-1940.*

– ***Marchés :*** *sam mat, rue Paul-Langevin. En juil-août, marché festif de producteurs le ven soir, pl. de la Papeterie.*

Où dormir ? Où manger ? Où acheter de bons produits ?

Camping municipal de la Minoterie : *La Minoterie. ☎ 05-55-73-02-84. Ouv juin-sept. Emplacement 2 pers env 11 €.* Dans un environnement verdoyant, d'étroites bandes de pelouse en terrasse, quelques haies, quelques bungalows... et voilà ! Ce camping de poche s'étire agréablement le long de la Vézère qui s'écoule avec bruit en contrebas, à l'endroit d'un ancien moulin devenu aujourd'hui une base de canoë-kayak.

Hôtel Ambroise : *34, av. Charles-de-Gaulle. ☎ 05-55-73-28-60. • hotel-ambroise.fr • Resto ouv mar-sam soir. Doubles 60-80 € ; soirée-étape 85 €/pers.* Repris en plein confinement, ce petit hôtel sans prétention dont les chambres (non climatisées) sont en partie refaites, remplit allègrement son office. Le plus, ici, c'est la terrasse extérieure du ***resto le Chichi Pompon*** qui surplombe le cours de la Vézère. Bon accueil.

La Table de M : *pl. Alexis-Boyer. ☎ 05-55-98-17-80. Tlj sauf lun et dim soir (aussi mar hors saison). Formules déj en sem env 15 € ; menus 23-42 €.* Bien qu'installé dans une vieille et belle bâtisse avec cour intérieure, il souffle sur les poêlons de ce restaurant un réjouissant vent de modernité. La cuisine s'inspire de la tradition mais n'hésite pas à s'en affranchir pour lui offrir ce petit coup de fantaisie qui réjouit les papilles. Il y a même des burgers végétariens pour celles et ceux qui ne veulent pas « rouler » en limousine. Une belle table !

La Corrézienne : *La Borie Noire, à la sortie de la ville direction A 20. 06-12-27-82-18. • la-correzienne.net • Lun-ven 9h-12h, 14h30 (16h mer)-19h, sam 9h-12h30, 14h30-18h30. Fermé dim.* Grand hangar qui rassemble les fruits et légumes produits par le domaine, mais aussi un bel échantillonnage de produits locaux : salaisons, produits laitiers, biscuits, miel, confitures, liqueurs, vins et jus de fruits. De quoi faire le plein !

À voir. À faire

Le site lui-même justifie la visite : un promontoire délimité par la Vézère, d'où émergent les nombreuses tourelles des maisons bourgeoises et le clocher limousin de l'église. Le meilleur point de vue se trouve de l'autre côté du pont Turgot. Si vous n'avez pas téléchargé l'audioguide qui permet de visiter la ville sur votre smartphone, l'office de tourisme propose aussi un document détaillant ***2 circuits de visite très complets*** : le 1er concerne la vieille ville, le 2d fait le tour d'Uzerche en suivant le méandre.

L'église Saint-Pierre : *en haut de la ville.* Ancienne abbatiale bénédictine édifiée entre les XIe et XIIe s, puis fortifiée pendant la guerre de Cent Ans. Les amateurs d'art roman apprécieront la simplicité du déambulatoire qui dessert les absidioles voûtées en cul-de-four et la crypte semi-enterrée, exceptionnelle dans la région.

Exposition Archéologie du paysage en Limousin : *☎ 05-55-73-26-07. • archeologie-paysage.org • Tte l'année, lun-ven 9h-12h, 14h-19h ; entrée 3 €, réduc. Fermé vac de Noël.* Dans les anciennes papeteries réhabilitées, une expo retrace l'évolution du paysage local à travers l'histoire, et l'empreinte laissée par l'Homme dans celui-ci.

Sur les pas de Simone de Beauvoir : *départ de la pl. de la Petite Gare.* 5 km ponctués de panneaux avec des textes extraits de *Mémoire d'une jeune fille rangée.*

CREUSE

GOUZON (23230) 1 600 hab.

● Carte C3

Un village au carrefour de 4 provinces, entre langue d'oil et langue d'oc : la Marche, le Berry, le Limousin et la Combraille. Sur sa place principale trône son imposante église... qui jusqu'en 1824 n'était que la chapelle du village, l'église paroissiale étant alors l'actuel *Café Le Sully.* Devenue trop petite et impossible à transformer en raison de sa situation, on décida d'agrandir la chapelle voisine et de transformer l'ancienne église en prison !
Gouzon, que l'on surnomme la « commune aux 3 clochers » depuis sa fusion en 1972 avec les villages voisins des Forges et de Gouzougnat, abrite aussi l'unique golf 18 trous de la Creuse (le golf de la Jonchère).

Situation et accès

À 30 mn au sud-ouest de Montluçon par la N 145.

Adresses et info utiles

Office de Tourisme : *2, pl. de l'Église. ☎ 05-55-62-26-92. ● creuseconfluencetourisme.com ● Juil-août, du lun ap-m au sam ; juin et sept, mar-sam ; oct-mai, le mat lun-ven.*

■ ***Borne de recharge électrique :*** *projet en réflexion.*

■ ***Aire de camping-car :*** *pl. du champ-de-Foire ; stationnement et services gratuits ; 40 places.* Dans le bourg, sur une grande place ombragée.

■ ***Aires de pique-nique :*** *pl. du champ-de-Foire.* Une jolie aire, sur une grande pelouse, sous de beaux tilleuls. *Autre aire de pique-nique au 3, route des Combrailles ; près du camping, au bord de la Voueize.*

– ***Marché :*** *mar mat, pl. de l'Église.*

Où dormir ? Où manger ? Où acheter de bons produits ?

Camping La Voueize : *1, av. de la Marche. ☎ 05-55-81-73-22. ● gouzon23.com ● Juste à la sortie de Gouzon. Ouv avr-sept. Emplacement 2 pers 9-15 €.* Dans un environnement agréable, un site très simple, délimité de part et d'autre par un pont et bordé par la rivière. L'ombre, elle, est apportée par une belle variété d'arbres épanouis : tilleuls, saules, bouleaux... Sanitaires rustiques.

Hostellerie du Lion d'Or : *3, pl. du Lion-d'Or. ☎ 05-55-62-28-54. ● hotel-restaurant-gouzon.com ● Ouv tlj, tte l'année. Double 63 €. Menus 27-44 € ; carte 15-25 €. Garage payant (mais stationnement facile).*

Une auberge dans son jus, mais bien tenue. Au restaurant, bonne cuisine traditionnelle. Parmi les plats maison, citons le généreux et crémeux *burger creusois* au fondu (un fromage de vache... fondu, comme son nom l'indique !). Service pro et souriant.

Chambre d'hôtes La Maison du Cam : *chez Frédéric Messelier, à* **Lachaud,** *23230 Gouzon. ☎ 05-55-81-34-76. À env 2,5 km du centre de Gouzon. Double 70 €. Table d'hôtes 20 €.* Vous êtes ici chez un ancien marin et la déco de sa jolie grange restaurée est imprégnée de ses nombreux voyages. 2 chambres seulement, confortables et avenantes. Une adresse qui a de la personnalité !

Au Pré Creusois : *32, pl. de l'Église. ☎ 05-55-62-57-08. Mar et mer, 9h-12h30 ; jeu-sam 9h-12h30, 14h30-18h.* Un magasin de producteurs pas très grand, mais où vous trouverez largement de quoi préparer un bon pique-nique : pain, fromage, viandes, légumes et produits du terroir.

Laiterie de la Voueize : *45, domaine de Laugères. ☎ 05-55-62-21-56. En été : mar-ven 8h30-12h, 14h-18h et sam 9h-12h ; en hiver : mar-ven 8h-12h, 14h-17h et sam 9h-12h.* Une fromagerie qui produit plus d'une quinzaine de fromages à partir du lait collecté sur le secteur. Parmi les spécialités : le gouzon, un fromage au lait de vache à pâte molle.

À voir. À faire

Le sentier d'interprétation de la Brande de Landes : *prendre la rue de l'Aiguillon (celle qui passe devant l'Hostellerie du Lion d'Or) et remonter la route sur quelques km, jusqu'aux 1ers panneaux. Distance : 4,5 km. Durée : 2h.* Une balade très chouette et instructive dans un paysage de bocage très particulier, façonné et exploité par l'homme au XIXe s : 500 ha y sont en effet traversés de longues allées rectilignes et quadrillés de parcelles délimitées par des chênes et des kilomètres de haie. Des parcelles qui, à l'origine, étaient toutes de taille égale, à savoir de 100 m de long sur 80 m de large et qui furent créées par des arpenteurs. Un métier que petits et grands pourront découvrir au cours de la promenade à travers *Le jeu de l'arpenteur.*

L'église de Saint-Nicolas des Forges : *à 4 km au sud-ouest de Gouzon ; clé à demander dans la maison d'à côté.* Dans un adorable hameau où le temps semble être suspendu, une coquette église du XIIe s, avec son clocher carré surmonté d'une flèche octogonale. Mais le véritable trésor se cache à l'intérieur. Il fut révélé dans les années 1950, grâce à des infiltrations d'eau qui décollèrent des plaques de plâtre. Apparurent alors des fresques et des peintures du XIIe s, mais aussi, s'avéra-t-il, du IXe s, soit des peintures carolingiennes comme il n'en existe plus que 3 exemplaires en France. Certes, par endroits, on les devine plus qu'on ne les voit, mais quand même...

– Si vous souhaitez continuer à explorer les églises du secteur, l'office de tourisme distribue un joli dépliant, très bien fait : ***« Circuit des églises en 4 provinces ».***

LA SOUTERRAINE (23300) 4 980 hab.

• Carte C3

À la frontière du Berry et du Limousin, La Souterraine peut sembler assez grande comparée à d'autres Villages étapes du secteur, et pour cause, il s'agit de la 2e ville la plus peuplée de la Creuse après Guéret ! Elle est du reste la porte d'entrée du département que ce soit en train ou en voiture !

NOUVELLE-AQUITAINE

Également située sur la route de Saint-Jacques-de-Compostelle, de nombreux pèlerins effectuant le trajet à pied ou à vélo y font étape.
Elle conserve quelques vestiges médiévaux, principalement l'église Notre-Dame, la porte Saint-Jean et de bien belles placettes où l'on prend plaisir à s'installer aux beaux jours.

Situation et accès

À 30 mn à l'ouest de Guéret par la N 145.

Adresses et info utiles

Service tourisme du pays sostranien : *pl. de la Gare. ☎ 05-55-89-23-07. Ouv tte l'année, lun-sam midi.* Dépliant gratuit pour découvrir la ville et fiches randos et patrimoine en vente. Visites guidées sur résa et location de vélos en été.

Bornes de recharge électrique : *pl. du Docteur-Émile-Parrain et au parking de la Bibliothèque.*

Aire de camping-car : *26, chemin du Cheix, au* ***Camping l'Aquarelle du Limousin*** *; stationnement et services payants (accès possible aux services slt : 5,50 €) ; 30 places.*

Aire de pique-nique : *au bord de l'étang du Cheix.* Des tables dispersées çà et là, tout autour du lac. Très sympa !

– ***Marchés :*** *sam mat, à côté de l'église. En juil-août, marché de producteurs le mer 18h-23h, à côté de l'église également. Pas mal d'animation, et des tables installées dans la rue pour ripailler sur place.*

Où dormir ? Où manger ? Où boire un verre ? Où acheter de beaux souvenirs ?

Camping l'Aquarelle du Limousin : *au plan d'eau du Cheix. ☎ 05-55-63-59-71. • camping-creuse-limousin.com • À 2 km, sur la route de Dun-le-Palestel. Ouv avr-oct. Forfait tente pour 2 env 19-28 €. Chalets 2-6 pers (possible à la nuitée en formule hôtelière sauf juil-août).* Une cinquantaine d'emplacements répartis sur un vaste terrain arboré au bord du plan d'eau du Cheix. Nombreuses activités de loisirs : volley-ball, piscine chauffée, pétanque, jeux pour enfants... Resto et bar sur place.

Hôtel-restaurant Le Passe-Muraille : *16-18, pl. du Docteur-Émile-Parrain. ☎ 05-55-63-29-34. • le-passe-muraille.com • Resto fermé dim-lun et j. fériés. Double 72 €. Formule déj en sem 14 €, menus 22 (sauf sam soir)-32 €.* Un bon établissement, où l'on trouve à la fois des chambres agréables et une table de qualité. Cuisine de terroir à l'honneur, avec pâté aux pommes de terre, viande limousine et tête de veau.

Hôtel-restaurant À la Porte Saint-Jean : *2, rue des Bains. ☎ 05-55-63-90-00. • hotelrestaurant-delaportesaintjean.com • Doubles 59-70 €.* Pèlerins, touristes ou VRP, font étape dans cet hôtel 2 étoiles, idéalement placé au cœur de la ville. Dans le bâtiment principal, murs vert pomme, couloirs tarabiscotés et chambres toutes différentes ; à la *Résidence,* l'annexe située à quelques enjambées, chambres plus « modernes », plus grandes et plus standardisées avec têtes de lits en rotin. Dans tous les cas, propreté irréprochable et excellent confort 2 étoiles avec des lits équipés de couettes douillettes ! Un bon petit resto également, très prisé pour sa cuisine du jour bon marché et ses tables en terrasse.

Terre du Milieu : *8, pl. Saint-Jacques. ☎ 05-55-63-03-08. Tlj* *sauf dim soir, 10h-23h. Formules dej sem 11,70-14 € ; plats à la carte env 13-23,50 €. Résa préférable.* Cette terre du Milieu est sans doute ce Limousin dont les propriétaires sont si fiers. Anciens traiteurs, ils s'approvisionnent en produits locaux en respect des saisons, et les valorisent dans des plats simples et efficaces. Salades, *poke bowls,* burgers et délicieuses viandes défilent à qui-mieux-mieux au déj pendant le coup de feu. C'est toujours plein. Et pour cause, la formule déjeuner est imbattable, la cuisine qualitative et le service enjoué. Pour accompagner, les bières locales sont parfaites ! Aux beaux jours, vaste terrasse ombragée qui donne sur la jolie bibliothèque municipale.

***Christaline** : 30, rue de Bessereix. ☎ 05-55-63-62-25. Mar-sam 10h-19h (22h ven).* À la fois boutique de déco, salon de thé et bar à vins, cette adresse est vraiment atypique dans le paysage local ! De l'ancienne écurie, il reste les box, où l'on s'attable pour un thé, à accompagner d'une bonne pâtisserie. En fin d'après-midi, on vient plutôt pour partager une assiette de jambon ou de fromage. Jolie terrasse intérieure en été.

***La Porte des Arts** : 40, rue Hyacinthe-Montaudon. 06-12-37-00-01. Ouv tte l'année, mar-sam 10h-12h30, 14h30-19h ; en continu pdt les vac scol. Fermé dim-lun.* L'ancienne pharmacie du centre-ville connaît une nouvelle vie, sous l'impulsion de Martine Escure mosaïste d'art. Elle réunit derrière cette belle vitrine des artistes et artisans d'art majoritairement creusois. Outre ses belles mosaïques, on y découvre des bijoux en émail à champ levé, cosmétiques et bougies au lait d'ânesse, ceintures en cuir, coussins en laine, céramiques... Bref, un concentré de savoir-faire locaux à prix serrés. Difficile d'en sortir les mains vides !

À voir

L'église Notre-Dame : bâtie aux XIIe et XIIIe s en granit brut, elle forme un long et haut vaisseau austère où contrastent, en façade, un élégant portail polylobé et, au tympan du portail méridional, une gracieuse Vierge assise, le divin Enfant sur les genoux. Remarquez, au dernier étage du beau clocher, la pierre blanche qui sert à guider les pèlerins pour Compostelle. ***L'intérieur témoigne de la transition du roman au gothique*** : les colonnes archaïques et à voûtes en berceau des premières travées font place à des chapiteaux plus travaillés et des voûtes d'arêtes coiffant les bas-côtés.

La porte Saint-Jean : vaillant et dernier témoin des remparts de l'ancienne cité, la porte Saint-Jean évoque le Moyen Âge avec ses mâchicoulis, ses meurtrières et son guet.

Le site médiéval de Bridiers : *à 2 km du centre-ville. Site accessible librement tte l'année. Tour de Bridiers ouv slt en juil-août, tlj sauf lun, 15h-19h. GRATUIT.* Perchée sur une butte, la tour de Bridiers est en réalité un donjon, un des seuls vestiges de ce qui fut le château de Bridiers dont la construction remonterait au XIIe s. Sur place aussi, un jardin médiéval. Le 1er week-end d'août, l'accès au site est réservé à la ***Fresque Historique de Bridiers,*** un spectacle nocturne en plein air mêlant histoire et fiction, avec plus de 400 acteurs, dans un amphithéâtre naturel de 2 000 places *(payant ; résa auprès de l'office de tourisme ou sur ● fresque.bridiers.fr ●).*

NOUVELLE-AQUITAINE

DEUX-SÈVRES

MAULÉON (79700) 3 350 hab.

• Carte B3

Une jolie « Petite Cité de Caractère » longtemps connue pour sa florissante industrie du cuir et stratégiquement située, à proximité du célèbre Puy-du-Fou. Mais cet emplacement aujourd'hui très porteur n'a pas toujours été enviable. Mauléon a été en 1re ligne pendant les guerres de Religion et les guerres de Vendée ! Très disputée au XVIe s, la ville voit son château démantelé au XVIIe s. En 1793, Mauléon troque même son nom pour celui de Châtillon-sur-Sèvre. Aujourd'hui, le temps des batailles est bel et bien révolu. Les touristes qui ont la bonne idée d'y faire une étape profitent tranquillement de ses ruelles et de ses monuments. Et pourquoi pas faire des emplettes dans un magasin spécialisé dans le cuir ?

Situation et accès

À 20 mn au sud-est de Cholet par la RN 249.

Adresses et info utiles

ℹ ***Office de tourisme du Bocage bressuirais :*** *l'Abbaye, pl. de l'Hôtel-de-Ville ☎ 05-49-65-10-27. • tourisme-bocage.com • L'été ouv mar-ven 10h-12h30, 14h-18h et le w-e 14h-18h. Horaires réduits hors saison (borne d'information accessible 24h/24).*

■ ***Borne de recharge électrique :*** *rue de la Fontaine-Noire.*

■ ***Aires de camping-car :*** *rue de la Bachelette, à côté de la piscine ; stationnement et services gratuits ; 15 places.*

■ ***Aire de pique-nique :*** *dans le charmant parc de la Mignauderie, derrière l'Abbaye, rue de Bourneau.*

– ***Marché :*** *sam mat, dans les Halles et pl. du Château.*

Où dormir ? Où manger ?

🏠 |●| ***Hôtel-restaurant La Terrasse :*** *7, pl. Joël-Robuchon. ☎ 05-49-82-58-05. • hotel-restaurant-la-terrasse.business.site • Tlj sauf dim soir-lun. Double env 50 €. Formule et menu déj 15-17 € en sem, compter env 20 € le soir.* Cette vieille auberge est une bonne option pour l'étape. À l'étage, une poignée de chambres assez minimaliste mais de bon confort aux tarifs très raisonnables. Et face à la cheminée, dans une salle relookée aux standards d'aujourd'hui, ou en terrasse, on profite des plats traditionnels simples, à prix étudiés. Accueil charmant, assuré par une jeune équipe serviable qui fait son maximum pour bien accueillir ses hôtes.

🏠 ***Chambres d'hôtes Château Saint-Georges :*** *50, lieu-dit Saint-Georges à* ***Loublande*** *(79700). 📱 06-75-34-33-09. • chateausaintgeorges.jimdofree.com • À env 9 km au nord-ouest du centre-bourg. Doubles 85-90 € ; suite familiale (4-5 pers).* Une maison de maître datant de la fin du XIXe s, dans un parc arboré de 5 ha, voilà une belle halte sur le chemin des vacances ! Au menu, une poignée de grandes chambres lumineuses, à la déco mêlant l'ancien à des touches plus contemporaines, ainsi qu'une suite comprenant 2 chambres communicantes. Le plus : l'excellent petit déj concocté avec des produits maison. Accueil gentil de Martine et Benoit.

Café du Renard : *6, rue du Mouton-Blanc (départ de la route pour Maulévrier). ☎ 05-17-29-08-72. Tlj sauf lun et mar midi (le mar soir, en livraison 19h-21h uniquement). Burgers 3,50-14,50 €, salade env 9 €, pizzas 7-12,50 € (3 tailles).* Petite adresse de quartier, un peu planquée à 2 pas du centre-bourg mais bien connue des locaux pour ses pizzas.

Boulangerie Thomas : *3, rue du Château. ☎ 05-49-81-40-79. Tlj sauf mer 7h-13h30, 15h-20h.* Les gourmands rappliquent ici pour les bons gâteaux comme le Mauléonais, les bottereaux (une pâtisserie de février), ou encore les tartes aux fruits. Redoutable ! Également des sandwichs frais pour étoffer le pique-nique.

À voir. À faire

Le château : ou plutôt les vestiges d'un château du XIIe s qui appartenait alors aux seigneurs de Mauléon. Une porte monumentale du XVe s veille sur l'esplanade du château féodal disparu. De la terrasse, vue panoramique sur la ville et les alentours.

Le musée de l'Abbaye : *pl. de l'Hôtel-de-Ville. ☎ 05-49-74-32-24. Ouv mai-sept. Juil-août, ouv mar-ven 10h-12h30, 14h-18h et le w-e et j. fériés 14h-18h. Hors vac scol, ouv mer et ven 10h-12h, 14h-18h ; sam et dim 14h-18h. GRATUIT.*
L'ancien BRHAM (Bureau de recherche archéologique et historique du Mauléonnais !) a fait peau neuve et cédé la place à un bel espace entièrement dédié au Bocage. Ses différentes sections, très riches et joliment mises en scène de façon interactive, occupent l'imposant bâtiment du XVIIIe s de l'ancienne abbaye de la Trinité. La cave voûtée, logiquement réservée à la géologie et la préhistoire, renferme de véritables trésors comme de superbes pierres gravées des Vaux découvertes près de Saint-Aubin-de-Baubigné, des rochers ornés de motifs géométriques et de curieux personnages anthropomorphes datés de la fin de l'âge du fer (peut-être vers 500 av. J.-C.). On enchaîne avec la culture populaire en Deux-Sèvres et un focus sur l'un de ses hérauts, l'écrivain Ernest Perrochon.
Puis direction l'***étage,*** où les visiteurs retracent les péripéties du Mauléonais depuis le Moyen Âge (et ses terribles guerres de Vendée), avant d'enchainer avec un peu d'histoire religieuse... évidemment dans la chapelle. Reste l'atelier du cirier et des collections d'outils. Très complet et sympa comme tout (les enfants adorent le tunnel sur le paysage et les écrans tactiles !).

DU MISSEL AU FOURNEAU

Consacré « Cuisinier du siècle » en 1990, feu Joël Robuchon, dont les restos ont essaimé un peu partout à travers la planète, trouva sa vocation à l'occasion de son entrée au petit séminaire de Mauléon quand il avait 12 ans. Sa passion pour la gastronomie lui est venue lorsqu'il passait son temps à aider les religieuses qui préparaient les repas pour la communauté !

L'église de Moulins : *à env 4 km au nord-ouest par la D 156.* Pour sa surprenante Vierge, bébé, emmaillotée et couchée dans un berceau. En tôle moulée et peinte, elle a été rapportée d'Italie par une religieuse.

Rando aux alentours de Mauléon : un circuit d'une petite dizaine de kilomètres vous emmène dans le fief des grands seigneurs poitevins que furent les Mauléon. On y découvre successivement l'abbaye de la Trinité, la Passerelle et son quartier, le bocage mauléonais, l'ancien quartier des artisans, le coteau du Mont Gaillard (et la vue), le quartier historique de Saint-Jouin. Dépliant disponible à l'office de tourisme.

HAUTE-VIENNE

BELLAC

(87300) 3 780 hab.

• Carte C3

Cette sous-préfecture de Haute-Vienne mérite une petite halte pour découvrir son centre ancien, situé sur un éperon rocheux dominant la vallée du Vincou, symphonie de verdure. L'hôtel de ville, ancien castel du XVIᵉ s, témoigne du passé prestigieux de la ville, et quelques ruelles pittoresques conduisent à l'église (où vous irez admirer l'ancienne châsse émaillée). Bellac est aussi la patrie de Jean Giraudoux. Sa maison natale accueille désormais un espace muséographique original, la *Digitale,* ouvert en saison estivale.

Situation et accès

À 45 mn au nord de Limoges par la N 147.

Adresses et infos utiles

Office de tourisme du pays du Haut-Limousin : *rue des Doctrinaires. ☎ 05-55-68-12-79. • tourisme-hautlimousin.com • Juil-août, tlj sauf dim ; reste de l'année, fermé sam ap-m, dim et jeu.* Dispose, entre autres, d'un dépliant avec circuit découverte de Bellac.

■ ***Aires de camping-car :*** *aire des rives du Vincou, parc Aimé-Vallat ; stationnement et services gratuits ; 5 places. Possibilité aussi de stationner pl. du 138e-RI (gratuit et pas de services) et au* ***camping Les Rochettes,*** *aire d'accueil (10 places).*

■ ***Bornes de recharge électrique :*** *pl. du 138ᵉ-R.I. et 16, av. René-Coty (au niveau du Lidl).*

■ ***Aires de pique-nique :*** *au vert, dans le parc Aimé-Vallat, sur les rives du Vincou et au parc Charles-Silvestre, pl. Jean-de-la-Fontaine.*

– ***Marché :*** *sam mat, pl. du Marché.*

– ***Foire mensuelle :*** *le 1ᵉʳ de chaque mois, pl. du 138e R.I.*

Où dormir ? Où manger ?Où boire un verre ? Où acheter de bons produits ?

Chambres d'hôtes La Maison Bellachonne : *11, pl. de la République. ☎ 05-55-68-47-61. • lamaisonbellachonne.com • Doubles env 65-85 €.* En plein centre-ville, face à la superbe mairie, cette demeure du XVIIᵉ s dissimule derrière sa façade sobre des chambres de charme. Spacieuses, lumineuses, elles possèdent de vieux parquets, des meubles anciens, une déco cosy et une atmosphère un poil romantique. La plus petite, la moins chère aussi, est mansardée. Sur l'arrière, belle vue sur la campagne. Sympathique accueil des propriétaires d'origine anglaise.

Le Central : *7, rue Denfert-Rochereau. ☎ 05-55-68-00-43. • centrahotel-restaurantlimousin.fr • Ouv lun-ven. Doubles 60-65 €. Repas env 30 €.* Un petit hôtel aux chambres nettes et sans fioriture, en plein centre de Bellac. Au resto, une bonne cuisine traditionnelle.

Auberge du Cheval Blanc : *2, av. Jean-Jaurès. ☎ 05-55-68-84-88. Tlj sauf mar-mer (et le soir dim-jeu oct-mai). Formules salade et dessert 13 € (17 € dim), ou menus 15-23 €. Résa conseillée (la petite salle fait vite le plein d'habitués).* C'est la (très) bonne petite adresse de Bellac, où l'on trouve à la fois un cadre chaleureux, un accueil aussi sympa qu'efficace et une cuisine de tradition simple mais savoureuse (leurs ris de veau sont délicieux). Un rapport qualité-prix au top !

Antiquités-Brocante Ritter : *lieu-dit Bellevue, 87300* ***Peyrat-de-Bellac.*** *06-85-08-25-81. • antiquites-herve-ritter.com • Mar-sam 9h-19h.* Besoin d'une vieille pirogue ? D'une voiture à cheval ? Ou simplement d'affiches vintage ? Même si ce n'est pas le cas, l'arrêt dans cette boutique d'antiquités qui fait aussi salon de thé vaut le coup, ne serait-ce que pour y boire un verre et grignoter un cake en se rinçant l'œil sur des trésors aussi improbables que d'anciennes télécabines de ski. Atypique.

Aux Quatre Saisons : *10 bis, av. Jean-Jaurès. ☎ 09-87-30-12-22. Mar-sam 8h30-18h30 (13h30 jeu).* Dans une sorte de hangar, tout plein de fruits et légumes, fromages et une belle sélection de produits locaux.

À voir. À faire

La Digitale, maison natale de Jean Giraudoux : *4, av. Jean-Jaurès. 06-08-43-51-90. • ladigitale-giraudoux.fr • L'été, ouv dim-mer 14h-18h, jeu-sam 10h30-12h30 et 14h-18h ; sur résa le reste de l'année. Escape game : 10 €. GRATUIT.* La maison du grand poète et dramaturge bellachon abrite aujourd'hui un lieu innovant. Ni franchement musée, ni vraiment espace d'exposition, c'est surtout une expérience immersive basée sur l'univers numérique qui attend le visiteur, d'où le nom de *Digitale*. Dans chaque pièce, des installations interactives permettent de redécouvrir de façon ludique l'œuvre de Giraudoux. Bon, il y a quand même quelques vitrines renfermant des éditions originales... Et carrément un *escape game* pour les amateurs !

L'église Notre-Dame : à l'origine chapelle d'un château disparu, bâtie au XIIe s, remaniée au XIVe s, l'église abrite un retable baroque intéressant. Dans la chapelle des Comtes de la Marche se trouve ***la plus ancienne châsse du Limousin (XIIe s),*** en cuivre décorée d'émaux et de cabochons. Superbe. De l'extérieur, joli panorama sur la campagne avoisinante.

Balade dans la vieille ville : rue du Coq (à l'angle de la place du Palais), amusante plaque de rue annonçant « Défense de trotter en ville », afin que les chevaux de l'armée (un régiment d'infanterie était autrefois cantonné à Bellac) ralentissent en croisant les charrettes des paysans. Au ***28, rue Thiers,*** en 1663, l'*Hostellerie de la Pyramide* hébergea un certain Jean de La Fontaine, qui y écrivit *Le Coche et la Mouche.* Il ne reste rien de ce bâtiment, mais une plaque commémorative signale l'endroit. Puis, empruntant la ***rue La Fayette,*** face à la mairie, gentilhommière du XVIe s, on arrive en surplomb du Vincou : beau panorama, avec à droite le viaduc, le cours serpentant et les berges aménagées du Vincou qu'on gagne par ce qu'on appelle ici « les 104 marches », un long escalier. Tout en bas, dans les ***jardins du Vincou,*** jeux pour enfants, aire de pique-nique. Beau pont du XIIIe s et, en aval, vers les anciennes tanneries, curieux séchoir à peaux du XVe s, le dernier encore existant.

➢ ***Pour les randonneurs,*** 3 circuits : « Le chemin des moulins » 8 km, « Le chemin des diligences » 8 km et « Flâneries au cœur de Bellac » 5,7 km.

NOUVELLE-AQUITAINE

BESSINES-SUR-GARTEMPE (87014) 2 880 hab.

• Carte C3

Labellisé en 1995, Bessines-sur-Gartempe est le vétéran des Villages étapes ! Son petit centre propret, avec ses quelques très belles maisons anciennes, sa fontaine, ses bacs à fleurs, ses terrasses de cafés et commerces divers, se révèle plutôt séduisant. C'est aussi la ville natale de la célèbre peintre et modèle Suzanne Valadon, mère du tout aussi célèbre peintre Maurice Utrillo. Un petit espace lui est consacré.
Autre curiosité liée à l'exploitation passée de plusieurs mines d'uranium dans la région : le musée interactif de la mine Urêka, créé par Areva (devenu Orano depuis), qui possède encore plusieurs structures à Bessines-sur-Gartempe, dont un centre de recherche. Enfin, à 2 km du centre-ville, le plaisant lac de Sagnat.

Situation et accès

À 30 mn au nord de Limoges par l'A 20 (sortie 24).

Adresses et info utiles

Bureau d'information touristique des Monts du Limousin : *pl. du Champ-de-Foire. ☎ 05-55-76-09-28. • tourisme-montsdulimousin.fr • Ouv tlj sauf lun de mi-juil à mi-août (mat slt dim et j. fériés) ; mar-sam en mai-juin et sept ; ouvertures restreintes hors saison (consulter le site).*

■ ***Aires de camping-car :*** *pl. du Champ-de-Foire ; stationnement gratuit, aucun service ; 20 places.* Un grand parking, à 2 pas du centre. *Sinon, au* ***Camping Les Pignons Verts*** *(mars-fin déc) ; stationnement et services payants.*

■ ***Borne de recharge électrique :*** *pl. du Champ-de-Foire.*

■ ***Aires de pique-nique :*** *pl. du Champ-de-Foire ou au bord du lac de Sagnat.* La 1re a l'avantage d'être dans le centre, mais on lui préfère la 2de, dans un bel environnement naturel.

– ***Marché :*** *ven et dim mat, pl. Saint-Léger.*

Où dormir ? Où manger ? Où acheter de bons produits ?

Camping Les Pignons Verts : *lac de Sagnat. ☎ 05-55-76-17-69. Ouv juin-août pour les campeurs, tte l'année pour les chalets. Emplacement 2 pers 18 €.* Un joli site, sous les arbres, au bord du lac.

Hôtel de France : *12, rue du 8-Mai-1945. ☎ 05-55-76-03-04. • hoteldefrancebessines.com • (hôtel). Resto fermé sam soir hors saison. Congés : vac scol d'hiver et de la Toussaint. Doubles 70-100 €. Formule déj express en sem 14,80 € ; menus 22-28 € et carte. Parking.* Dans le bâtiment côté route, c'est la petite adresse de campagne classique, avec son bon vieux bistrot au charme désuet. Même ambiance dans la salle à manger où est généreusement servie une cuisine traditionnelle soignée. Changement de décor radical côté hôtel, installé dans une annexe contemporaine sur l'arrière. Les chambres y sont spacieuses et climatisées, à la déco des plus sobre, la plupart avec balcon ou terrasse sur le vallon et le parking. Inattendu.

Maison Faurie : 6, rue du 11-Novembre. ☎ 05-55-76-00-69. Tlj 6h-20h. Une boulangerie-pâtisserie-salon de thé qui propose des petits délices sucrés (notamment les macarons) mais aussi des en-cas salés.

Sinon, juste à côté de la Maison Faurie, il y a la ***Boucherie-Charcuterie*** *(fermé dim ap-m et lun)* pour garnir vos sandwichs ou acheter des petits plats traiteurs.

Et un saut aux ***Caves de la Gartempe*** *(12, rue du 11 Novembre 1918 ; fermé dim et lun)* finira de compléter votre panier pique-nique : vin, sélection de bières artisanales et de produits du terroir...

À voir. À faire

Pour découvrir Bessines-sur-Gartempe, partez donc sur les traces de Philémon le Hérisson, mascotte des Villages étapes, en suivant le balisage du parcours du patrimoine de 3 km.
Notez aussi le ***chêne de la liberté*** qui dispense son ombrage sur la place centrale, malgré son relatif jeune âge. Le 1er arbre de la liberté de Bessines fut planté en 1889, pour commémorer le centenaire de 1789, et fut remplacé un an plus tard par un chêne heureusement plus résistant, puisqu'il ne rendit l'âme qu'en 2006 sous l'effet du vent. On planta alors le *quercus robur pedonculata* qui orne désormais la place.

Espace Suzanne Valadon : *6, av. du 11-Novembre. À l'étage. GRATUIT.* Un petit espace bien fait dédié à Suzanne Valadon (1865-1938), avec reconstitution d'un atelier de peintre et l'évocation de sa vie, son œuvre. Née à Bessines de père inconnu, elle grandit à Paris, où sa mère blanchisseuse se réfugia après sa naissance. ***Femme libre*** au caractère bien trempé, Suzanne Valadon était aussi une très belle femme. Elle devint modèle pour gagner sa croûte (d'Auguste Renoir et Henri de Toulouse-Lautrec notamment) et c'est lors de ces longues séances de pose qu'elle se forgea une éducation artistique et tissa des liens dans le milieu.

Urêka – musée interactif de la Mine : *1, av. du Brugeaud. ☎ 05-55-76-03-04 ou 05-32-09-05-60. • ureka.fr • Mer-dim, 14h-18h plus 10h-13h l'été. Entrée : 7 € ; réduc. Escape game (sur résa).* Un site inédit dans son genre. Ce musée à l'architecture futuriste, à l'entrée du complexe Orano, retrace l'histoire de la découverte, de l'exploitation et de l'utilisation de l'uranium dans un espace muséographique des plus moderne, avec effets spéciaux. La visite commence par la projection d'un film de 15 mn en 3D, vaste panorama historique allant du big-bang à l'utilisation des rayons X en médecine. Puis, le visiteur badgé commence le ***parcours-spectacle*** (fort bruyant !), avec en vrac, effets sensoriels de la descente à la mine, apparition de mineurs en hologrammes, écrans multimédias interactifs pour approfondir ses connaissances et passage dans une (fausse !) salle de contrôle de centrale nucléaire. En fin de parcours, les plus studieux pourront tester leur don d'assimilation sur des écrans tactiles, avant de faire un tour dans le parc des machines, à l'extérieur, pour une simulation de forage minier à ciel ouvert.

Le lac de Sagnat : *à 2 km du centre, en direction de Saint-Pardoux.* Un beau lac de 22 ha, avec ***terrain de jeux*** (pour les petits mais aussi un terrain multisport en accès libre) et son ***aire de pique-nique.*** Un ***sentier d'interprétation arboricole*** très joliment boisé en fait le tour (3 km). La promenade familiale par excellence, accessible aussi bien à pied qu'à vélo, avec ou sans roulettes !

MAGNAC-BOURG (87380) 1 120 hab.

• Carte C4

Un bourg limousin tranquille où il fait bon se promener le nez en l'air à l'affût des nombreux épis de faîtage qui ornent les toits. Mention spéciale pour ceux, moins traditionnels, de la *Brasserie des Sports*, liés à la profession des anciens propriétaires (coiffeur et cuisinier). Également quelques belles bâtisses cossues, comme la *Maison de la Bastide* (XVIIIe s), près de l'office de tourisme, et quelques surprises, comme la pharmacie et son étonnante ogive venant d'un ancien grenier.

Situation et accès

À 25 mn au sud de Limoges par l'A 20 (sortie 41).

Adresses et info utiles

Office de tourisme : *2, pl. de la Bascule. ☎ 05-55-00-89-91. • tourisme-briancesudhautevienne.fr • Juil-août, lun-sam ; plus restreint hors saison.* Situé dans l'ancienne manufacture de porcelaine. Distribue un livret pour partir à la découverte du patrimoine du village. Sur place également, une boutique de produits locaux.

Aire de camping-car : *RN 20, au* ***Camping des Écureuils*** *; stationnement et services payants ; 80 emplacements ; ouv avr-oct.*

Aire de pique-nique : *dans le bourg, au bord de l'étang et au pied du grand chêne.*

– ***Marchés :*** *à Magnac-Bourg, 2e sam du mois, pl. Donnet 7h-13h ; marché ts les ven à* ***Pierre-Buffière*** *(10 km).*

SECTION_NOUVELLE-AQUITAINE

Où dormir ? Où manger ? Où acheter de bons produits ?

Camping des Écureuils : *4, route nationale 20. ☎ 05-55-00-80-28. Ouv avr-oct. Forfait 8 €/nuit. 70 emplacements.* En centre-ville, mais bien en retrait de la route, un petit camping municipal parfait pour une étape, avec des emplacements ombragés. Un très bon rapport qualité-prix.

Auberge de l'Étang : *9, route de la Gare. ☎ 05-55-00-81-37. • aubergedeletang.com • Resto ouv tlj l'été (le reste de l'année, tlj sauf dim soir et lun sauf sur résa). Doubles 63-75 €. Menu du jour 20 € sauf dim et j. fériés ; dim 30-40 €.* À l'orée du bourg, dominant un calme étang, une petite hostellerie pimpante tenue par un patron plein d'allant. Les chambres, contemporaines et très « déco », sont impeccables, tout confort et bien tranquilles (surtout celles qui s'ouvrent sur l'étang). La salle de resto est drapée de noir dans un style tendance. Bonne cuisine de terroir à déguster, les jours de beau temps, sur l'agréable terrasse qui surplombe le lac. Et pour vraiment se relaxer, direction la piscine et le jacuzzi !

L'épi magnacois : *pl. des Docteurs-Donnet. ☎ 05-55-00-43-98. Tlj sauf lun et dim ap-m 6h30-19h.* On y trouve non seulement les pains, viennoiseries et gâteaux qui raviront les becs sucrés, mais aussi une palette variée d'en-cas pour le pique-nique : sandwichs, tartes, salades, petits plats chauds, burgers, etc.

À voir. À faire

Le ***circuit des épis de faîtage*** et le ***circuit « détente et découverte »*** : 2 idées pour flâner dans le bourg (30 min-1h) parmi 8 circuits à pied ou à vélo à la découverte du territoire de Sud Briance-Haute Vienne, au départ du Champ de foire. *Infos à l'office de tourisme et sur l'application Loopi.*

➢ Un des itinéraires du grand jeu ***Tèrra Aventura,*** « Le Moyen Âge au fil de l'Isaure », passe également par Magnac. Pour jouer tout en découvrant la région, téléchargez l'application du même nom.

Le musée et les jardins Cécile-Sabourdy : *Le Presbytère, 87260* ***Vicq-sur-Breuilh.*** *☎ 05-55-00-67-73. À 6 km au nord-ouest de Magnac-Bourg. Ouv tte l'année, tlj sauf lun 14h-18h. Entrée : 5,50 € ; réduc ; gratuit moins de 6 ans. Visite guidée sur résa (à partir de 4 pers) : 2 € pers supplémentaire (gratuit sam, sauf l'été). Propose différentes activités culturelles (spectacles, rencontres, etc.) ainsi que des ateliers et jeux pour enfants.*
Installé dans un ancien presbytère admirablement restauré, le musée présente des ***artistes autodidactes et atypiques*** (toiles, dessins, sculptures et textiles). La collection s'est constituée autour de tableaux naïfs de Cécile Sabourdy (1893-1970), dont l'œuvre évoque le monde rural et intime du Limousin. Henri de La Celle, collectionneur d'art, séduit par ce personnage excentrique, devint son mécène et fit découvrir ses travaux à ses prestigieux amis : Tinguely, Calder, Niki de Saint Phalle ou Brassaï, qu'il accueillait dans sa propriété non loin de Vic.
Aujourd'hui, la collection s'est considérablement étoffée. Elle comprend une quinzaine d'artistes de la région et d'ailleurs exposés aux côtés de grands noms, au gré d'expos temporaires, puisque les œuvres sont présentées par roulement. Le musée s'ouvre notamment de plus en plus à l'Art Singulier et à l'Art Brut, donnant l'occasion de découvrir par exemple Alain Lacoste ou Gustave Cahoreau.
Également de remarquables figurines de crèche en bois sculptées par le sabotier du village au XVIIIe s. Ne pas manquer d'admirer la superbe charpente au dernier étage ! À proximité du musée, 3 jardins parfumés, mellifères et vivriers prolongent agréablement la visite.

Les landes serpentinicoles du Cluzeau et de la Flotte : *à env 5 km de Magnac-Bourg.* Un petit ***sentier d'interprétation*** permet de découvrir cet espace naturel remarquable offrant un paysage de landes et de bruyères peu commun dans la région et dû à l'affleurement de roches serpentinites, elles aussi relativement rares en France.

PIERRE-BUFFIÈRE (87260) 1 170 hab.

• Carte C4

En surplomb et à la confluence des vallées de la Briance, du Banzou et de la Breuilh, Pierre-Buffière fut de tout temps une voie de passage, comme en témoignent son pont romain sur la Breuilh et son ancien relais de poste du XVIe s à la magnifique façade en pan de bois (*l'hôtel des Trois-Anges,* en activité jusqu'en 1888). Au cœur du bourg, l'église Sainte-Croix mérite aussi un coup d'œil pour son beau et étonnant portail vert orné de plaques en porcelaine émaillées figurant, entre autres, les apôtres.

Situation et accès

À 20 mn au sud-est de Limoges par l'A 20 (sortie 39).

Adresses et info utiles

Office de Tourisme : *pl. du 8-mai-1945. ☎ 05-55-00-94-33. • tourisme-briancesudhautevienne.fr • Ouv mai-sept, tlj sauf dim et j. fériés.*

Aires de camping-car : *le stationnement en camping-car est autorisé dans toute la commune. Sinon, 2 stationnements gratuits dans la Z.A. de Chabanas, à côté du camping et d'une ancienne ferme restaurée abritant la salle des fêtes de Pierre-Buffière et le siège de la communauté de communes !*

Aires de pique-nique : *pl. Adeline,* en plein centre, mais on lui préfère les tables *le long de la Briance, au pont de l'Hermitage (ou Pont-Vieux)* avec, loin au-dessus de vos têtes, d'un côté le viaduc ferroviaire et de l'autre, celui de l'autoroute (dont la rumeur ne perturbera ni votre pique-nique, ni votre digestion !).

– **Marché :** *ven mat, pl. du 8 Mai 1945.*

Où dormir ? Où manger ? Où acheter de bons produits ?

Camping de Chabanas : *Chabanas, 87260 Pierre-Buffière. ☎ 05-55-00-96-43. • tourisme-briancesudhautevienne.fr • À 2 km du centre. Ouv juin-août. Emplacement 2 pers 12-13,50 €.* Certes, selon la direction du vent, on entend plus ou moins l'autoroute toute proche, mais on ne la voit pas de ce joli petit site plongé dans la verdure. Très simple : des grands carrés de pelouse bordés de hautes haies, de beaux arbres et un bloc sanitaire nickel.

Auberge Dupuytren : *24, av. de la République ☎ 05-55-58-80-08. • aubergedupuytren@hotmail.fr •hotel-limousin.fr • ♿ Doubles à partir de 79 €. Ouv tlj sauf dim soir (tlj juil-août). Formules déj en sem 13,50-16 €, puis menu 32 €.* À 2 pas des axes et au cœur du village, cette belle bâtisse de caractère est une vraie bonne étape. Côté gîte, les chambres modernisées dans un style sobre sont bien douillettes et profitent d'une ravissante vue sur la campagne à l'arrière. Côté couvert, on ne regrette pas de se poser dans la salle au vieux parquet, ou en terrasse face à la piscine, pour goûter une cuisine de terroir bien faite. Parfait.

L'Adéquate : *1, rue du Commerce, 87260 Saint-Hilaire-Bonneval. ☎ 05-55-00-61-67. À 5 km de Pierre-Buffière. Fermé dim-lun. Menu déj en sem 16 €, formules 29-39 € ; carte 25-35 €.* À un carrefour, une petite adresse qui ne paie pas de mine, mais bien connue dans le secteur. À l'entrée, le comptoir ; sur le côté, la terrasse. Quelques marches à monter, et vous voilà dans la petite salle plus avenante à l'arrière. Spécialisé dans les viandes du Limousin, ce resto ravira les carnivores : bœuf, veau, canard confit, tartare au couteau, burgers divers et variés, entrecôte, faux-filet. Le tout cuit dans les règles de l'art.

Les Délices d'Antone : *42, av. de la République. ☎ 05-55-00-60-06. Ouv 8h30-12h30, 15h45-19h (17h30 sam) ; fermé dim ap-m, lun et jeu ap-m.* Une toute petite boucherie-charcuterie, ce qui ne l'empêche pas de proposer des viandes, charcuteries, plats traiteurs et produits du terroir de qualité.

À voir. À faire

Petit livret avec ***circuit du patrimoine*** pour partir à la découverte de Pierre-Buffière disponible à l'office de tourisme.

La Villa gallo-romaine d'Antone : *plateau des Boissières. À 3 km du bourg ; accessible à pied du centre, mais sentier avec une forte dénivelée. Ouv avr-oct ; accès libre.* Ancien domaine agricole (ou ce qu'on appelait une *villa* à l'époque gallo-romaine) installé sur un plateau qui surplombe la vallée du Blanzou. Le site se parcourt librement ; des panneaux expliquent ce que vous avez sous les yeux. À noter, ce qui ressemble à un puits à l'arrondi parfait, mais qui est en réalité un *nymphée,* soit un bassin dédié aux nymphes. Beaux vestiges aussi du grand égout et des caniveaux qui permettaient d'évacuer les eaux des thermes.

VIENNE

VIVONNE (86370) 4 460 hab.

• Carte B-C3

Pas moins de 3 rivières – la Vonne, le Clain et le Palais – unissent leurs eaux à l'ombre des vestiges du château de Vivonne. Avec un tel environnement, pas étonnant que cette petite ville en longueur se soit naturellement tournée vers les plaisirs aquatiques ! Labellisée Station verte et Station pêche, c'est une vraie référence pour les amateurs et les pros. De beaux sentiers balisés font aussi de Vivonne un agréable lieu de randonnées, à pied ou à VTT. Mais pour plus de sensations fortes, ne ratez pas la descente en canoë. Seul, à 2, ou en famille, c'est tout simplement top. Et pour se remettre de toutes ces émotions, direction la piscine où le toboggan et l'aire de jeux font la joie des petits et des grands.

Situation et accès

À 30 mn au sud de Poitiers par la N 10.

Adresses et info utiles

Bureau d'Informations Touristiques : *pl. du Champ-de-Foire. ☎ 05-49-43-47-88. • vivonne.fr • Ouv en saison mar-sam 10h-13h, 14h-18h.* Excellent accueil, très pro et dynamique.

■ ***Aire de camping-car :*** *pl. du Champ-de-Foire (sf sam mat) ; stationnement gratuit et services payants ; 8 places ainsi que 8 autres non délimitées.*

■ ***Borne de recharge électrique :*** *pl. du Champ-de-Foire.*

■ ***Aires de pique-nique :*** *aire de loisirs parc de Vounant et site de la plage, à côté du camping.*

– ***Marché :*** *sam, pl. du Champ-de-Foire.*

Où dormir ? Où manger ? Où acheter de bons produits ?

Le Saint-Georges : *12, Grand-Rue. ☎ 05-49-89-01-89. • hotel-st-georges.com • Congés : 19 déc-9 janv. Resto ouv tlj en été. Doubles avec ou sans clim à partir de 70 €. Carte env 35 €.* Il s'agit en fait de 2 hôtels. La maison mère accueille la plupart des chambres, modernes, suffisamment confortables et bien équipées. En face, l'annexe au-dessus du resto s'adresse aux voyageurs plus exigeants, avec la clim et un balcon pour les plus chanceux. Au resto, la carte aligne des plats de tradition et des grillades. Accueil chaleureux.

Le Moulin de Bois Coutant : *Bois Coutant. 06-73-49-68-53. • lemoulindeboiscoutant.fr • Doubles 70-80 €. Table d'hôtes sur résa 30 €.* Un ravissant moulin planqué dans un écrin de verdure. Un véritable havre de paix, où les belles chambres classiques et tout confort, la piscine, le bief pour la pêche, un spa (l'hiver) et la salle de billard incitent illico à prolonger le séjour. Très tentant, d'autant que la table est tout aussi recommandable. Accueil très sympa.

Épicerie Brin de Pierre : *24, Grand-Rue. 06-69-19-77-55. Ouv mar-sam (sauf le mat mer et ven) 9h30-12h30, 15h-19h.* C'est la boutique de Marie, qui vit sa passion pour les beaux produits dans une boutique pleine de charme, au parfum d'antan. Que du vrai, du bon et du bio. Parfait pour se confectionner un bon pique-nique en piochant parmi les tartinables et les douceurs.

À voir. À faire

Le parc de Vounant : *dans le centre, après le pont de l'av. de Bordeaux.* Hyper bien situé, ce joli petit coin de verdure déploie ses ailes au bord de l'eau. Parfait pour la pause sous les arbres. Aire de jeux.

Club de canoë-kayak Les Pagayous : *parc de Vounant. 06-81-94-87-05. • vivonne.canoe86.org • Tte l'année (tlj 10h-19h en hte saison).* Animations et locations à l'heure, demi-journée ou journée entière. Belles balades alternant des eaux calmes et le franchissement de quelques passages gentiment agités, histoire de laisser des souvenirs ! Accueil très sympa.

Parcours Tèrra Aventura : « Coup de pagaie en vives z'eaux ! ». *2,50 km, durée 1-2h. GRATUIT.* Un jeu d'enquête pour découvrir la ville en famille.

Le musée du Livre – basilique de Marçay : *chemin de la Ragondilière, Marçay. À 7 km au nord-ouest de Vivonne, par la D 27. 06-59-74-87-30. • basiliquedemarcay.com • Tte l'année sur rdv, tlj en juil-août sauf lun-mar en principe 10h-13h, 14h-18h (mieux vaut téléphoner). Visite guidée (45 mn) ou libre du musée dans l'église 5 € ; gratuit jusqu'à 12 ans. Accès libre au cloître et à l'espace librairie.*

En pleine campagne, la basilique Saint-Benoît-Joseph-Labre est une pépite qu'on ne s'attend pas à découvrir au coin du chemin. Cet édifice datant de la fin du XIXe s a pourtant servi au culte jusqu'en 1962. Quasiment laissée à l'abandon depuis, la basilique a rouvert ses portes en 2017 après 5 ans de travaux de restauration. Son propriétaire, un libraire parisien, a fait le pari fou d'y créer un lieu culturel dédié à la sensibilisation aux ***métiers du livre*** et à la mise en valeur du patrimoine écrit par des actions et manifestations littéraires. Pari gagné ! La basilique, aujourd'hui classée Monument historique, s'offre une 2de vie au service de la culture, accueillant régulièrement animations, expos et concerts (du classique, mais aussi du gospel).

– ***Le musée :*** installé au cœur de l'imposante nef, il présente de précieux documents d'époques gothique et néogothique. Également des ouvrages d'écrivains religieux, contemporains de l'édification de l'église, tels que Huysmans, Bloy ou Claudel. La visite est aussi l'occasion de découvrir l'histoire de la basilique et de Benoît Joseph Labre, saint patron des pèlerins, des pauvres et des sans-domicile. L'accent est mis sur les différents éléments notables de l'édifice, notamment son chœur coloré et ses 3 superbes vitraux historiés.
– ***Le cloître :*** une curiosité dans sa catégorie, car il est inversé. Ce n'est donc pas un espace clos comme c'est le cas habituellement, mais une galerie ouverte sur l'extérieur et enserrant en partie la basilique. Étonnant. Baigné de lumière grâce à de grandes baies vitrées, il accueille une librairie et des expos temporaires d'art contemporain.

VOUILLÉ

(86190) 3 770 hab.

• Carte B3

Gros avantage pour Vouillé : le village est proche du Futuroscope et de Poitiers mais échappe à l'agitation et aux bains de foule. Une excellente étape pour profiter tranquillement du coin, d'autant que Vouillé vaut aussi le coup pour son histoire épique. Vous seriez venu ici il y a environ 1 500 ans, ça chauffait dur... En 507, le roi Clovis battait à plate couture l'armée wisigothe d'Alaric II, libérant l'Aquitaine qui se rallia alors au royaume fraîchement catholique des Francs. La cité est aujourd'hui bien loin de ce passé guerrier. De la muraille, bâtie au XVe s pour protéger la ville des Anglais, subsiste une porte qui abrite la mairie.

Situation et accès

À 25 mn au nord-ouest de Poitiers par la N 149.

Adresses et info utiles

Office de tourisme du Haut-Poitou : *1, rue Clovis. ☎ 05-49-51-06-69. • tourisme-hautpoitou.fr • Sur le parking du monument aux Morts. Juil-août, mar-sam 10h-12h30 et 14h-18h ; mai, juin et sept, mar-mer et ven 10h-12h30 et 14h-18h, sam 10h-12h30 ; oct-avr, mar-mer et ven 10h-12h30 et 14h-17h, sam 10h-12h30.*

■ ***Aire de camping-car :*** *chemin de la Piscine (gratuit ; 11 places) ou au* ***camping municipal*** *(ouv juin-fin août ; stationnement et services payants ; 40 places).*

■ ***Bornes de recharge électrique :*** *pl. François-Albert et rue Georges Leclanché, dans le pôle multimodal.*

■ ***Aires de pique-nique :*** *au parc de la Gorande (roseraie, jeux pour les enfants et même quelques animaux à caresser !), sinon derrière l'office de tourisme, square Alaric, ou encore sur le boulodrome.*

– ***Marché :*** *mer et sam mat, dans le centre.*

NOUVELLE-AQUITAINE

Où dormir ? Où manger ? Où acheter de bons produits ?

Camping municipal : *chemin de la Piscine. ☎ 05-49-54-20-30 (mairie). • vouille86.fr • Ouv slt l'été. Forfait 2 pers env 11 €.* Proche du centre et des commerces mais situé dans un coin tranquille, ce petit camping déroule ses emplacements herbeux à l'ombre des arbres. Équipements simples et suffisants, bon entretien général. Mais la vraie cerise sur le gâteau, c'est l'accès gratuit pour les résidents à la piscine municipale *(juil-août)* !

Hôtel-restaurant Le Cheval Blanc et Clovis : *3, rue de la Barre. ☎ 05-49-51-81-46. • cheval-blanc-clovis.fr • Doubles 69-74 €. Menus déj 14-18 € (lun-sam) à la brasserie, sinon compter 18,50 (sauf dim et j. fériés)-59 € au restaurant.* À chaque bâtiment son enseigne, mais il n'y a qu'un seul établissement ! Au *Cheval Blanc,* une partie de l'hôtellerie (chambres classiques sans charme particulier mais bien tenues, les plus agréables donnant sur la rivière) et la restauration : cuisine régionale servie avec beaucoup de professionnalisme dans une salle claire ou sur la terrasse couverte au bord de la rivière. Et à une centaine de mètres, le *Clovis,* avec des chambres dans le même style. Accueil pro et sympa de Fabien, le patron.

Château Périgny : *40, rue des Coteaux. ☎ 05-49-51-80-43. • chateau-perigny.com • À env 4 km à l'est du bourg. Doubles 80-160 € ; familiales. Menus du midi en sem 19 €, 32-68 € le soir.* Une adresse de charme dont les chambres sont réparties dans 2 bâtiments. Vastes, elles bénéficient d'une déco sobre et de meubles anciens. Certaines possèdent une belle vue sur la campagne. Belle piscine. Au resto, une cuisine locavore maîtrisée par Emmanuel Vincent, un chef de retour sur ses terres natales. Bon accueil de Kerstin, la maîtresse de maison.

Carnet de Voyage : *18, rue du Lac (zone Vaugendron). ☎ 05-49-50-25-22. Lun-ven 12h-14h, plus ven 19h-21h. Fermé le w-e. Formules 13-17 €.* Une salle qui se remplit vite (pointez-vous de bonne heure). Ici, la cuisine du monde affichée au tableau noir est exécutée avec des produits de saison et travaillée de A à Z sur place pour le plus grand bonheur des habitués qui en ont fait leur cantine à l'heure du déjeuner.

Les Halles : *6, pl. François-Albert. ☎ 05-49-43-96-63. Lun-ven 9h-13h, 16h-20h, plus le mat le w-e.* Vins, produits régionaux, broyés du Poitou, gâtinettes au chocolat noir ou au lait, jus et terrines. Bref, de quoi donner du corps et des saveurs à son pique-nique !

À voir. À faire

Parc de la Gorande : *le Moulin Neuf ; toujours ouvert.* Depuis plusieurs années, Vouillé s'est engagé dans une démarche de gestion écologique de ses espaces verts ! Au parc, vous pourrez rencontrer des moutons d'Ouessant, des cygnes, des chèvres naines, des poules et des oies de Chine ! Sur place, jeux pour enfants. Le **parcours de géocaching** intitulé « sans Clo, ni Vis... » de *Tèrra Aventura* qui débute dans le bourg passe par-là.

La forêt domaniale de Vouillé-Saint-Hilaire : *brochure de randonnée à télécharger sur le site de l'office de tourisme. Infos également auprès de la LPO : ☎ 05-49-88-55-22.* Elle s'étend sur plus de 1 500 ha de terres de brande, où dominent les chênes rouvres, les hêtres et les pins. Parcours de santé, sentiers de randos pédestres ou à VTT, sentier ludique « *sur la piste de Merveille* » à faire avec les enfants (via l'application du même nom). À certaines dates, l'ONF et la

LPO (Ligue pour la Protection des Oiseaux) organisent des sorties sur le thème de l'engoulevent, un oiseau migrateur.

Le château de Chiré-en-Montreuil *(86190)* **:** *à 3,5 km à l'ouest de Vouillé (D 62). Le château étant communal, l'extérieur est accessible à tous. Visites possibles auprès des Amis du Château : infos auprès de la mairie (☎ 05-49-51-84-50) ou à l'office de tourisme de Vouillé.* Petit château du XIVe s planté au confluent de l'Auxance et de la Vendelogne. Avec son pont dormant et ses tours d'angle, ce castel trapu aux allures de petite forteresse séduira les amoureux d'histoire médiévale.

La Cité des Tanneurs et la commanderie hospitalière de Lavausseau : *7, Grand-Rue, à* ***Lavausseau.*** *☎ 05-49-43-77-67. • citedestanneurs-lavausseau.fr • À 12 km au sud-ouest de Vouillé. Jours et horaires variables (en principe tlj sauf ven-sam l'été). Visite guidée : 7 € ; réduc ; forfait famille.*
L'association *La Cité des Tanneurs* ouvre les portes de la tannerie de la Boivre, patrimoine industriel unique en France, pour présenter les savoir-faire des mégissiers-pelletiers des XXe et XXIe s. Lavausseau se serait lancé dans le travail du cuir et des peaux à la fin du XIIe s avec l'installation d'une commanderie des hospitaliers de Saint-Jean-de-Jérusalem. En 1811, 11 tanneries (contre 30 au XVIIe s) exercent encore sur les bords de la Boivre, plaçant alors le centre industriel lavaucéen au 2e rang du département.
La visite de l'atelier est passionnante : étape par étape, devant machines et outils d'époque en état de marche, on assiste avec émerveillement au travail du cuir : salage, reverdissage, écharnage, tannage, opération pendant laquelle le cuir devient imputrescible... Attenant, un bel espace d'exposition et une boutique.

OCCITANIE

AVEYRON

BARAQUEVILLE

(12160) 3 230 hab.

• Carte C4

Bienvenue dans le Ségala, une terre d'élevage aux douces vallées, entre les rivières Viaur et Aveyron. Entre autres productions locales, citons le veau d'Aveyron et du Ségala, un veau fermier élevé sous la mère (donc au lait naturel) et selon des méthodes traditionnelles qui donnent à sa savoureuse viande une extraordinaire tendreté.
Point de vieilles bâtisses à Baraqueville, qui est une ville jeune, au carrefour de 2 grandes routes, la N 88 et la D 911. Vous y trouverez tous les services et plusieurs petits restos, pour la plupart en rang d'oignons au bord de la longue rue autour de laquelle le bourg s'est construit.

Situation et accès

À 20 mn au sud-ouest de Rodez par la N 88.

Adresses et info utiles

Office de Tourisme : *pl. François-Mitterrand. ☎ 05-31-97-01-20. • aveyron-segala-tourisme.com • Ouv de mi-juin à mi-sept slt, lun-sam ; fermé jeu.*
Aire de camping-car : *rue du Val-de-Lenne ; stationnement gratuit (limité à 48h) et services payants, services avr-sept stationnement ouv tte l'année ; 10 places.* Situation agréable et tranquille, en surplomb du lac.
Borne de recharge électrique : *pl. René-Cassin.*
Aire de pique-nique : *autour du lac du Val de Lenne.*
– **Marché :** *2e dim du mois, espace Raymond-Lacombe.*

Où dormir ? Où manger ? Où acheter de bons produits ?

Hôtel-Restaurant Le Palous : *184, av. du Centre. ☎ 05-65-69-01-89. • lepalous.com • Resto ouv lun-ven. Double 50 €. Menus 11,90-22,90 €.* Lino gris, murs clairs, couettes blanches et petites salles de bains. C'est simple, propre, bien pour une étape. Mais chaussez vos pattes de velours, car c'est un brin sonore. Côté cuisine, produits frais pour une petite cuisine de tradition qui se tient, ou des burgers et des pizzas pour les moins aventuriers.
Café-restaurant L'Agriculture : *449, av. du Centre. ☎ 05-65-69-09-79. Tlj sauf lun 7h-15h, 18h-23h (2h du*

matin w-e). Menus déj en sem 14,50 €, puis 23 € ; carte env 25 €. Du régional à base de bons produits locaux, simplement mais bien mis en valeur : saucisse-aligot, salade aveyronnaise, d'excellents tripous. C'est aussi le bar où les locaux se retrouvent pour boire un verre à l'heure de l'apéro. Grande terrasse au bord de la route très passante.

Pâtisserie-salon de thé Cyril Lacombe : *201, av. de Toulouse. ☎ 05-65-69-01-76. Tlj sauf dim ap-m et lun, 7h30-13h, 14h30-19h.* Pour une pause gourmande. Le plus dur sera peut-être de choisir parmi les gâteaux aussi alléchants que savoureux qui vous font de l'œil derrière la vitrine du comptoir !

Et sinon, ***pour le pique-nique,*** vous trouverez ce qu'il faut en charcuterie et plats traiteurs à la bien cachée ***Boucherie-charcuterie Palis-Rey*** *(297, rue de l'Église ; tlj sauf dim ap-m et lun)* ou à ***Aveyron frais*** *(Z.A. Puech II ; tlj sauf dim ap-m et lun, 9h-12h30, 14h30-19h15),* une petite chaîne de supermarchés régionale vendant de nombreux produits du département et des départements voisins.

À voir. À faire

Le lac du val de Lenne : *à 2 pas du bourg.* C'est autour de ce plan d'eau artificiel qu'affluent les foules quand le beau temps sort le grand jeu ou à l'heure de la promenade. De mi-juin à septembre, il y a même une plage avec baignade surveillée. L'office de tourisme distribue un dépliant avec 4 promenades à faire autour (de 30 mn à 4h).

L'église fortifiée de Boussac : *à 6 km à l'ouest de Baraqueville.* Au centre d'un village tout petit mais mignon, une belle église du XVe s dont on peut encore admirer le clocher-tour qui servait de donjon, les créneaux, les meurtrières et les mâchicoulis.

LAISSAC (LAISSAC-SÉVERAC-L'ÉGLISE)

(12310) 1 750 hab.

• Carte C4

Nichée entre le Causse de Séverac-le-Château, la forêt des Palanges et la vallée de l'Aveyron, Laissac est une grosse bourgade agricole. Tous les mardis matin, elle accueille le 1er marché aux bestiaux du sud de la France. Sous les 2 grands foirails, ce sont alors quelque 2 000 bovins et ovins qui se vendent. Impressionnant !
En 2016, Laissac a fusionné avec la toute petite et toute mignonne bourgade de Séverac-l'Église, située à 4 km.

Situation et accès

À 25 mn à l'est de Rodez par la N 88.

Adresses et info utiles

Bureau d'information touristique : *1, av. de Rodez. ☎ 05-65-70-71-30. • causses-aubrac-tourisme.com • Juil-août, lun-sam 9h15-12h15 et 14h-18h30, dim 9h15-12h15 ; juin et sept, lun-sam 9h15-12h15 et 14h-17h30 ; oct-mai, lun-ven 9h15-12h15 et 14h-17h, sam 9h15-12h15.* Organise les visites du marché aux bestiaux et du château des Bourines.

Aire de camping-car : *chemin d'Ampiac, à proximité du Foirail. Stationnement gratuit et certains services payants ; 15 places et grand parking à proximité immédiate.* Le jour du marché aux bestiaux, vous serez aux 1res loges, car c'est à côté !

Bornes de recharge électrique : *parking du chemin de Maquefabes et av. Joseph-Lautard.*

Aires de pique-nique : *12, rue de la Basse-Marche.* Une table, en contrebas du village, entre un grand champ et des potagers. Autres aires : *17, chemin de Maquefabes* et *chemin d'Ampiac (à l'aire de camping-car, 5 tables).*

– **Marché :** *mar mat, dans le centre.*

Où dormir ? Où manger ? Où acheter de bons produits ?

Hôtel-restaurant Cazes Arazat : *15, av. de la Roque. ☎ 05-65-69-60-25. • hotel-cazes.fr • Doubles 52-85 €. Resto, tlj sauf dim. Formule déj en sem 13,50-17 €, puis menu 25 €.* L'établissement tient la route depuis 7 générations. Côté chambres, un confort standard et des salles de bains au goût du jour. Côté cuisine, plats du terroir et recettes immuables pour toutes les envies et tous les budgets. Une bien bonne adresse.

Le Clos du Barry : *5, rue du Barry, 12310* ***Séverac-l'Église.*** *☎ 05-65-42-47-01. • leclosdubarry.fr • À 4 km à l'est de Laissac. Doubles 70-110 €. Table d'hôtes 24 €.* Une adresse dont l'entrain commence par la cloche, qu'on « sonne fort ». Suit l'accueil enjoué de Christelle et Guillaume. Puis la découverte des chambres qui, toutes, réservent de très belles surprises. 2 donnent de plain-pied dans la cour autour de laquelle se lovent les jolis corps de bâtiment en pierre. 3 sont dans les étages, vastes et aménagées avec goût et beaucoup d'idées. Bon petit déj pour commencer la journée dans les « tartines-blocks ».

Le Commerce : *21, pl. du 11-Novembre-1918. ☎ 09-88-35-97-42. Fermé lun ; mar-jeu et dim 6h30-15h30 ; ven-sam 7h30-15h30, 18h-20h30. Formules déj 13-16 €, menu canard 32 €, menu dim 25 €.* Une salle dans les tons clairs avec quelques belles pierres apparentes et une cuisine maison traditionnelle qui laisse une place de choix au canard (puisqu'il a même son menu !). Également des formules plus légères (végétarienne ou salade). Et pour une pause en journée, direction le bar qui propose, entre autres, des cafés, thés ou chocolats gourmands.

On trouve tout ce qu'il faut à Laissac pour constituer son pique-nique : ***2 boucheries-charcuteries, 3 boulangeries*** et le ***Proxy*** pour une bonne sélection de fromages et de produits du terroir.

OCCITANIE

À voir

Le marché aux bestiaux : *le Foirail. Le mar, visites guidées avec le bureau d'information touristique de mi-juin à fin sept, vac scol de printemps et de la Toussaint, 7h45-9h15. Départ ttes les 30 mn.* ***Sur résa uniquement au ☎ 05-65-70-71-30.*** *Tarif : 4 € ; gratuit moins de 12 ans.* À moins d'être éleveur ou maquignon, il est bien difficile de saisir tout ce qui se joue sur un tel marché, l'un des plus importants de France. Néanmoins, une visite permet d'en humer l'ambiance, dans tous les sens du terme ! Un film explique le fonctionnement des transactions : très utile pour comprendre tout ce qui se passe avant que n'intervienne la *patcha,* ce claquement de mains qui scelle la vente. On découvre le foirail pour les bovins du haut d'une passerelle, avant de descendre visiter celui des ovins au ras des enclos. En parallèle, un marché de producteurs dans les rues du village. L'occasion de tester le « petit-déjeuner à la fourchette ».

Le domaine des Bourines : *12310* ***Bertholène.*** *À 6,5 km au nord de Laissac par la D 622, direction Gabriac.* ***Sur résa auprès de l'office de tourisme,*** *visite guidée juil-août, mar à 15h. Tarif : 5 € ; gratuit moins de 12 ans.* **Remarquables château et ferme fortifiés des XIIIe-XVIIe s.** Le donjon de 21 m, ancien grenier à blé, est solidement défendu par un rempart flanqué de tours d'angles. On doit le beau portail d'entrée du XVIe s à Georges d'Armagnac (évêque de son état). Juste devant, une belle croix de chemin datant du XVIe s. Ne pas rater non plus les bâtiments de la ferme juste à côté, l'ancienne forge, le hangar à foin avec sa belle colonnade et la porcherie, surnommée « le petit Versailles des cochons »...

Si vous avez le temps, on ne peut que vous encourager à faire un détour par le beau petit ***village fortifié de Vimenet,*** situé à 13 km à l'est de Laissac.

NAUCELLE

(12800) 2 160 hab.

• Carte C4

À mi-chemin entre Rodez et Albi, cet agréable bourg du Ségala a conservé un tout petit centre historique et, notamment, une jolie rue du Four. Mais Naucelle est avant tout connu pour ses *tripous* (paupiettes où des tripes de veau sont enroulées dans de la panse d'agneau), rendus célèbres par le boucher-charcutier Charles Savy qui, en 1966, après avoir été médaillé d'or au concours de la meilleure recette du tripous du Rouergue décida de les mettre en conserve afin de pouvoir les exporter dans le reste du pays. Ainsi naquit la conserverie *La Naucelloise* qui existe encore aujourd'hui.

TRIPOUX CONTRE TRIPOUS

Lorsque la recette traditionnelle originaire du Ségala devint célèbre, on se pencha sur la manière d'accorder son pluriel. On fit alors appel à l'Académie française. Les Immortels tranchèrent dans le lard et optèrent pour le « s » et non le « x ». Les tripous n'auront donc pas intégré le clan très fermé des bijoux, choux, cailloux et autres joujoux.

Situation et accès

À 35 mn au sud-ouest de Rodez par la N 88 puis la D 58.

Adresses et info utiles

Office de Tourisme : *pl. Jean-Boudou. ☎ 05-65-67-16-42. • tourisme-aveyron-segala.fr • Ouv tte l'année ; juil-août, tlj sauf dim ap-m et lun mat ; aux intersaisons, fermé sam ap-m, dim et lun mat ; en basse saison, ouv le mat mar-sam.*

Aire de camping-car : *bd*

Eugène-Viala ; stationnement et services gratuits ; 7 places. Dans le centre, un petit parking gravillonné et, en contrebas, le bout de pelouse avec la table de pique-nique.

■ ***Borne de recharge électrique :*** *Z.A. de l'Issart, à côté du magasin de producteurs Terre Ségala.*

■ ***Aires de pique-nique :*** *pl. du Ségala.* En plein centre, devant la poste, des tables, une petite aire de jeux, la fontaine et les toilettes publiques. Également à Terre Ségala et à Naucelle Gare, *à 2 km du centre env.* Ou, plus nature : *au bois de la Gamasse, à 4 km au sud de Naucelle.*

– ***Marché :*** *sam mat, pl. de l'Hôtel-de-Ville.*

Où dormir ? Où manger ? Où acheter de bons produits ?

Il existe plusieurs chambres d'hôtes à Naucelle et dans les environs proches ; vous les retrouverez toutes sur le site de l'office de tourisme.

Camping du lac de Bonnefon : *étang de Bonnefon, Naucelle. ☎ 05-65-69-33-20. • camping-du-lac-de-bonnefon.com • À 2 km au sud du bourg. Ouv de mi-avr à sept ; tte l'année pour les chalets. Emplacement 2 pers 15-29 € ; loc de tentes toilées, mobile homes et chalets.* Sur un terrain légèrement en pente et joliment aménagé, chaque espace profite de son rectangle de pelouse bordé de hautes haies et ombragé par de beaux arbres. Bien équipé : agréable piscine *(juin-sept)*, snack, bar, etc. Un site où il fait bon se poser, pour une étape ou un séjour prolongé.

Café-restaurant Les Voyageurs : *2, pl. de l'Hôtel-de-Ville. ☎ 05-65-47-01-34. Ouv tlj en saison. Menu déj en sem 14 €, puis 17-30 € le soir et w-e ; carte env 25 €.* Du solide, du traditionnel : tripous, tête de veau sauce gribiche, saucisse-aligot, mais aussi magret de canard, confit maison ou pièces de bœuf. À dévorer dans la vaste salle intérieure ou sur la grande terrasse donnant sur la jolie place à arcades de l'hôtel de ville.

La Botte de Paille : *Z.A. de l'Issart à Naucelle-Gare. ☎ 05-32-41-20-60. Ouv lun-ven 7h-14h. Menu 14 €.* Ce resto convivial est installé dans une partie du bâtiment *Terre Ségala,* profitant d'une vue agréable sur la campagne. Le menu change tous les jours et se base sur des produits frais et locaux. Bons desserts maison pour terminer le repas.

Et pour faire des emplettes, direction le magasin de producteurs, ***Terre Ségala,*** avec boulangerie, tables de pique-nique *(tlj sauf dim ap-m 9h15-12h30, 15h-19h).*

À voir

L'église cistercienne Saint-Martin : bâtie au XIIIe s, remaniée au XVe s, elle servait d'appui aux fortifications de la ville. Elle abrite un orgue italien récent à 16 jeux (945 tuyaux) avec un buffet sculpté doré à la feuille.

– Voir aussi la rue du Four avec ses maisons du XVe s caractérisées par des étages qui débordent en « clapets ».

La bastide de Sauveterre-de-Rouergue : *à 7 km au nord de Naucelle.* Fondée en 1281 par Guillaume de Mâcon, sénéchal du Rouergue, cette bastide royale (classée parmi Les Plus Beaux Villages de France) est un chef-d'œuvre d'équilibre urbain, au charme infini, avec ses maisons à colombages, vestiges de fortifications, douves, tours, portes de la ville... le tout construit autour d'une place à arcades.

Le château du Bosc : *Camjac, à Naucelle. ☎ 05-65-69-20-83. • chateaudubosc.com • À 13 km au sud-est de Sauveterre. Visite guidée uniquement (env 1h)* *tlj 10h-18h de mi-juin à sept ; mer-dim 10h-17h de mi-mars à mi-juin et d'oct à mi-nov ; sur rdv en hiver. Entrée : 8 € ; réduc.* Vous voici dans la demeure familiale où le célèbre peintre ***Toulouse-Lautrec*** venait passer ses vacances chaque année dans son enfance, et où il garda ses habitudes plus tard. Le ***château médiéval*** est resté dans la famille de 1180 jusqu'en 2016, date du décès de Nicole-Bérengère Tapié de Celeyran, l'arrière-petite-nièce de Toulouse-Lautrec. Les pièces les plus intéressantes sont la grande salle à manger et le salon avec les tableaux de la famille Toulouse-Lautrec. La chambre du peintre, bien conservée, est émouvante : on y voit son berceau et de nombreux dessins, ainsi que son guignol et la robe de sa nourrice, qu'il adorait. Dans une pièce du rez-de-chaussée, on a retrouvé des dessins sous la couche de crépi. Ils représentent des caricatures des proches de l'artiste. Depuis son arrière-grand-père, l'art du dessin s'est transmis de génération en génération.

Le viaduc du Viaur : *à **Tanus.** À 12 km au sud de Naucelle.* Aires d'observations aménagées au bord de la D 888. Ce petit chef d'œuvre de l'industrie française a été imaginé par l'ingénieur Paul Bodin et achevé en 1902. Le viaduc franchit la vallée du Viaur (qui sépare l'Aveyron du Tarn) et domine la rivière à 116 m de hauteur, avec une immense arche de 220 m. Réservé aux trains reliant Toulouse à Rodez, il mesure 460 m de long !

GERS

VIC-FEZENSAC (32190) 3 605 hab.

NOUVEAUTÉ

• Carte B-C5

Aux portes de l'Armagnac, Vic-Fezensac est une ville tranquille dont la vie s'organise autour de la place Julie Saint-Avit. Quelques maisons médiévales à colombages et à encorbellements à découvrir le nez en l'air. Mais Vic est avant tout la *plaza de toros* du Gers et ses arènes vont bientôt fêter leurs 100 ans ! La ville est connue dans toute la région pour son sens de la fête et de la convivialité. Deux évènements majeurs pour les aficionados de la fiesta : *Pentecôtavic,* le week-end de la Pentecôte (4 jours de fête avec corridas et novilladas) et le *Tempo Latino,* le dernier week-end de juillet, le plus grand festival de salsa en Europe ! Olé !

Situation et accès

À 30 mn au nord-ouest de Auch, par la N 124.

Adresses et info utiles

Office de tourisme : *18, rue des Cordeliers. ☎ 05-62-06-34-90. • ot-dartagnan-fezensac.com • Juin-juil, tlj sauf dim 9h-12h, 14h-18h (16h sam) ; le reste de l'année, fermé w-e.* En été, visite des arènes sur rendez-vous, incluant la projection d'un film *(durée : 1h30 ; payant ; gratuit - de 12 ans).* Parcours pour découvrir le patrimoine de Vic.

Borne de recharge électrique : *pl. Mahomme, à côté de l'office de tourisme.*

OCCITANIE

■ **Aire de camping-car :** *en cours d'aménagement. Se renseigner auprès de l'office de tourisme.*

■ **Aire de pique-nique :** *La Pachère, av. de l'Europe. Fermée en cas de crue.* Agréable aire de pique-nique bien ombragée en bordure de l'Osse.

– **Marchés :** *ven mat tte l'année.* **Marchés de nuit :** *2 en juil et 2 en août (mer).* Groupes de musique, producteurs locaux et artisans d'art.

Où dormir ? Où manger ? Où acheter des produits locaux ?

Hôtel-restaurant Le D'Artagnan : *pl. de la Mairie. ☎ 05-62-06-31-37. • ledartagnanhotel.com • Double 62 €. Fait aussi resto.* Difficile de faire plus central pour cet hôtel traditionnel où les habitués se retrouvent autour d'une bière au bar-PMU du rez-de-chaussée ! Une dizaine de chambres très classiques. Celles à l'arrière sont plus calmes.

Chambres d'hôtes Villa Marambat : *lieu-dit Camp-du-Haut, 32190* **Marambat.** *☎ 05-62-59-73-41. • villa-marambat.fr • À 5,5 km au nord-est de Vic-Fezensac. Doubles 80-130 €. Tables d'hôtes 35 €.* Ravissante maison de maître du XVIIIe s et ancien domaine viticole, joliment relookée par Aline et Jean-Pierre. L'escalier semble miraculeusement léviter dans le hall d'entrée. Chambres spacieuses, pleines de charme et à l'atmosphère apaisante. Celle à l'arrière, au style art déco, reste plus fraîche en été. Piscine.

Le XX – Bar à Manger : *7, rue Henri-Roujeon. ☎ 05-62-58-01-05. Fermé mar-mer. Menus déj en sem env 14,50 € (vin et café compris !), puis 20-25 € et carte.* Un resto installé dans une vénérable et ravissante demeure à colombages, et pas n'importe laquelle, puisque Louis XIV y a passé la nuit en avril 1660 ! C'est dire si le cadre rustique avec ses robustes murs de pierre a du caractère. Plaisante cuisine traditionnelle agrémentée de touches de modernité. Également des tapas. Terrasse au bord de la rue tranquille.

Le Pas Pareil : *20, pl. Julie-Saint-Avit. ☎ 05-62-58-26-90. Tlj sauf le soir dim-mer. Formule et menu déj sauf dim 13-18 €, le soir à la carte env 25 €.* Emplacement de choix au bord de la place principale pour ce resto dont les tables prennent leur aise sous les arcades dès qu'il fait beau. L'hiver, tout le monde grimpe à l'étage. Sur le tableau noir, des formules et des plats à prix tassés pour une cuisine simple et efficace avec des produits du coin.

Le Bar d'en Face : *2, pl. Julie-Saint-Avit. ☎ 05-62-06-45-45. Tlj sauf dim, le midi slt. Formule et menus 15-17 €.* Simple bar en journée, le BDF pour les intimes revêt les habits d'une brasserie le midi. Cuisine d'ici et du monde qui s'éloigne avec succès des grands classiques de la région. Marie, la cuisinière, a beaucoup voyagé. Ça change, et c'est bien aussi. Terrasse.

Les Potagers de Mourède : *9, cour Albert-Delucq. ☎ 05-62-60-19-79. Tlj sauf dim ap-m 8h-12h30 et 15h-19h30.* Boutique de fruits et légumes dont la plupart proviennent de l'exploitation familiale. Fromages, produits du coin (certains bio), épicerie fine.

Boucherie Palacin : *19, rue Raynal. ☎ 05-62-64-47-26. Tlj sauf dim-lun 7h30-12h30 et 15h-19h.* Un vrai boucher qui est aussi éleveur de vaches limousines. Pâtés, rillettes, charcuterie et plats préparés. Que du bon !

OCCITANIE

À voir

L'église Saint-Pierre : construite à la fin du XIIe s, remaniée au XVe s. De l'époque romane, subsistent le chevet et l'absidiole. Le clocher octogonal surmonté d'une coupole date de 1850. Porte ogivale du XVe s. À l'intérieur, magnifique charpente en carène de bateau renversé. Maître-autel du XVIIIe s et superbes vitraux de facture moderne (début du XXe s) signés Raphaël Lardeur, le 1er artiste d'une lignée de maîtres verriers aujourd'hui renommés. Sol en pavement de marbre (une quinzaine de variétés !). Dans la chapelle à droite du chœur, quelques fresques anciennes.

Balade urbaine : au centre du village, sur la place Julie Saint-Avit ombragée par des platanes, trône un joli kiosque à musique du début du XXe s. Autour, quelques anciennes demeures à arcades. Dans le hall de la mairie (accessible aux horaires d'ouvertures du bâtiment), *Le Messager,* une sculpture en bronze de Zadkine. Devant l'office de tourisme, vue sur la chapelle des Cordeliers du XIVe s (ne se visite pas). De là, rejoindre les arènes Joseph Fourniol inaugurées en 1931 (visite organisée par l'office de tourisme). En revenant au centre-ville, une petite pensée pour Louis XIV qui passa la nuit au n° 7 rue Henri Roujon (c'est pas Versailles). Dans la rue Jean-Jaurès, le musée de l'artiste Catherine Moreno arbore une façade gentiment exubérante...

Lupiac : *à 15 km au sud-ouest de Vic-Fezensac.* Petit village qui n'a guère bougé depuis que d'Artagnan l'arpentait, lui qui est né tout près, en 1610, au *château de Castelmore.* Vous découvrirez celui-ci à droite, sur la route de Parré *(ne se visite pas).* Sur la place du village, se dresse une statue du plus célèbre Gascon, forcément fougueuse. Un peu plus loin, le musée d'Artagnan : *chapelle Notre-Dame, faubourg Saint-Jacques. ☎ 05-62-09-24-09. Juil-août, tlj 10h30-19h (billetterie close 1h avt) ; le reste de l'année, tlj sauf lun. Fermé de mi-nov à mi-mars. Entrée payante.*

HÉRAULT

LE CAYLAR

(34520) 470 hab.

• Carte D5

OCCITANIE

Ne pas manquer la virée sur le Larzac jusqu'au Caylar, Village étape apprécié des randonneurs et des vététistes. À 750 m d'altitude, avec sur ses hauteurs le roc Castel, c'est déjà la montagne, les 1ers conifères puis les espaces sauvages et préservés du Causse. Et tant que vous y êtes, La Couvertoirade, commanderie des Templiers, est à moins de 10 mn en voiture...
Quant au somptueux cirque de Navacelles, il n'est qu'à 25 km. Toute cette zone de l'Hérault, voisine de l'Aveyron et de la Lozère, fait partie intégrante du périmètre Causses et Cévennes inscrit en 2011 au Patrimoine mondial de l'Unesco.

Situation et accès

À 1h au nord-ouest de Montpellier, par la A 75 et la A 750.

Adresses et info utiles

Borne d'informations touristiques : *à la mairie du Caylar. L'office de tourisme le plus proche est à Lodève : ☎ 04-67-88-86-44. • tourisme-lodevois-larzac.com • Ouv tlj 10h-13h, 14h-18h en été.*

■ **Aire de camping-car :** *route de Millau, à côté du* ***camping Les 4 Templiers*** *; stationnement et services payants ; 5 places.*
■ **Borne de recharge électrique :** *aire du Caylar.*
■ **Aire de pique-nique :** *à l'entrée du parc animalier du Theil.*
– **Marché de producteurs de pays :** *mer à partir de 18h en juil-août, sur la pl. de l'Arbre-sculpté.*

Où dormir ? Où manger ? Où boire un verre ? Où acheter des produits locaux ?

Chambres d'hôtes Au Cœur du Caylar : *41, rue du Quai. 06-23-45-00-86 • aucoeurducaylar.com • Dans le bourg. Double 94 € ; familiale. Table d'hôtes : 25 €/pers sur résa.* Une jolie demeure du XIVe s de style purement caussenard avec salon accueillant, pierres apparentes et cheminée. À l'étage, dans une partie réservée aux hôtes, 3 chambres douillettes et spacieuses, dont une familiale avec lits superposés. Le petit déj et la table d'hôtes sont proposés sous la tonnelle dans le jardin. Une adresse paisible.

Chambres d'hôtes Le Barry du Grand Chemin : *88, faubourg Saint-Martin. 06-31-22-66-14. • le-barry.fr • Dans le bourg. Doubles 70-85 € ; triples. Table d'hôtes 25 €/pers.* Cette belle bâtisse en vieilles pierres abrite 5 chambres dans les anciennes écuries donnant directement sur le jardin. Meublées mi-rustique, mi-vintage, elles ont de l'allure et sont de bon confort. Bonne table d'hôtes d'inspiration réunionnaise et panier gourmand sur demande.

Hôtel du Rocher : *130, av. de Millau. 04-67-44-99-10. Ouv tte l'année. Doubles 54-72 €.* Situé à l'entrée du village, l'hôtel dispose d'une trentaine de chambres confortables, propres et bien équipées, et d'une grande salle pour le rangement des vélos, pratique ! Bon accueil et ambiance familiale.

Berger et Burger : *Z.A. les Rocailles. ☎ 04-67-96-81-75. Tlj midi et soir sauf jeu. Burgers 15,50-16,50 € ; menu 19,50 €.* Du fast-food de qualité. Les burgers sont concoctés avec de la savoureuse viande d'Aubrac cuite avec précision selon votre goût, d'autres sont garnis de poulet fermier, et aussi une version végétarienne ! Gardez une place pour un dessert, le chef est un ancien pâtissier.

O'Resto : *10, pl. de la République. 07-77-79-25-80. Face à l'arbre sculpté. Midi et soir lun et jeu-sam, midi uniquement mar et dim. Formules 14-20 €, salades repas 12-16 € ; plats 13-20 €.* La bonne table du village, qui marche très fort en saison. Il faut dire que le patron est exigeant sur la qualité de ses produits, la plupart bio. Un choix limité à l'ardoise, mais que du bon (viande de l'Aveyron, aligot, gratin dauphinois...) ! Pizzas le soir.

Ferme du Causse Le Caylar : *route de saint Pierre. 06-16-40-44-96. Ouv jeu-ven mat 9h-12h.* Juliette et Guillaume vendent en boutique viande et produits laitiers : fromage, beurre, yaourts, crèmes, tous issus des vaches de races Aubrac, Prim'holstein et Montbéliarde de leur ferme.

OCCITANIE

À voir. À faire

Remonter le temps au travers d'une ***balade dans le centre du village.*** Au départ de la place de l'***Arbre sculpté,*** œuvre de Michel Chevray représentant les divers aspects de la vie du Causse, franchir le porche de la ***Tour-Horloge*** pour pénétrer à l'intérieur de l'enceinte autrefois fortifiée de la vieille ville. Le long de la *rue de la Ville,* plusieurs maisons caussenardes du XIIIe-XVe s, certaines en ruines, puis monter la *rue Notre-Dame* vers le Roc Castel. C'est alors une plongée dans l'époque moyenâgeuse avec son ***lavoir,*** sa ***chapelle Notre-Dame,*** creusée directement dans le roc, pour enfin atteindre le ***sommet du Roc Castel.*** Table panoramique et superbe vue sur le sud du Causse du Larzac et ses chaos ruiniformes. Visite guidée en été (se renseigner à l'office de tourisme).

Le Parc animalier du Theil : *rue de la Lavogne. 06-25-52-14-41. • par cletheil.com • À la sortie du village. Juil-août, tlj 10h-18h30 ; le reste de l'année, mer et w-e slt. Fermé Toussaint-Pâques. Entrée 7,50 €, 6 € enfants 2-12 ans, gratuit moins de 2 ans.* Un parc animalier familial avec une centaine d'animaux domestiques du monde entier, connus de tous comme des biquettes, poules, chèvres, lapins, buffles, lamas... mais aussi un dromadaire ! Tous en pleine forme, dans de vastes enclos, les enfants vont adorer. Après la visite, sur un parcours de 2 km, ils pourront se défouler dans le parc aventure (tyrolienne, pont suspendu et autres épreuves réservées aux moins de 12 ans). Espace pique-nique bien ombragé à l'entrée avec snack. Simple et attachant.

➢ Et aussi de nombreuses ***randonnées*** et ***pistes VTT*** (se renseigner à l'office de tourisme).

LOZÈRE

AUMONT-AUBRAC (PEYRE-EN-AUBRAC)

(48130) 1 060 hab.

• Carte D4

Une ambiance particulière règne dans ce chef-lieu de canton, posé sur un axe routier important, surtout à la belle saison quand le bruit des bâtons de randonnée résonne un peu partout dans ses rues, et qu'en fin de journée les marcheurs affluent dans ses bars et ses gîtes. Aumont-Aubrac est en effet une étape sur le chemin de Saint-Jacques-de-Compostelle mais aussi sur le Tour des Monts d'Aubrac, et le point de départ du chemin de Saint-Guilhem-le-Désert.

Situation et accès

À 30 mn au sud de Saint-Flour par la A 75 (sortie 35).

Adresses et info utiles

Office de tourisme : *rue du Prieuré. ☎ 04-66-42-88-70. • aubrac-lozere.com • Juil-août, tlj sauf dim ap-m ; reste de l'année, ouv lun-sam.*

■ ***Aire de camping-car :*** *route du Languedoc, au* ***camping municipal*** *(ouv juin-sept) ; stationnement et services payants ; 100 places.*

■ ***Borne de recharge électrique :*** *pl. du Foirail.*

■ ***Aire de pique-nique :*** *27, av. de Peyre.* Dans le petit mais coquet jardin public, sous un majestueux séquoia, classé Arbre remarquable.

– ***Marché :*** *ven mat, pl. du Foirail.*

OCCITANIE

Où dormir ? Où manger ? Où acheter de bons produits ?

Camping municipal : *route du Languedoc. 06-86-68-84-16. Ouv juin-sept. Emplacement 2 pers 11,50 €. À 2,5 km du centre-bourg, direction Montpellier (tout près de l'entrée de l'autoroute).* Un vaste et agréable terrain, planté de hauts pins où chacun s'installe un peu où bon lui semble.

Chez Linette : *9, route du Languedoc. 04-66-42-85-88. • hotel-restaurant-linette.com • En saison, resto ouv tlj sauf dim ; hors saison, fermé le soir sauf sam. Double 70 €. Formule midi en sem 15,50 € ; carte 25-30 €.* Le grand chef Cyril Attrazic s'est attaché à donner un coup de frais à cet hôtel-resto où officia longtemps sa grand-mère. La halte classique des voyageurs et travailleurs en pause déjeuner revêt des habits bien d'aujourd'hui. Les chambres sont sobres, contemporaines, d'un très bon niveau de confort. La cuisine, elle, offre une sélection de plats bistrotiers bien ficelés, quelques pizzas maison et burgers, et même des crêpes en journée. Terrassette en bord de route. Juste en face, **Chez Camillou** *(• camillou.com •)*, du même propriétaire, peut aussi constituer une belle étape gastronomique, mais le budget n'est pas tout à fait le même !

Le Regimbal : *Le Regimbal, 48130* ***Javols.*** *04-66-42-89-87. • hotel-le-regimbal.com • À 7 km au sud-est d'Aumont-Aubrac. Ouv d'avr à mi-déc. Double 59 €. Menu déj en sem 24,50 €, soir et w-e 30 €. Résa obligatoire.* 9 chambres impeccables, où l'on dort du sommeil du juste, avec vue sur le mignon village de Javols et l'ancien forum gallo-romain. Au resto, bonne cuisine du terroir.

Fromagerie Chapert : *5, route d'Auvergne. 04-66-42-80-24. Avr-oct, tlj sauf dim ap-m 9h-12h, 14h-19h ; nov-mars, tlj sauf dim 9h-12h, 14h-18h.* Voilà désormais 4 générations que cette fromagerie familiale existe et fabrique ses fromages au lait cru : tomme fraîche pour préparer l'aligot, aubrac, bleu d'Aumont, fourmette du Haut-Mont, la tome de Grand-Mère, une fourme Père Chapert délicieusement onctueuse (bien qu'à pâte pressée). Et pour compléter l'offre, une belle sélection de fromages régionaux.

Vous trouverez aussi à Aumont-Aubrac 2 bonnes boucheries-charcuteries (**Boulets & Fils,** *5, route d'Aubrac* ; **Gravil,** *19, av. de la Gare*) ainsi que 2 boulangeries.

OCCITANIE

À voir. À faire

Un circuit de 3 km permet de découvrir le patrimoine d'Aumont-Aubrac. Livret à retirer à l'office de tourisme ou à télécharger sur le site.

Pour les marcheurs, 2 belles randonnées en boucle à faire au départ d'Aumont :

➢ ***Les portes de l'Aubrac :*** 15 km, 4h, avec passage par La-Chaze-de-Peyre et ses belles maisons anciennes.

➢ ***Javols, capitale oubliée :*** 15 km, 4h15, avec arrêt au site archéologique (voir ci-dessous).

Javols Anderitum – musée et site archéologique : *48130* ***Javols.*** *04-66-42-87-24. • archeologie-javols.or • À 7 km d'Aumont-Aubrac. Accès libre au site. Musée : juil-août, tlj sauf dim mat, 10h-12h, 14h-18h30 ; juin et sept + vac scol de printemps, lun-ven 10h-12h, 14h-17h30. Entrée : 3 € ; réduc ; gratuit moins de 12 ans.* Difficile d'imaginer que le paisible village de Javols, blotti au creux des collines le long du Triboulin, fut l'antique *Anderitum,* capitale gallo-romaine des Gabales (autrement dit, les Gaulois du Gévaudan), qui connut son apogée au IIe s apr. J.-C. Si le site était déjà plus ou moins localisé au XVIIIe s, il fallut attendre le XIXe s pour que des fouilles mettent au jour les vestiges que l'on peut aujourd'hui découvrir en suivant un circuit extérieur balisé (compter 1 à 2h), aménagé en accès libre sur 4 ha. Cela dit, pour imaginer ce que fut la ville, il vous faudra faire preuve d'un peu d'imagination... Le petit ***musée*** présente quant à lui le résultat des fouilles. On y trouve les habituels maquettes, outils, monnaies, poteries et bijoux, ainsi que quelques pièces originales intéressantes. Les enfants ne sont pas oubliés, avec jeux, ateliers et coin lecture (avec l'intégrale d'*Astérix* !).

FLORAC (FLORAC-TROIS-RIVIÈRES)

(48400) 1 930 hab.

● Carte D4

Au pied de la corniche du Causse Méjean, la ville occupe le fond d'une vallée encaissée où se rencontrent 3 rivières – le Tarn, le Tarnon, la Mimente – et un petit ruisseau, le Vibron, qui jaillit à la source du Pêcher et qui traverse le centre de Florac. C'est aussi le lieu où se rencontrent le granit du mont Lozère, le schiste des Cévennes et le calcaire du Causse, une réunion géologique rare.

Cette petite sous-préfecture est également le siège (et au cœur) du parc national des Cévennes, et le point de départ de nombreuses randonnées.

FLORAC, LE BERCEAU DU JEAN !

C'est en 1892 que Célestin Tuffery crée des pantalons robustes et fonctionnels en toile de Nîmes, à destination des ouvriers. La production connaîtra des hauts et des bas, mais le savoir-faire perdure et se transmet. C'est aujourd'hui la 4e génération qui est aux manettes de l'Atelier Tuffery et ses jeans d'excellente qualité.

OCCITANIE

Situation et accès

À 40 mn au sud de Mende par la N 106.

Adresses et info utiles

i *Maison du tourisme et du Parc national des Cévennes :* *pl. de l'Ancienne gare.* ☎ *04-66-45-01-14.* ● *cevennes-gorges-du-tarn.com* ● *cevennes-parcnational.fr* ● ♿ *Juil-août, tlj 9h30-12h, 14h30-18h ; avr-juin et sept-oct, tlj sauf dim ; nov-mars ouv lun, mer et ven.* Sont réunis ici l'office de tourisme et la Maison du parc national, cette dernière présentée dans un bel espace informatique et ludique. Sur place également, la boutique, avec ses ouvrages, cartes et topoguides.

■ ***Aires de camping-car :*** *route du Pont-de-Montvert, au* ***Camping Le Pont du Tarn*** *(ouv d'avr à mi-oct) ; stationnement et services payants (accès possible aux services uniquement : 5 €) ; 20 places.*

■ ***Borne de recharge électrique :*** *pl. de l'Ancienne-Gare.*

■ ***Aires de pique-nique :*** *dans le beau parc Paul-Arnal (au-dessus du*

château) ou av. Jean-Monestier (avec jeux pour enfants) entre autres.
– **Marchés :** jeu mat, pl. de l'Esplanade. Marché paysan dim mat en juil-août, square Maury.

Où dormir ? Où manger ? Où acheter de bons produits ?

Écocamping de La Tière : La Tière. 07-88-17-82-88. • camping-latiere.fr • Ouv avr-sept. Emplacement 2 pers 11,50-13,50 € ; nuitée en « tente d'hôtes » pour 2 pers 68-78 € ; 55 emplacements. En contrebas d'une petite départementale, un charmant camping bien tenu, très nature, avec son propre accès à la rivière. Un peu bohème aussi, à l'image de son « Drôle d'endroit », le café, bar-épicerie, lieu de causerie, avec terrasse couverte, hamac, canapé et piano ! Emplacements assez grands, sous les arbres, délimités par des tronçons de haies. Et quelques hébergements insolites, comme les roulottes ou tentes inuites « prêt-à-camper ».

Hôtel des Gorges du Tarn – Restaurant L'Adonis : 48, rue du Pêcher. ☎ 04-66-45-00-63. • hotelgorgesdutarn.com • Ouv Pâques-Toussaint. Resto ouv tlj, sauf mer midi hors juil-août. Doubles 75-115 € ; familiale. Formule déj (sauf dim et j. fériés) 23 € ; menus 29-49 € ; carte env 50 €. Cette maison n'attire pas l'œil, et pourtant ! Sous ses dehors anonymes se cache une adresse de qualité. Qu'il s'agisse des chambres plus ou moins grandes, mais impeccablement tenues, confortables et avenantes ; du petit déj, pas ostentatoire, mais de qualité ; ou du restaurant, où la qualité des produits et la maîtrise du chef garantissent une étape de choix. Et si, dans certaines chambres, l'insonorisation montre quelques défaillances (rien de grave), les bouchons d'oreille sont fournis !

Restaurant Le Subvers : 7 bis, rue du Four. 07-69-00-38-37. Tlj sauf mar midi et mer (et lun hors saison). Formules 15,90-19,90 €. Ici, tout est confectionné sur place et d'une grande fraîcheur, y compris le pain qui sert à la confection des *Subvers,* sorte de burgers, mais nettement meilleurs ! Ce n'est pas toujours très copieux, mais c'est vraiment bon et les propositions sortent un peu de l'ordinaire, même si les produits sont locaux ! Jolie petite salle intérieure ou très agréable terrasse à l'écart de l'agitation.

Plusieurs boutiques « paysannes » en ville : ***La Maison des Paysans*** (3, rue Théophile-Rousse) ; ***La Maison du Pays Cévenol*** (3, rue du Pêcher) ; ***Boutique Chez les Paysans*** (8, esplanade Marceau-Farelle). Pour des spécialités à base de miel et de châtaigne : ***L'Atelier du Miel et de la Châtaigne*** (64, av. Jean-Monestier).

À voir. À faire

Au dos du plan distribué par l'office de tourisme se trouve une ***promenade*** de 1h30 pour ***découvrir la ville.*** Elle vous emmène de l'***ancienne gare*** (Maison du tourisme et du parc national des Cévennes) jusqu'à l'***église*** puis au ***temple,*** en passant, rue de l'Église, par l'imposante ***Maison de la congrégation*** du XVIe s et le délicieux ***parc Paul-Arnal*** et la ***source du Pêcher.*** De cette superbe petite ceinture verte sur les hauteurs de la ville, on redescend ensuite vers le ***château,*** une grosse bâtisse du XVIIe s, flanquée de 2 tours rondes à toit pointu. De là-haut, il semble prendre la pose pour la photo ! En déambulant ainsi dans les ruelles pavées et volontiers pentues, ses escaliers et ses passages, Florac-Trois-Rivières devient tout à coup plus riante et apparaît comme une toute petite ville plantée dans un décor majestueux, où pratiquement chaque rue

OCCITANIE

débouche sur la campagne. Et pour une visite plus ludique *(1h30, 2 km),* partez donc à la recherche de la brebis égarée de Tistou le petit berger, avec l'application ***Baludik.***

➢ Pour les marcheurs, 2 sentiers de randonnée au départ de Florac : le ***sentier de Gralhon, sur les pentes du Causse Méjean*** (boucle de 8 km) et le ***sentier panoramique des Couronnes*** (boucle de 15 km, ou une version courte de 5 km). Fiches détaillées à l'office de tourisme *(1 €)* ou à télécharger gratuitement sur le site. Et de nombreuses randonnées à faire autour de Florac, certaines avec baignade rafraîchissante !

LA CANOURGUE (48500) 2 250 hab.

• Carte D4

Entre les Causses, l'Aubrac et les gorges du Tarn, cette jolie cité nichée au creux d'un vallon et traversée par un réseau de canaux, se révèle très animée l'été. C'est avec plaisir que l'on arpente les quelques ruelles labyrinthiques de son petit centre ancien qui fut bâti autour d'un monastère édifié au VIIe s.
Spécialité locale : la *pouteille* (daube de bœuf marinée avec des pieds de porc, pommes de terre et sauce relevée), qui possède sa confrérie.

Situation et accès

À 55 mn au sud de Saint-Flour par la A 75 (sortie 40).

Adresses et info utiles

Office de tourisme : *18, rue de la Ville. ☎ 04-66-32-83-67. • aubrac-gorgesdutarn.com • Juil-août, tlj sauf dim ap-m ; le reste de l'année, lun-sam.* Visites guidées en juillet-août, 2 fois par semaine. Nocturnes également. Sur place, table numérique sur laquelle visualiser les circuits de randonnées pédestres, à vélo ou en auto, en téléchargement gratuit (et facile !).
■ ***Aire de camping-car :*** *43, av. du Lot ; stationnement et services payants (accès possible aux services slt : 5,50 €).* À l'entrée de la ville, bien en retrait de la route.
■ ***Borne de recharge électrique :*** *pl. du Pré-Commun.*
■ ***Aire de pique-nique :*** *chapelle de Saint-Frézal.* Une jolie chapelle du Xe s, des tables sous les arbres et devant, un grand bassin de grès blanc où coule et bruisse la source du Frézal. Top !
– ***Marché :*** *mar mat, pl. au Blé.*

Où dormir ? Où manger ? Où acheter des produits locaux ?

Camping et chalets du Golf : *route des Gorges-du-Tarn. ☎ 04-66-44-23-60. • golf-gorgesdutarn.com • À 3 km au sud-est de La Canourgue par la D 998. Ouv de mi-mai à sept. Forfait 2 pers 11-15 € ; loc de chalets. 50 emplacements.* Étendu dans un vallon, dans l'herbe et sous les arbres, un camping simple et tranquille, traversé par l'Urugne, format ruisseau. Piscine. Un très bon rapport qualité-prix. Golf et resto (du golf) à proximité.

Hôtel du Commerce : *3, av. du Lot. ☎ 04-66-32-80-18. Double env 65 €.* En plein centre, un cadre standard, mais des chambres bien tenues et confortables. Fait aussi resto.

Chez Louis : *Le Mazelet, La Canourgue. ☎ 04-66-32-83-16. À 8 km au sud-est du centre de La Canourgue. Tlj sauf sam midi. Formule déj en sem 15,50 €, menu 21,90 €. Résa conseillée le soir. CB refusées.* Dans un hameau au milieu de nulle part, une auberge rurale comme on en fait (presque) plus, bâtie pour revigorer le voyageur ou le travailleur égaré. Une salle quelconque, un accueil familial (la mère, la fille) et, dans l'assiette, une cuisine rustique et généreuse jusqu'au dessert, parfumée aux fleurs du Causse et facturée 3 fois rien. Encore moins cher si on opte le midi pour le menu ouvrier... qui a bien du mérite de retourner turbiner après un tel gueuleton ! Loue également des chambres et un gîte dans le hameau.

Fast Burger 48 : *3, pl. du Portalou. ☎ 04-66-45-98-81. Ouv tte l'année, tlj sauf lun 11h45-13h45, 18h45-21h. Paninis ou burgers 6-9 € ; menus 11,50-14,50 €.* Bon pain, bonne viande de l'Aubrac, servis avec le sourire. Que demander de plus ?

Boucherie-charcuterie Joyes frères : *21, pl. du Pré-Commun. ☎ 04-66-32-80-49. Tlj sauf dim ap-m et lun.* Maison familiale de qualité (depuis 3 générations) où découvrir la très locale pouteille. Autre très bonne maison : ***la boucherie-charcuterie Labaume*** *(rue de la Ville ; ☎ 04-66-32-80-28 ; tlj sauf dim ap-m et lun).*

Boutique Artisans et Paysans du Gévaudan : *16, av. du Lot. ☎ 04-66-32-87-93. Tlj sauf dim ap-m et lun.* Encore une belle sélection de produits : viandes et charcuteries, conserves, fromages, miels, bières locales...

À voir. À faire

Le parcours découverte « la petite Venise lozérienne » : *au départ de l'office de tourisme (dépliant à l'office).*
Dans l'entrelacs de ruelles pittoresques du centre se serrent, au gré de passages couverts, de vieilles maisons Renaissance en encorbellement, avec fenêtres à meneaux ou encore à pans de bois. En son cœur, l'***église Saint-Martin,*** l'ancienne collégiale du petit monastère fondé au VIIe s, autour duquel le bourg s'est développé. Construite au XIIe s, dans le plus pur style roman, par les bénédictins de Saint-Victor de Marseille, l'église a été maintes fois remaniée (et privée d'une partie de sa nef par la chute du clocher en 1670 !). Mais l'ensemble reste harmonieux : chapelles gothiques, grande fenêtre Renaissance...
Au sortir du bourg, de vénérables bâtisses aux reflets roux s'égrènent en surplomb de l'Urugne, où fonctionnaient autrefois tanneries et mégisseries. Pour une ***visite guidée virtuelle*** plus ludique, en compagnie d'une lavandière, possibilité aussi de télécharger gratuitement l'application ***Baludik.***

Le sabot de Malepeyre : *à env 3 km de La Canourgue (par la D 998, direction gorges du Tarn, puis la D 46).* Cette roche calcaire sculptée par l'érosion forme une arche et ressemble à un sabot. Selon la légende, il appartiendrait à Gargantua qui l'aurait oublié en passant par là. De cette roche qui surplombe le vide, belle vue sur la vallée de l'Urugne.

TARN

BRENS

(81600) 2 380 hab.

• Carte C5

Petit bourg tranquille et aéré au bord du Tarn. En 850, les comtes de Toulouse y firent construire un château, mais celui-ci, ainsi que la ville, furent incendiés par les protestants au XVIe s. De cette époque, il ne reste plus que la tour de Brens, mais les pierres des bâtisses disparues dans les flammes servirent à construire le pont qui enjambe le Tarn et relie Brens à Gaillac, située juste à côté.

Situation et accès

À 20 mn au sud-ouest d'Albi par la A 68 (sortie 9).

Adresses et info utiles

Office de Tourisme : *pl. de la Libération, 81600* ***Gaillac.*** *☎ 08-05-40-08-28. • la-toscane-occitane.com • Ouv tlj, tte l'année.*

Aire de camping-car : *rue des Rives ; stationnement et services gratuits ; 10 places.*

Aire de pique-nique : *rue des Rives.* Quelques tables, sous les arbres, à côté de l'aire de camping-car.

– ***Marché :*** *sam mat, pl. du Lavoir et pl. de la Tour.*

Où dormir ? Où manger ? Où faire des courses ?

Les Chalets de Fiolles : *2634, route de Lavaur. ☎ 05-63-57-69-67. • chalets-de-fiolles.com • À 3 km du bourg. Tte l'année. En juil-août, résa de préférence à la sem, mais n'hésitez pas à tenter votre chance. Compter 80-100 €/nuit pour 2 en formule hôtelière ; chalet ou lodge pouvant accueillir jusqu'à 5-6 pers.* Dans une campagne verdoyante, au bord du Tarn, une grosse quinzaine de beaux chalets en bois comprenant 2 chambres pour la plupart, salle d'eau, cuisine équipée, terrasse, clim, etc. Également quelques tentes équipées (safari lodges), avec 2 chambres, cuisine et grande terrasse. L'accueil est sympathique, le calme assuré (ancienne propriété viticole) et il y a de l'espace. Lave-linge, salle de jeux pour enfants, piscine chauffée, jacuzzi, canoës *(juil-août)*, etc. Les bambins peuvent gambader en toute sécurité.

Hôtel Akena : *Z.A. Les Xansos. ☎ 05-63-34-14-64. • hotels-akena.com • Double env 55 €.* Certes, c'est un hôtel de chaîne, mais il a le mérite, outre de bénéficier d'un emplacement pratique, d'offrir un bon rapport qualité-prix. Les chambres sont simples, pas très grandes, mais bien tenues. Et pour ne rien gâcher, très bon accueil.

Au fil des Saisons : *55, rue Denfert-Rochereau, 81600* ***Gaillac.*** *☎ 05-63-42-76-03. Tlj, midi et soir. Formules déj (sauf dim) 16,50-19,50 €, menus 28-38 €.* Le restaurant gaillacois de bon aloi, et cela, en toute saison. Salle climatisée à la déco classico-actuelle. L'été, la terrasse ombragée prend des airs détendus avec son olivier et ses palmiers. La cuisine, aux tonalités classiques et sérieusement exécutée, jongle entre terroir et Méditerranée. La carte des vins propose exclusivement des références du vignoble gaillacois !

La planque des bons vivants : *Z.A. les Xansos. 06-02-09-10-83. Ouv lun-sam sauf le soir lun-mar. Menu déj 14,90 €. Carte env 25 €.* Sur la vaste terrasse en plein air ou dans la salle végétalisée, goûtez une généreuse cuisine du terroir à base de produits frais et locaux. De quoi honorer le nom du restaurant !

Pour le ***panier pique-nique,*** vous trouverez tout ce qu'il faut à la ***boucherie-charcuterie La Brensole*** *(4, pl. de la Fraternité ; tlj sauf jeu ap-m, dim ap-m et lun, 8h30-12h30, 15h-19h30),* qui fait aussi épicerie et vous sert avec le sourire ! Et juste à côté, pour une gourmandise, délicieuses croustades aux pommes à la ***boulangerie de La Tour.***

À voir. À faire

L'abbatiale Saint-Michel : *pl. Saint-Michel, à* ***Gaillac.*** *À 3 km de Brens. Tlj 10h-18h.* L'imposante bâtisse ocre qui domine la berge commença à être édifiée au Xe s, parallèlement à l'importance grandissante prise par le monastère. Endommagée par les protestants, elle fut en partie reconstruite au XVIIe s. À l'intérieur, une Vierge à l'enfant en bois polychrome (l'original se trouve au musée de l'Abbaye voisin). Elle daterait du XIVe s. À voir également : un orgue Cavaillé-Coll impressionnant, le bénitier de marbre (XIIIe s) et une chaire monumentale. Juste à côté, le ***musée de l'Abbaye*** mérite lui aussi la visite *(avr-oct, mer-dim 10h-12h et 14h-18h ; oct-avr, ven-dim ; entrée 4 €).*

– Si vous souhaitez vous aventurer dans le vignoble environnant, on vous recommande vivement de passer à la ***Maison des vins*** à Gaillac *(dans l'abbaye Saint-Michel).* Vous pourrez y recueillir une carte gratuite du vignoble, des conseils et des infos utiles. Et même acheter du vin (dégustation gratuite) !

PROVENCE-ALPES-CÔTE D'AZUR

HAUTES-ALPES

CHORGES

(05230) 3 140 hab.

• Carte E4

Situé à mi-distance entre Gap et Embrun, Chorges occupe une position stratégique et jouit d'un somptueux cadre naturel : en toile de fond, le massif des Écrins. Puis, si l'on poursuit encore quelques kilomètres sur la N 94, le lac de Serre-Ponçon. C'est avec plaisir que l'on parcourt son joli petit centre animé qui recèle encore quelques vestiges de son prestigieux passé, tels l'église Saint-Victor ou encore la porte des Souchons, seule partie restante de l'enceinte qui, au Moyen Âge, protégeait le bourg et son château (aujourd'hui disparu).

Situation et accès

À 20 mn à l'est de Gap par la N 94.

Adresses et info utiles

Office de tourisme : *Grande-Rue. ☎ 04-92-50-64-25. • serreponcon-tourisme.com • Juil-août, tlj sauf dim ap-m 9h-12h30, 14h30-18h30. Variations hors saison.*

■ **Bornes de recharge électrique :** *parking des Écoles, pl. du Grand-Logis, parking d'Intermarché.*

■ **Aire de camping-car :** *rue du Champ-de-Foire ; stationnement et services payants ; 20 places.* Au cœur du village, à quelques mètres des commerces et non loin du parc des Moulettes et de son aire de jeux.

■ **Aire de pique-nique :** *le parc des Moulettes.* Dans un environnement joliment boisé et doté d'une aire de jeux.

– **Marché :** *dim mat, Grande-Rue.*

Où dormir ? Où manger ? Où acheter de bons produits ?

Camping de la baie Saint-Michel : *baie Saint-Michel. ☎ 04-92-50-67-72. • baiestmichel.com • À 3,5 km à l'est du village. Ouv fin avr-Toussaint. Emplacements 14,40-23 € ; loc de chalets, pods et tentes suspendues.* En surplomb du lac de Serre-Ponçon, un camping municipal accueillant. Emplacements en terrasse, partiellement ombragés, et disséminés parmi eux : des chalets et de sympathiques pods (les plus simples, avec couchage seulement, et les plus sophistiqués avec plaques électriques et mini salle de bains). Sur place, petite épicerie et snack-bar.

Ax'Hôtel : *Z.A. La Grande Île Nord. ☎ 04-92-21-45-17. • ax-hotel.com • Doubles 95-125 € ; au resto (le soir lun-sam), formules 30-35 €. Parking gratuit.* On vous l'accorde, de prime abord, le cadre (une petite zone d'activité) surprend plus qu'il ne séduit. Mais cette bâtisse en bois se révèle un bel écrin contemporain et feutré non seulement pour dormir, mais aussi reprendre des forces et se détendre, puisque l'on y trouve un restaurant et un spa de qualité. Sur l'arrière, très belle terrasse avec vue sur la campagne et le massif des Écrins. Une petite soif ? Traversez la rue et rendez-vous au *Brew pub de la Brasserie artisanale de Serre-Ponçon* !

GAEC Les jardins de Chabrières : *Les Bernards. 06-38-25-98-07. À env 5 km à l'est du centre de Chorges. Boutique : tlj en été 9h-13h, 16h-19h30. Hors saison, épicerie à la ferme, mar mat et samedi tte la journée. Table paysanne : ven soir (soirée à thème), sam soir (pizza), dim midi (brunch). Résa conseillée.* Une histoire de famille, entre élevage et maraîchage. Résultat, on trouve là les légumes de l'exploitation, mais on peut aussi jeter son dévolu sur les charcuteries de la maison, ou encore les bières produites en collaboration avec la Brasserie de Serre-Ponçon. Pour les repas de la table paysanne, confectionnés à partir des produits de la ferme ou des exploitations voisines, cela se passe en toute simplicité et convivialité, installé dans la cour, voire dans les champs, ou dans la salle intérieure l'hiver. Quant aux délicieuses pizzas, elles sont à partager et à manger avec les mains.

L'Écurie : *pl. centrale. ☎ 04-92-50-60-43. Ouv le midi lun-mar et jeu, plus midi et soir ven-dim. Menu déj 18,50 €, carte env 28 €.* Niché dans d'anciennes écuries, ce restaurant propose une cuisine de brasserie généreuse. Dans la salle voûtée ou en terrasse, dégustez les viandes locales, le gratin de ravioles au bleu du Queyras ou une assiette champsaurine. Bon accueil.

Brasserie Artisanale de Serre-Ponçon et son Brew Pub : *Z.A. La Grande Île Nord. 06-03-32-00-80. Tlj en saison, 9h-1h (20h lun et dim).* Ici on ne transforme pas l'eau des Écrins en vin mais en bière ! Belle gamme de goûteux breuvages ni filtrés, ni pasteurisés, certains saisonniers, d'autres à base d'ingrédients venant de producteurs locaux, le tout produit, vendu et à déguster dans un seul et même bâtiment, au bar ou sur la belle terrasse. Y'a même le terrain de pétanque et de Mölkky !

À voir

Le lac de Serre-Ponçon : ce lac d'irrigation et de production d'électricité fut aménagé de 1955 à 1961. La digue, constituée de 30 millions de tonnes d'alluvions, de blocs divers et d'argile, constitue le ***plus grand barrage en terre d'Europe.*** Il est superbe, long d'une vingtaine de kilomètres, environné de monts, baigné de soleil et caressé (ou fouetté) de thermiques (un vent qui souffle quotidiennement, et grâce auquel les voileux s'éclatent, à planche, en bateau ou kitesurf). En été, avec ses eaux turquoise, « c'est la mer à la montagne », comme on dit par ici ! En hiver, le cadre se fait plus austère, plus sec, quand le niveau de l'eau baisse et dénude les rives. Apparaissent alors les vestiges engloutis par les eaux lors de la construction du barrage, tel le ***viaduc de Chanteloube,*** avec ses 14 arches. Construit en 1903, il faisait partie d'un projet de voie ferrée reliant Chorges à Barcelonnette. Le projet fut abandonné, mais le viaduc demeure.

La baie de Saint-Michel et la chapelle Saint-Michel : *à 5 km au sud-est de Chorges par la N 94.* Une véritable image de carte postale ! Sur un charmant îlot, cette chapelle n'a pas été engloutie lors de la création du lac. En été, on peut l'approcher en bateau, et en hiver, à pied, mais sans la visiter, car c'est un lieu de nidification.

GUILLESTRE

(05600) 2 420 hab.

• Carte E4

Situé au confluent du Guil et de la Durance, aux portes du Queyras, des Écrins, du Briançonnais et de l'Embrunais, le pays du Guillestrois est un point de départ pour de nombreuses destinations.
Guillestre est le bourg le plus important du secteur, animé toute l'année. Ancienne cité fortifiée, elle a gardé quelques portes, tours et remparts moyenâgeux. Enfin, sachez que Guillestre est très fière de sa tulipe, très rare, qui ne pousse que dans la vallée de la Durance !

Situation et accès

À 40 mn au sud de Briançon par la N 94 puis la D 902.

Adresses et info utiles

Office de tourisme : *pl. Salva. ☎ 04-92-24-77-61. • lequeyras.com • Tlj en saison ; fermé jeu et dim hors saison.*
■ **Aires de camping-car :** *ts les parkings de la commune (sauf Prioué) pour une durée de 72h consécutives max. Sinon, aires de services payantes dans les campings.*
■ **Borne de recharge électrique :** *Champ-de-Foire.*
■ **Aires de pique-nique :** *dans le centre.* Pour plus de nature : *au plan d'eau d'Eygliers, à 5 km au nord-ouest de Guillestre.* Possibilité de baignade, parcours aventure, jeux, balades équestres, restaurants...
– **Marché :** *lun mat, rue de Fontloube et pl. du Portail, et tt autour l'été.*

Où dormir ? Où manger ? Où acheter du fromage ?

Camping Saint-James Les Pins : *☎ 04-92-45-08-24. • lesaintjames.com • À env 2,5 km du centre-ville. Fermé en nov. Emplacement 2 pers 17,20 € ; loc mobile homes et chalets.* Petit camping ombragé par des pins sylvestres, au calme et au bord d'un cours d'eau fougueux. Espace de baignade naturel avec plages aménagées.
Le Catinat Fleuri : *100, chemin d'Eygliers. ☎ 04-92-45-07-62. • catinat-fleuri.com • Doubles 63-84,50 €.* Rien d'original ici mais l'établissement se révèle très bien tenu, le confort honorable et l'accueil attentionné. Et il est bien agréable de profiter du jardin à l'arrière et des piscines intérieure et extérieure *(juin-sept).*
Dedans Dehors : *rue Sani. ☎ 04-92-44-29-07. Ouv de mi-juin à mi-sept, le soir uniquement lun-sam. Menu 25 € ; carte env 40 €. CB refusées.* Quelques tables posées à l'étage d'une ancienne grange dont les fenêtres sont ouvertes aux 4 vents,

et une jolie déco pleine d'humour. Au rez-de-chaussée, cadre plus contemporain et atmosphère plus cosy. Petite terrasse, également, aux beaux jours. Salades, grandes assiettes, spécialités régionales et cuisine *a la plancha*. Les parts sont généreuses et on ressort repu !

Le Guillestrin : *rue Sainte-Catherine. ☎ 04-92-50-48-32. Ouv mar-sam. Compter env 30 €.* Dans la salle ou la cave voutée, plus chaleureuse, une bonne cuisine régionale et bien servie. Quelques tables investissent la ruelle aux beaux jours.

Fromagerie La Durance : *Z.A. le Villard. ☎ 04-92-45-06-93. Tlj en été : lun-sam 9h-19h et dim 9h-12h, 15h-18h. Hors saison : lun-sam 9h-12h, 15h-18h.* On y trouve tout ce qu'il faut pour constituer un pique-nique plein de saveurs (et d'odeurs !) à base de bons fromages du Queyras au lait cru. Et si une subite envie de raclette vous saisissait à pas d'heure, il y a le distributeur 24h/24 !

À voir. À faire

La vieille ville de Guillestre : des remparts du XIVᵉ s et des ruelles étroites où il fait bon flâner. Ne manquez pas la jolie ***tour d'Eygliers*** face à la mairie, la ***porte du Saint-Esprit*** restée intacte, la ***place du Marché*** et ses belles maisons anciennes, et aussi l'***église Notre-Dame-d'Aquilon*** construite entre 1507 et 1532 en marbre rose d'ici. Visites guidées, parfois en nocturne.

Le village fortifié de Mont-Dauphin : *à 6 km au nord-ouest de Guillestre. ☎ 04-92-45-42-40. • place-forte-montdauphin.fr • GRATUIT. Sinon, tte l'année, visites guidées passionnantes du site ou visites commentées de l'exposition Little Big Horn : voir le site pour les horaires. Durée : 2h. Tarif : 6 € ; gratuit moins de 26 ans.*

UNE AFFAIRE DE CHŒUR

Dessinée par Vauban, l'église de Mont-Dauphin débutée en 1700 ne fut jamais achevée... En 1713, à la suite du traité d'Utrecht, la frontière entre la France et l'Italie s'éloigne. La place forte perd alors de sa valeur stratégique. Quelques années plus tard, la nef et le transept partiellement édifiés sont démontés pour récupérer les pierres. On conserve juste le chœur, jugé suffisant pour les quelques fidèles du coin... et vu l'ampleur de la bête, on comprend que l'élise imaginée par Vauban était immense !

L'une des plus petites communes de France (58 ha) et une véritable pépite architecturale, sise dans un superbe cadre naturel. Intact depuis Louis XIV, le village fortifié de Mont-Dauphin fut créé par Vauban à partir de 1693. Il est nommé ainsi en l'honneur du fils du roi, le Grand Dauphin. Sa construction s'est poursuivie au cours des 2 siècles suivants, mais toujours selon l'esprit du maître. Inscrit au Patrimoine mondial de l'Unesco depuis juillet 2008, il faisait partie d'un programme de dissuasion car construit sur le plateau dit « des mille vents » qui surplombe le confluent du Guil et de la Durance en verrouillant l'accès à la vallée. Bastions, fossés, courtines et demi-lunes ceignent une vraie petite cité homogène et quadrillée de 2 fois 2 rues perpendiculaires. L'arsenal a conservé son aile nord, construite dans les années 1750 ; l'aile ouest, plus ancienne, a été détruite par un bombardement italien lors de la 2ᵈᵉ Guerre mondiale. En 1975, Mont-Dauphin passe sous l'égide du ministère de la Culture et les derniers militaires quittent les lieux. Aujourd'hui, le village compte quelque 170 habitants et nombre d'ateliers et boutiques d'artisanat.

– ***La caserne Rochambeau :*** dans un cadre naturel déjà grandiose, face à cette immense bâtisse, l'homme se sent bien petit ! Et son incroyable charpente du XIXᵉ s « à la Philibert De L'Orme » vaut vraiment le coup d'œil. De juillet 2021 à juin 2031, elle abrite l'**exposition *Little Big Horn*** de l'artiste sénégalais ***Ousmane***

Sow : 35 pièces sculptées qui prennent aux tripes en mettant en scène les combats de la célèbre bataille entre les Indiens des plaines et l'armée fédérale des États-Unis.
– Pour les gourmands, rendez-vous dans les caves où la ***Fromagerie d'Eygliers*** affine ses fromages et les vend.

L'ARGENTIÈRE-LA-BESSÉE (05120) 2 360 hab.

• Carte E4

À la croisée des vallées de la Durance et de la Vallouise, entre Briançonnais et Guillestrois, L'Argentière tient son nom du gisement de plomb argentifère qui y fut exploité du Moyen Âge jusqu'en 1908. À la fermeture des mines succédèrent la construction d'une centrale hydroélectrique et l'ouverture d'une usine d'aluminium qui, elle, ferma ses portes en 1985. La petite cité industrielle se reconvertit alors dans le tourisme à caractère sportif (kayak, escalade, cascades de glace) avec de nombreuses compétitions internationales. Aujourd'hui, cette commune tranquille et pleine de bonhomie vit toute l'année... et c'est l'une des principales portes d'entrée du parc national des Écrins, un massif qui vous en met plein la vue et constitue un formidable terrain de randonnées.

Situation et accès

À 20 mn au sud de Briançon par la N 94.

Adresses et info utiles

Bureau d'information touristique : *23, rue de la République. ☎ 04-92-23-03-11. • paysdesecrins.com • 15 juil-15 août, tlj ; saison hivernale, lun-sam ; le reste de l'année, lun-ven 9h30-12h15 et 14h-17h.*

Aire de camping-car : *94, av. de Beauregard ; stationnement et services payants (accès possible aux services slt : 5,50 €) ; 22 places.* Cette aire est un pur témoin du passé industriel de L'Argentière puisqu'elle se situe en bord de rivière, mais aussi derrière l'usine hydroélectrique ! Ce qui ne l'empêche pas d'être agréable, cernée par les montagnes.

Bornes de recharge électrique : *à la gare SNCF et sur le parking de la mairie.*

Aire de pique-nique : *autour du plan d'eau de L'Argentière.* Très plaisante, avec des tables dispersées autour de l'étang, voire sur l'îlot central, accessible par des passerelles.
– ***Marché :*** *ven mat, à côté de la mairie.*

Où dormir ? Où manger ? Où boire un verre ?

Hôtel-bar de la Mairie : *32, av. Charles-de-Gaulle. ☎ 04-92-23-12-70. • hotelbardelamairie.fr • Tlj sauf mer-jeu midi. Congés : vac scol de printemps et de la Toussaint. Doubles 40-52 €.* Une rareté que ce petit hôtel en plein bourg aux prix tout doux. Au rez-de-chaussée, le sympathique café, point de rendez-vous des locaux et gens de passage. Dans les étages, des chambres simples (sanitaires sur le palier pour les moins chères), impeccablement tenues et à la literie confortable. De temps en temps, animations musicales, soirées lecture ou philo. Excellent accueil.

Autour du Four : *8, rue du Portin. ☎ 04-92-23-00-69. À 2 km du centre-bourg. En principe, tlj sur résa (12 couverts slt !). Grande assiette le midi env 12 € ; menus env 20 € (25 € le w-e).* Un resto atypique, tout mini, tout mimi, que l'on doit à Esther, une retraitée de l'Éducation nationale. Pour nourrir son désir de partage avec les autres, elle a monté cette petite affaire au bord de son jardin, juste à côté de son pavillon. Le choix se limite à quelques grandes assiettes et à un menu du jour, mais Esther prépare tout elle-même, avec un maximum de produits provenant de son jardin. Elle fait même son pain ! Une cuisine authentique pour un vrai moment de convivialité.

Le Monde d'Après Brewpub : *5, av. Charles-de-Gaulle. Tlj sauf lun 17h-21h (23h ven-sam).* L'entrée est bien cachée, coincée entre la Caisse d'Épargne et l'ADMR, mais aux beaux jours, les tables de cette microbrasserie envahissent la placette. Quand le temps est vilain, on se replie sous la terrasse couverte ou à l'intérieur, qui est aussi le lieu de production.

À voir. À faire

Un ***circuit balisé*** *(1h30)* permet de découvrir l'ancien patrimoine industriel de la ville (départ devant l'office de tourisme) ; en téléchargeant l'application « Sentiers des Écrins », vous pourrez compléter la visite en écoutant les courtes histoires qui ponctuent le parcours.

La mine d'argent de l'Argentière-la-Bessée : *10, rue du Château. ☎ 04-92-23-02-94 ; • mines-argent-fournel.com • Visite guidée tte l'année, résa indispensable ; horaires variables (téléphoner avt). Tarif : 16 € ; réduc moins de 16 ans. Durée : 2h30 (dont 1h sous terre). Propose aussi des escape games dans la mine (19-30 €/pers) ; résa indispensable.* La visite commence par une petite vidéo dans l'espace muséal installé dans les anciennes écuries du château Saint-Jean. Puis une navette vous conduit à 3 km de là, au parking de la mine, pour descendre 100 m sous terre. Une descente qui est aussi une remontée dans le temps : un parcours de 600 m vous emmène des galeries du XIXe s jusqu'aux voûtes creusées au Moyen Âge. L'occasion de vous expliquer l'évolution des techniques d'exploitation au fil des siècles.

SAINT-BONNET-EN-CHAMPSAUR

(05500) 2 060 hab.

NOUVEAUTÉ

• Carte E4

La capitale historique du Champsaur demeure aujourd'hui le bourg le plus important de la vallée. Cette porte d'entrée du parc national des Écrins est animée toute l'année : par ses habitants, ses nombreux commerces (dont une belle quincaillerie !), mais aussi par ses visiteurs et autres vacanciers – les randonneurs, grimpeurs et adeptes des espaces naturels de toute beauté en été et les skieurs des stations voisines l'hiver.

Saint-Bonnet étant aussi l'un des rares bourgs médiévaux des Alpes françaises. Prenez le temps d'explorer son petit centre historique qui conserve de beaux vestiges, notamment de très jolies halles. Un jeu de piste permet de le découvrir, ainsi qu'un *parcours de découverte Vivian Maier.*

TOURTONS ET RAVIOLES DU CHAMPSAUR : DES SPECIALITÉS AU NOM TROMPEUR !

Si les premiers sont des carrés de pâte frits en forme de raviolis (fourrés à la pomme de terre et au fromage ou à divers légumes ou fruits), les ravioles sont des beignets de pomme de terre et fromage qui ressemblent plutôt à des quenelles.

Situation et accès

À 20 mn au nord de Gap par la N 85.

Adresses et info utiles

i *Bureau d'accueil touristique :* *pl. Grenette.* ☎ *04-92-50-02-57.* • *champsaur-valgaudemar.com* • *Vac scol d'été, tlj sauf dim ap-m. Vac scol d'hiver et avr-juin, tlj sauf w-e.*

■ ***Bornes de recharge électrique :*** *pl. de Waldems et parking de la gendarmerie.*

■ ***Aire de camping-car :*** *536, av. de Merly ; eau et vidange gratuites ; 10 places.* À 5 mn du centre, au calme, derrière le centre aquatique.

■ ***Aires de pique-nique :*** *en centre-ville, rue de la Corniche, à côté du lavoir.* Pas de table, mais des bancs et un cadre plaisant. *À 5 km au nord de Saint-Bonnet par la D 23,* ***l'aire de pique-nique du belvédère des Trois-Croix*** offre un beau point de vue sur le bocage et les montagnes.

– ***Marché :*** *lun mat.*

Où dormir ? Où manger ?

Camping Les Rives du Drac : *1186, Le Gâ.* *06-78-29-63-87.* • *les-rives-du-drac.business.site* • *À 2 km du centre, direction Saint-Julien-en-Champsaur. Ouv mai-sept. Env 13 € pour 2.* Un camping au calme, tout simple, très nature, bien ombragé et aux emplacements spacieux.

Chambres d'hôtes La Combe Fleurie : *43, route de Chaillol.* ☎ *04-92-50-53-97.* • *lacombefleurie.com* • *Fermé de mi-nov à mi-déc. Doubles 85-105 € ; studios et apparts (2-4 pers). Table d'hôtes 23 €.* Une grande maison récente à la sortie du village, aux chambres lumineuses et bien équipées. Superbe vue sur les montagnes. Accueil chaleureux et ambiance décontractée.

Hôtel Le Connétable : *pl. du Champs-de-Foire.* ☎ *04-92-49-00-62.* • *hotel-le-connetable.com* • *Doubles 66-71 €.* Au cœur du village, un établissement aux chambres colorées, simples et classiques, organisées autour d'une cour certes bétonnée, mais agrémentée d'une terrasse en bois. Petite piscine.

Il y a 2 ou 3 restos dans le centre, mais aussi, au bord du plan d'eau, comme ***Le Restaurant de la Plage*** (*06-40-91-92-38 ; ouv tlj fin mai-sept ; résa conseillée ; carte 20-30 €).* Pizzas, planches généreuses (type grandes salades), burgers, viandes du Champsaur, frites et bonnes glaces maison à dévorer sur la grande terrasse semi-couverte dans une ambiance bon enfant.

Pour le pique-nique, il y a également tout ce qu'il faut en centre-ville. La ***Boucherie Libermann*** *(27, rue des Maréchaux ☎ 04-92-50-03-37 ; tlj sauf mer et ap-m lun et dim)* regorge de pépites : viande d'éleveurs locaux, charcuteries, tourtons du Champsaur et autres petits plats bien préparés. La ***Boulangerie Ricou*** *(23, rue de Chaillol ; ☎ 04-92-58-90-55 ; tlj sauf dim ap-m),* notamment pour sa *Tarte du Champsaur* (fond de pâte sablée recouvert de confiture et de lanières de pâtes) plus aérienne qu'ailleurs.

La Fromagerie du Champsaur : *Les Barraques, 05500* ***La Fare-en-Champsaur.*** *☎ 04-92-57-86-91. Tlj sauf dim.* 4 éleveurs et 1 fromagère produisent les bons fromages au lait cru vendus dans cette boutique aux portes de Saint-Bonnet. Sélection aussi de brebis, chèvres et charcuteries venant d'exploitations des environs.

GAEC de La Tuilerie : *11, av. des Esclots. ☎ 04-92-50-50-70. Tlj sauf dim.* Une ferme à 2 pas du centre qui, depuis 1906, fabrique tomme, bleu et raclette au lait cru.

À voir. À faire

La Maison de la photographie Vivian Maier : *à Pisançon, 05500* ***Saint-Bonnet.*** *☎ 04-92-44-09-61. À 5 km au nord de Saint-Bonnet. Juil-août, tlj sauf lun 14h-18h ; horaires réduits le reste de l'année. Entrée : 3 € ; réduc.* Aménagé dans une ancienne ferme traditionnelle, cet espace est consacré à la photographie et à l'émigration des habitants du Champsaur dans les années 1950. Clichés de Vivian Maier, photographe née à New-York mais d'origine champsaurine, qui a passé une partie de son enfance dans la vallée et qui, adulte, a photographié ses paysages, mais aussi ses habitants.

– ***La voie douce de Saint-Bonnet :*** permet de rejoindre à vélo ou à pied le plan d'eau du Champsaur *(compter 7,5 km A/R, tour du plan d'eau compris).*

– ***Le plan d'eau du Champsaur :*** *entre Saint-Bonnet et Saint-Julien. ☎ 04-88-03-82-28. Juil-août, baignade surveillée 10h-18h. Entrée (juil-août) : 5 €/véhicule ; gratuit pour les piétons et vélos.* Pour des baignades estivales avec toboggans, téléski nautique, wakeboard, bouée tractée, kayak, paddle, pêche ou bronzette. Parcours aventure... Parfait pour passer un bon moment en famille. Sur place, un bon resto-bar-glacier (***Le Restaurant de la Plage,*** voir « Où manger ? »).

– ***Le centre aquatique :*** *av. de Merly. ☎ 04-84-03-00-44. Ouv tte l'année.* Piscine avec belle vue sur les montagnes environnantes, bassin ludique avec jets d'eau, pataugeoire et espace détente avec jacuzzi, saunas et hammam.

INDEX GÉNÉRAL

LISTE DES CARTES ET PLANS

Les **Routards** *parlent aux* **Routards**

Faites-nous part de vos expériences, de vos découvertes, de vos tuyaux et de vos coups de cœur. Aidez-nous à remettre l'ouvrage à jour. Indiquez-nous les renseignements périmés. Faites profiter les autres de vos adresses nouvelles, combines géniales... On adresse un exemplaire gratuit de la prochaine édition à ceux qui nous envoient les meilleurs courriers, pour la qualité et la pertinence des informations.
Quelques conseils cependant:
- Envoyez-nous votre courrier le plus tôt possible afin que l'on puisse insérer vos tuyaux sur la prochaine édition.
- N'oubliez pas de préciser l'ouvrage que vous désirez recevoir, ainsi que votre adresse postale.
- Vérifiez que vos remarques concernent l'édition en cours et notez les pages du guide concernées par vos observations.
- Quand vous indiquez des hôtels ou des restaurants, pensez à signaler leur adresse précise et, pour les grandes villes, les moyens de transport pour y aller. Si vous le pouvez, joignez la carte de visite de l'hôtel ou du resto décrit.

En tout état de cause, merci pour vos nombreux mails.

122, rue du Moulin-des-Prés, 75013 Paris

● *guide@routard.com* ● *routard.com* ●

Édité par Hachette Livre (58, rue Jean-Bleuzen, CS 70007, 92178 Vanves Cedex, France)
Photocomposé par Luminess SAS (561, rue Saint-Léonard, CS 40003, 53101 Mayenne Cedex, France)
Imprimé par Lego SPA Plant (via Galileo Galilei, 11, 38015 Lavis, Italie)
Achevé d'imprimer : mars 2023
Collection n° 27 - Édition n° 01
11/5529/4
I.S.B.N. 978-2-01-722173-9
Dépôt légal : avril 2023

PAPIER À BASE DE FIBRES CERTIFIÉES